W0244721

Hans-Otto Thomashoff
Das gelungene Ich

HANS-OTTO THOMASHOFF

Das gelungene Ich

Die vier Säulen der Hirnforschung für ein erfülltes Leben

ARISTON α

Bibliografische Information der Deutschen Bibliothek
Die Deutsche Bibliothek verzeichnet diese Publikation in der Deutschen Nationalbibliografie; detaillierte bibliografische Daten sind im Internet unter http://dnb.ddb.de abrufbar.

MIX
Papier aus verantwortungsvollen Quellen
FSC® C014496

Verlagsgruppe Random House FSC® N001967

2. Auflage
© 2017 Ariston Verlag
in der Verlagsgruppe Random House GmbH,
Neumarkter Straße 28,
81673 München
Alle Rechte vorbehalten

Redaktion: Regina Carstensen
Umschlaggestaltung: Hauptmann & Kompanie, Zürich
Satz: Satzwerk Huber, Germering
Druck und Bindung: GGP Media GmbH, Pößneck
Printed in Germany

ISBN: 978-3-424-20161-1

Wem, wenn nicht dir

Sich selbst zu kennen ist nicht einfach.
Doch es ist die Basis für ein gut funktionierendes Gehirn.

Peter C. Whybrow

Inhalt

3 Bewirken – Es gibt nichts Gutes, es sei denn, man tut es 106

4 Stress – Wann wir ihn brauchen und wann er uns verbraucht 113

5 Kohärenz – Was stimmt, das stimmt, oder eben nicht 121

6 Was das Leben mit uns macht und wir mit ihm 135

II Von der Theorie in die Alltagspraxis 163

7 Die vier Säulen für ein gelingendes Leben 164
Säule I: Beziehungen 167

Säule II: Bewirken 203

Einleitung

Wie kann ein Leben gelingen? Lässt sich dieses Grundrätsel der menschlichen Existenz überhaupt lösen? Noch dazu objektiv? Gibt es also klare Ratschläge aus der Wissenschaft, worauf wir in unserer Lebensgestaltung achten sollten? Die Antwort auf diese Fragen lautet eindeutig: Ja. Aber wie können die spröden wissenschaftlichen Erkenntnisse den Weg in unseren Alltag finden?

Zum Glück hat die Hirnforschung ihren Elfenbeinturm verlassen und liefert zusammen mit den in der klinischen Arbeit gewonnenen Erfahrungen aus Psychoanalyse und Psychotherapie konkrete und brauchbare Handlungsempfehlungen für den Weg in ein gelingendes Leben. Unterm Strich bleibt zwar jeder von uns der Schmied seines eigenen Glücks, doch gibt es längst neurobiologisch fundierte Ratschläge, was uns dabei helfen kann.

Gleich vorweg: Die jüngsten Ergebnisse der Hirnforschung sind im wahrsten Sinne des Wortes revolutionär. Sie stellen das in unserer Gesellschaft propagierte Wertesystem auf den Kopf: Nicht Geld, nicht Leistung, nicht Dauerspaß sind die wichtigsten Säulen für ein zufriedenes Leben. Nein, an erster Stelle steht die Qualität der von uns gelebten Beziehungen. Kommen dazu noch die Erfahrung, aktiv selbst etwas gestalten zu können, ein ausgeglichener Stresshaushalt und zu guter Letzt die Erfüllung unseres Bedürfnisses nach Kohärenz, das heißt nach einem Gefühl von Stimmigkeit – wir wissen Bescheid, wir kennen uns aus, es passt –, dann haben wir die vier für unser Leben entscheidenden Säulen vor uns. Das bedeutet: Ein erfülltes Leben ist keine Hexerei. Sondern wir selbst können die Grundlagen dafür schaffen.

Doch wie geht das im Einzelnen? Die Philosophie hat diese Frage seit ihren Anfängen immer wieder gestellt, aber sich nicht zu einer eindeutigen Antwort durchringen können. Viele kluge Köpfe haben eben oft auch viele kluge Meinungen. Und so pendeln ihre Empfehlungen seit Epikur und den Stoikern zwischen Hedonismus und Verzicht in allenfalls immer neuen Varianten. Ihnen gemeinsam ist, dass alle Denker der abendländischen Philosophie das Individuum mit seinen existenziellen Fragen konfrontieren und es dann im selben Atemzug dazu auffordern, diese für sich allein zu lösen. Nur gerade das widerspricht gänzlich unserer Natur.

Erst in jüngster Zeit findet auch in der westlichen Philosophie Beachtung, was die Neurowissenschaft zur Funktionsweise unseres Gehirns und damit zu den Bedürfnissen unserer Psyche etwa nach guten Bindungen beinahe täglich an neuen Details herausfindet. Immer konkreter verdichten sich die gewonnenen Erkenntnisse zu Handlungsanleitungen für eine psychisch gesunde und damit erfüllte Lebensführung. Genau um diese alltagstauglichen Empfehlungen geht es mir, um die Überführung der wissenschaftlichen Einsichten in die alltägliche Lebenspraxis. Die Grundfrage lautet also: Wie kann uns die Hirnforschung dabei helfen, unser eigenes Leben besser zu leben?

Um diese Frage zu beantworten, werden wir im ersten Teil des Buchs einen Blick in die Funktionsweise unseres Gehirns werfen. Es geht dabei darum, die Grundregeln seiner Arbeit zu verstehen und die wesentlichen Einflüsse, die es prägen, kennenzulernen. Also vor allem die Eigenschaften, die sich noch nicht so richtig herumgesprochen haben und die daher immer noch viel zu wenig Beachtung geschenkt bekommen: seine enorme Umweltabhängigkeit, die bereits lange vor der Geburt beginnt, seine Bindungsfähigkeit, seine Kreativität und seine lebenslange Anpassungsfähigkeit, um hier vorab nur einige zu nennen. Auf diesen wissenschaftlichen Befunden aufbauend, ergeben sich anschließend in der zweiten Hälfte des Buchs die praktischen Konsequenzen für unser Leben Schritt für Schritt quasi wie von selbst.

Warum guter Rat so oft danebenliegt

Eigentlich ist es doch verrückt, dass wir nicht einfach so wie Tiere vor uns hin leben und dann alles passt, sondern dass wir uns mühsam den Kopf darüber zerbrechen, was wir in unserem Leben brauchen. Das, was wir intuitiv wissen sollten, gelingt oft nicht. Wieso verlieren wir so leicht den Zugang zu dem, was uns von Natur aus guttut?

Der Grund dafür liegt in einer geradezu genialen Vereinfachung unserer Art zu lernen. Denn vieles von dem, was wir lernen, erfahren wir direkt von unseren Mitmenschen. Wir vertrauen dem, was sie uns sagen. Auf diese Weise wird unser Menschheitswissen ganz direkt von Generation zu Generation weitergereicht. Das ist vom Prinzip her enorm vorteilhaft, denn so muss das Rad nicht immer wieder neu erfunden werden. Der Erfahrungsschatz, auf den jeder Einzelne zurückgreifen kann, ist dadurch riesengroß, eben weil er nicht ausschließlich auf seine selbst gemachten Erfahrungen zurückgreifen muss.

Zugleich aber ist dieser Mechanismus fehleranfällig, da wir nur allzu gern alles Mögliche glauben, solange es uns nicht am Überleben hindert. In der Regel überprüfen wir gar nicht, ob die zahllosen Informationen, die wir von unseren Mitmenschen bekommen, überhaupt zutreffen. Sondern wir glauben das, was andere uns sagen, vor allem dann, wenn wir ihnen vertrauen.

Und so bilden sich in unterschiedlichen Kulturen völlig unterschiedliche Lebensentwürfe heraus. Einmal entstanden, bleiben sie als absolute Wahrheiten unangetastet erhalten und pflanzen sich unhinterfragt fort, werden zu vererbten Traditionen. Je länger sie sich halten, desto beharrlicher werden sie als selbstverständlich empfunden. Egal in welchem Lebensbereich. Alltägliches, wie etwa unsere Ernährungsgewohnheiten oder unser Umgang mit Kindern, aber auch unser Gesellschaftsaufbau, unsere Wertesysteme, selbst unsere Religionen sind letztlich nichts anderes als Wissen, das wir von anderen übernehmen.

Verstärkt wird diese Tendenz zum Beharren noch durch eine Eigenschaft unseres Gehirns selbst, die sich aus seiner biologischen Struktur heraus erklärt. Alles, was einmal in dieser Struktur gespeichert worden ist, wird, eben weil es nun schon vorhanden ist, gerne wiederverwendet. Die Biologie ist von Natur aus sparsam.

Vielleicht ist Ihnen das auch schon selbst passiert. Sie gehen oder fahren tagein, tagaus denselben Weg. Erst durch Zufall entdecken Sie eines Morgens, dass es eine kürzere oder schönere Strecke gibt, die Sie zum selben Ziel bringt. Wir nennen das die Macht der Gewohnheit. Einmal Gelerntes behalten wir bei, solange es nicht einen triftigen Grund dafür gibt, es über Bord zu werfen.

Diese Neigung, die wir aus unserem Alltag kennen, gilt allerdings keineswegs nur dort, sondern genauso in der Wissenschaft. Beliebte Beispiele dafür finden sich in geisteswissenschaftlichen Arbeiten, die nicht selten davon leben, frühere Autoren zu zitieren. Die Logik des aktuellen Verfassers erlangt ihren Anspruch auf Gültigkeit ausschließlich dadurch, dass schon seine Vorgänger Gleiches behauptet haben. So wird in meinem eigenen Fachgebiet, der Psychoanalyse, gerne auf Zitate des Gründungsvaters Sigmund Freud zurückgegriffen. Frei nach dem Motto: Weil Freud das schon gesagt hat, muss meine Annahme richtig sein. Nur war auch Sigmund Freud ein Mensch. Und Menschen können sich bekanntlich irren. Selbst dann, wenn sie genial sind.

Übrigens wäre Freud einer der Letzten, die dem widersprechen würden. Gerade er hat seine Theorien ganz bewusst immer wieder an seine Erkenntnisprozesse angepasst. Und die unterlagen im Laufe seines Lebens durchaus kreativen Wandlungen.

Aber zurück zu uns. Besonders beharrlich neigen wir dazu, das beizubehalten, was wir schon früh in unserem Leben gelernt haben. Weil es sich eben schon früh in unserer Hirnstruktur niedergeschlagen hat. Und so sind wir besonders treu gegenüber den grundlegenden Werten und Lebensweisheiten, die uns in unserer Kindheit beigebracht wurden. Wir nehmen sie als gegeben hin und folgen ihnen blind, meist noch verstärkt dadurch, dass die anderen um uns herum es genauso machen.

Wissensweitergabe und das Festhalten an Bewährtem sind verantwortlich dafür, dass es uns schwerfällt, eingeschlagene Pfade zu verlassen, selbst wenn von außen, etwa durch die Wissenschaft, längst gegenteilige Erkenntnisse vorliegen. Der Kopf mag dann zwar eine neue Richtung gutheißen, der Bauch jedoch bleibt beim Vertrauten. Und der Bauch ist mächtig.

Stellt sich sogleich die Frage, warum ist er das? Warum fällt es uns oft so schwer, aus bewussten Erkenntnissen praktische Konsequenzen zu ziehen? Sind wir womöglich, wie einige Neurobiologen behaupten, gar nicht frei in unseren Entscheidungen? Sind wir, einmal geprägt, für immer hilflose Marionetten unseres Unbewussten?

Ist Erkenntnis möglich, und wenn ja, ist sie wirksam?

Mit dieser Frage befinden wir uns ganz unversehens mitten in einem Streit, der jahrelang erbittert zwischen Hirnforschern und Philosophen ausgetragen wurde. Der Grund dafür? Beide Seiten verrannten sich in ihren Positionen, beschworen die absolute Gültigkeit ihrer jeweiligen Sichtweise und belegten damit beherzt, doch ungewollt, genau die Beharrungstendenz, wie ich sie im vorherigen Absatz beschrieben habe.

Am Ausgangspunkt der Debatte stand die abendländische Philosophie. Die meisten ihrer Vertreter sehen die Selbsterkenntnis und damit die bewusste Selbstkontrolle des eigenen Handelns als wesentlichen Pfeiler unseres Menschseins an. Sie stehen in der Fortsetzung der Tradition von Immanuel Kant und Friedrich Nietzsche und zugleich im Einklang mit unserer alltäglichen Selbstwahrnehmung. Allerdings haben sie dabei den in ihren Augen überlegenen Verstand getrennt von den Gefühlen, die sie als schwach und irreführend empfinden. Folglich haben sie den Anspruch in die Welt gesetzt, das logische Denken müsse die Gefühle beherrschen. Selbst die in vielem so gesellschaftskritische Psychoanalyse sprang auf diesen Zug auf, wenn Sigmund Freud deklarierte: »Wo Es war, soll Ich werden.«

Doch was wäre die Philosophie, wenn es nicht zu jedem gedachten Gedanken auch sein Gegenteil gäbe? Natürlich ebenfalls in vollkommen stimmig hergeleiteter Argumentation. Ein prominenter Vertreter der Gegenposition zur menschlichen Willensfreiheit, bei der der Handlungsspielraum des Menschen innerhalb des unermesslichen Universums als minimal angesehen wird, war Arthur Schopenhauer.

Ende der Siebzigerjahre erhielt seine willenskritische Position unvermittelt Unterstützung aus der experimentellen Psychologie. Die Naturwissenschaft begann gerade damit, sich in die Geisteswissenschaft einzumischen. Ein auf den ersten Blick unspektakulärer Versuch wurde für einige Hirnforscher zum Anlass für eine lautstark verkündete Revolution, von der allerdings, so viel sei vorweggenommen, mittlerweile nicht mehr viel übrig geblieben ist. Worin bestand das Experiment, das so hohe Wellen schlug?

Es war der US-amerikanische Psychologe Benjamin Libet, der 1979 die Schädeldecke seiner Versuchsteilnehmer verkabelte, um auf diese Weise ihre Hirnströme zu messen. Anschließend ließ er sie auf einen Knopf drücken und machte eine überraschende Entdeckung: Noch bevor die Versuchsteilnehmer bewusst die Entscheidung für ihre Handlung getroffen hatten, war an der Aktivierung in ihrem Hirnstrombild zu erkennen, dass der Zeitpunkt gekommen war, an dem sie drücken würden. Ihr Unbewusstes war schneller als ihr Bewusstsein, um durchschnittlich etwa 300 Millisekunden. Damit war klar, dass das Unbewusste und nicht das Bewusstsein die entscheidende Instanz für die Auslösung der Handlung sein musste.

Während Libet eher bescheiden schlussfolgerte, dass er mit seinem Versuch die Existenz des Unbewussten experimentell bewiesen habe, zogen andere Hirnforscher daraus deutlich weiter reichende Konsequenzen. Sie erklärten geradewegs den freien Willen zur Fiktion, schafften ihn ab. Da eine Handlung offenkundig in Gang gesetzt werde, noch bevor das Bewusstsein davon etwas mitbekomme, sei der subjektive Eindruck, wir Menschen könnten Entscheidungen bewusst fällen, nichts weiter als eine von unserem Gehirn erschaffene Einbildung.

Zahllose Forderungen ließen sich aus dieser Behauptung ableiten. Ihr Widerhall drang vor bis zu den Grundfesten unseres Rechtssystems: Denn wie kann ein Täter schuldfähig sein, wenn er die Entscheidung zu seiner Tat gar nicht bewusst gefällt haben kann?

Da rebelliert unser gesunder Menschenverstand – und das zu Recht. In der Tat liegt der Annahme, dass die Denkprozesse, die dem simplen Drücken eines Knopfs vorausgehen, sich auf sämtliche Entscheidungsfindungen in unserem Gehirn übertragen ließen, ein passabler Denkfehler zugrunde. Schließlich kennt unser Zentralnervensystem ganz unterschiedliche Antworten auf ganz unterschiedliche Umweltreize, abhängig von Wichtigkeit und Dringlichkeit der zu fällenden Entscheidung. Wieder ein vertrautes Phänomen aus unserem Alltag als Beispiel: Berührt unsere Hand eine heiße Herdplatte, so ziehen wir sie unweigerlich zurück. Noch bevor wir auch nur den geringsten Gedanken daran verschwendet haben, denn unser Gehirn ist an dieser Handlung gar nicht beteiligt. Es handelt sich um einen simplen Reflex. Und für dessen Steuerung genügt allein das Rückenmark. Erst im Nachhinein wird uns unser Handeln überhaupt bewusst, registrieren wir im Gehirn, dass die Herdplatte heiß war und dass unsere Hand vielleicht deshalb jetzt ein wenig schmerzt, aber nichts Schlimmeres passiert ist.

Komplett anders als bei dieser unwillkürlichen Spontanhandlung verläuft dagegen der Entscheidungsprozess bei komplexeren Fragestellungen, vor allem dann, wenn nicht die Notwendigkeit für eine sofortige Reaktion besteht: bei der Partnerwahl, beim Autokauf, beim Aussuchen des Urlaubsziels oder eben bei der Planung des eigenen Lebensentwurfs. An solchen Entscheidungen ist das Gehirn maßgeblich beteiligt, nicht selten in langwierigen bewussten Abwägungen über das Für und Wider. Was allerdings keinesfalls heißen muss, dass sich die so getroffene Wahl im Endeffekt auch durchsetzen wird.

Doch zurück zu den Probanden im Versuchslabor von Libet. Für sie blieb das Drücken des Knopfs ohne jegliche Konsequenz. Und folglich verschwendeten sie keine unnötige Geistesarbeit darauf, sich den Kopf darüber zu zerbrechen.

Mittlerweile gibt uns die Hirnforschung immer genauere Einblicke in den Ablauf unserer bewussten Handlungssteuerung. Und dabei kristallisiert sich heraus, dass in der Tat unsere Handlungsimpulse in unserem Unbewussten gesetzt werden.

Aus dem Bauch heraus wollen wir etwas. Dann jedoch kann dieser Impuls – und darin besteht offenbar die zentrale Aufgabe unserer bewussten Denkebenen – bei Bedarf selbst im letzten Moment noch unterbunden werden. Auch hierzu hat das Experiment von Libet ein Detail zutage gefördert. Zwischen dem bewussten Erleben einer Entscheidung, im Falle seiner Versuchsteilnehmer eben jetzt den Knopf drücken zu wollen, und der aktiven Handlung selbst liegen 200 Millisekunden. Genau in diesem kurzen, aber entscheidenden Intervall kann das bewusste Kontrollzentrum des Gehirns, kann unser Verstand bis zuletzt ein Veto einlegen. Angesichts leerer Kassen vom Kauf des neuen Autos oder vom Urlaub absehen, die Erbtante leben lassen, auf das kalorienreiche Dessert verzichten.

Gerade bei Konflikten zwischen Bauch und Kopf fällt die Entscheidung oft erst im allerletzten Augenblick. Und wer dabei von beiden gewinnt, lässt sich im Einzelfall nicht verlässlich vorhersagen. Wir merken, die Sache beginnt komplex zu werden. Da gibt es bewusst und unbewusst, Gefühl und Verstand, schnelle und langsame Denkprozesse. Aber wie können wir daraus einen gelungenen Lebensentwurf zimmern?

Offenbar müssen wir uns dem Grundaufbau und der Grundfunktionsweise unseres Gehirns im Detail zuwenden, um zu verstehen, was wir wann wie wollen und entscheiden. Schon jetzt nehmen wir als erste Schlussfolgerung mit, dass wir grundsätzlich in der Lage sind, mit bewussten Entscheidungen auf unsere Lebensgestaltung einzuwirken. Das bedeutet, dass wir aktiv an den Grundlagen für ein erfülltes Leben arbeiten können. Sofern wir erkennen, was wir dafür benötigen, was, ganz biologisch gesprochen, unser Organ Gehirn braucht, um uns in der Lebenspraxis mit Erfüllung und Zufriedenheit als dauerhaftem Gefühlszustand zu belohnen.

I
Wie wir werden, wer wir sind – Grundlagen der Hirnforschung

1
Der Aufbau der Psyche im Gehirn –
wie aus Biologie und Chemie unser Lebensentwurf entsteht

Viele Basisfakten über den Aufbau unseres Gehirns sind mittlerweile Allgemeingut. Wir wissen, dass wir etwa hundert Milliarden Nervenzellen besitzen, die in unzähligen Vernetzungen miteinander verknüpft sind. Vor dem Hintergrund dieser enormen Komplexität sind an unseren Denkprozessen immer zugleich verschiedene Hirnregionen beteiligt, entsteht jeder einzelne Gedanke aus einem flüchtigen charakteristischen Muster an elektrischen Erregungen in einem bestimmten Moment. Schön greifbar, um sich die Entstehung des Geistes in unserem Gehirn vorstellen zu können, finde ich das Bild, das der Neurowissenschaftler Joachim Bauer verwendet. Er vergleicht das Gehirn mit einem Klavier. Erst durch das Spielen der Tasten entsteht Musik. Auf unser Gehirn bezogen heißt das: Erst aus den von den Nervenzellen hergestellten Erregungen bildet sich unsere Psyche, wird im Laufe der Zeit die wunderbare Melodie unseres Lebensentwurfs gespielt.

So weit ist uns das vertraut. Für die praktische Lebensführung, um die es hier ja geht, sind jedoch die vielen bahnbrechenden Erkenntnisse der Hirnforschung, die sich bislang noch nicht wirklich herumgesprochen haben, weitaus wichtiger.

Ohne Umwelt sind wir nichts

Zu diesen Erkenntnissen gehört die Tatsache, dass sich die Struktur unseres Gehirns in weitaus höherem Maße als bislang angenommen unter dem Einfluss der Umwelt aufbaut. Und das gleich auf mehreren Ebenen. Schon die Gene sind keineswegs so mächtig, wie wir das seit ihrer Entdeckung lange gedacht haben. Allein der Umstand, dass wir Menschen nur an die 25 000 Gene besitzen, von denen nahezu 99,9 Prozent bei uns allen identisch sind, egal ob wir aus Hamburg, Wladiwostok, Kinshasa oder Chongqing kommen, hätte das vermuten lassen können. Doch inzwischen wissen wir, dass, mehr noch als die Gene selbst, die Epigenetik für die unvorstellbare Vielfalt verantwortlich ist, mit der wir Menschen in bald acht Milliarden Individuen den Planeten Erde bevölkern.

Epigenetik, das ist die Wissenschaft von dem, was unsere Gene steuert, ohne dass sie selbst dabei verändert werden. Der Begriff wurde bereits im Jahr 1942 erfunden, zu einer Zeit also, als die Gene noch gar nicht entdeckt waren. Und doch wird die wahre Bedeutung der Epigenetik erst in allerjüngster Zeit erkannt. Vor allem beschäftigt sie sich mit der Frage, wann und wie welche Gene aktiviert werden und damit auch wie sie in Wechselwirkung miteinander stehen. Zur Veranschaulichung wieder ein Bild: Wenn wir uns die einzelnen Gene als die Buchstaben vorstellen, aus denen unser Bauplan geschrieben wird, dann liefert die Epigenetik die Reihenfolge, in der diese Buchstaben gesetzt werden, wird erst mit ihrer Hilfe der Text verfasst, der uns zu dem einzelnen, unverwechselbaren Menschen macht, der jeder von uns ist.

Enorm wichtig dabei ist der Umstand, dass die Umwelt unmittelbar auf den Schreibprozess dieses Textes einwirkt. Andauernd registriert unser Körper Umweltreize. Sie lösen Reaktionen aus, bei denen diverse Botenstoffe freigesetzt werden, die durch An- und Abschalten unsere Gene steuern. Vor allem sind dies Hormone. Pausenlos sind sie aktiv, ganz besonders bei Stress, bei Angst und in der Liebe. Hormone sind also die Vermittler zwischen Umwelt und Genen. Sie werden als Reaktion auf Außenreize freigesetzt und passen unsere genetische Aktivität an unsere Umwelt an. Das heißt: Wer wir sind, sind wir immer nur in Wechselwirkung mit unserer Umwelt.

Mehr als für jedes andere Organ gilt das für unser Gehirn. Gerade aus seiner enormen Umweltabhängigkeit heraus gewinnt es seine Anpassungsfähigkeit, kann es sich flexibel auf die vielfältigen Anforderungen unterschiedlichster Umgebungen einstellen. Von zentraler Bedeutung für diese Aufgabe und mittlerweile gut erforscht ist dabei vor allem das Stresssystem.

In der Natur entsteht Stress bei jedem intensiven Reiz, besonders bei Gefahr. Dann aktiviert er Kampf oder Flucht. Neben den Akutstresshormonen ist dafür vor allem das Stresshormon Cortisol verantwortlich. Es wird in den Nebennierenrinden gebildet und kann im Körper überallhin gelangen, weil es aufgrund seiner besonderen chemischen Struktur ungehindert die Zellwände sämtlicher Zellen passieren kann, diejenigen unseres Zentralnervensystems eingeschlossen. Im Gehirn angekommen, aktiviert es dort direkt Gene, die zu aggressiverem Verhalten, also zur Kampfbereitschaft führen. Doch nicht nur das. Zugleich werden nämlich auch Gene aktiviert, die eine verstärkte Stressempfindlichkeit, also eine erhöhte Wachsamkeit gegenüber Außenreizen, zur Folge haben. Gleich zweifach bewirkt Cortisol damit eine Anpassung an eine als gefährlich erlebte Umwelt.

Dauerstress mündet deshalb in einen chronischen Alarmzustand, in permanente Wachsamkeit, aus dem einfachen Grund, um sofort kämpfen oder flüchten zu können. Hierdurch kommt eine Spirale in Gang, die sich selbst noch zusätzlich verstärkt. Die erhöhte Stressempfindlichkeit steigert das Stressniveau und damit auch wieder den Stresshormonspiegel, wodurch die Zahl der aktivierten Gene weiter zunimmt. An sich ist das eine gelungene Anpassungsleistung. Wenn überall Gefahr lauert, überlebt eher derjenige, der übervorsichtig und allzeit bereit ist, sich zu wehren oder zu flüchten.

Wer sich so an seine Umwelt angepasst hat, bleibt meist dabei, verlernt dieses Verhalten unter Umständen nie wieder. Zugleich gibt er es automatisch an seine Kinder weiter und das gleich auf mehrfache Weise.

Vererbte Angst

Eine noch ganz junge wissenschaftliche Erkenntnis belegt: Auch Epigenetik wird vererbt. Denn nicht nur die Gene, sondern auch epigenetische Informationen werden in den Keimzellen transportiert, in den Eizellen der Frau und in den Spermien des Mannes. Die Umwelt wirkt damit bereits lange vor unserer Geburt auf uns ein, genau genommen schon vor dem Zeitpunkt unserer Zeugung.

Erst waren es Beobachtungen an Pflanzen, dann epidemiologische Bevölkerungsstudien, also Untersuchungen zur Weitergabe von Merkmalen innerhalb einer Bevölkerung, die dies vermuten ließen. Seit Neuestem liegen nun Laborbefunde vor, die an Mäusen die Weitergabe erworbener Eigenschaften über die Keimbahn belegen.

Der aus Indien stammende Neurowissenschaftler Brian Dias von der Emory University in Atlanta ließ männliche Labormäuse an einem Duftstoff schnuppern und verabreichte ihnen regelmäßig kurz danach unangenehme Stromschläge an ihren empfindlichen Pfoten. Als Folge davon bekamen die Nager Angst vor dem Duft, und diese Angst blieb ihnen auch ohne weitere Stromschläge erhalten. Wie alle Ängstlichen mieden die Tiere von nun an den vermeintlichen Auslöser für ihre Furcht, und sie reagierten mit Nervosität, wenn der Duft in der Luft lag. Doch Dias hatte ein Herz mit seinen geschundenen Mäusemännern und belohnte sie für ihren Einsatz. Sie durften sich paaren.

Die für sie Auserwählten waren Weibchen, denen die Duftprozedur erspart geblieben, für die also der Duftstoff neutral besetzt war. Und doch bekamen ihre Jungen, ja selbst ihre Enkel die Angst vor dem Duft als Erbe mit. Offenkundig hatten sie sie von ihren Vätern ererbt. Wie das funktioniert? Das weiß man bislang nicht genau. Noch ist nicht abschließend geklärt, welcher biochemische Mechanismus für die epigenetische Verhaltensweitergabe über die Spermien verantwortlich ist. Doch die Tatsache, dass sie stattfindet, ist hinreichend bewiesen.

Was für die kleinen Säuger gilt, trifft wie so oft auch auf uns Menschen zu. Dias hat seine Forschungsarbeit mittlerweile ausgedehnt auf die Weitergabe von psychischen Traumen beim Menschen. Und es zeigt sich immer deutlicher, wie deren Auswirkungen über Generationen hinweg erhalten bleiben.

Psychische Traumen, das sind Erlebnisse, die den davon Betroffenen so sehr mit Schmerz und Angst überwältigen, dass er seine Gefühle während des Ereignisses selbst nicht verarbeiten kann. Dadurch bleiben sie unbewusst in seiner Psyche erhalten. Grund dafür ist eine massive Überflutung mit Stress. Wie immer führt übermäßiger Stress zu einer dauerhaften Erhöhung der Stressempfindlichkeit und der Aggressionsbereitschaft. Weil das Verhaltensänderungen mit sich bringt, die auch die eigenen Kinder in der Regel zu spüren bekommen, pflanzen sich die Auswirkungen von psychischen Traumen über Generationen hinweg fort.

Doch offenbar ist das eben nicht alles. Nicht nur das Verhalten, das den Kindern vorgelebt wird, beeinflusst ihre Stressempfindlichkeit, sondern auch ganz direkt die Epigenetik. Das zumindest legen die Erkenntnisse von Dias nahe. Da stellt sich natürlich die Frage, bei welchen anderen Eigenschaften sonst überall noch die epigenetische Prägung über Generationen hinweg ihre Wirkung entfalten dürfte?

Fraglos setzt uns die Epigenetik schon vor unserer Zeugung den Einflüssen der Umwelt aus. Entsprechend entwickeln wir uns auch im Mutterbauch, während der Schwangerschaft, keineswegs starr entlang der genetischen Vorgaben. Gerade das heranwachsende Gehirn baut seine Struktur im Uterus als Reaktion auf die Reize auf, die es von außen empfängt. Diesem konstanten Wechselspiel können wir nicht entgehen. Unweigerlich sind und bleiben wir, solange wir leben, Teil der uns umgebenden Welt. Wir stehen mit ihr in pausenlosem, intensivem Austausch, auch wenn wir davon allenfalls einen Bruchteil erfassen.

Was uns der kleine Mann im Kopf erzählt – Leben als Erleben

Der Grundaufbau unseres Gehirns ist genetisch vorgegeben. Welcher Abschnitt wo liegt, ist genauso vorprogrammiert wie die Lage der Organe im Körper oder der Sitz von Armen und

Beinen. Doch schon die Frage, ob sich überhaupt eine Struktur im Gehirn aufbaut und welche Informationen in ihr gespeichert werden, ist von einem sehr frühen Zeitpunkt an abhängig davon, was als Reiz von außen im Gehirn ankommt.

Den Beweis dafür liefert der Homunkulus. Dieser Begriff – wörtlich übersetzt bedeutet er »kleiner Mensch« – stammt aus dem Spätmittelalter. Er wurde geboren aus der Fantasie der Alchemisten, die hofften, in ihren Zauberküchen nicht nur Gold, sondern auch Homunkuli, zwergenhafte Menschlein, herstellen zu können. Heute beschreibt er die Abbildung unserer Körperoberfläche im Gehirn. Seine Entdeckung verdanken wir dem kanadischen Neurochirurgen Wilder Penfield.

Wenn Penfield seine Patienten operierte, ließ er sie meist wach. Ihr Hirn lag zwar frei, weil ihr Schädelknochen aufgesägt worden war, doch es konnte weiter mit ihnen geplaudert werden. Penfield nutzte die Gelegenheit, reizte die offen vor ihm liegenden Gehirne mit Elektroden und ließ sich von seinen Patienten beschreiben, was sie dabei empfanden. Wo es wann kitzelte. Auf diese Weise zeichnete er eine regelrechte Landkarte davon, wie die Oberfläche des Körpers seiner Schützlinge in der Rinde ihres Großhirns abgebildet war. Das Bild, das er gewann, war das einer eigenartig verzerrten, zwergenhaften Gestalt. Penfield, historisch gebildet und humorvoll wie er war, gab ihr den Namen Homunkulus. Übrigens blieb der Neurochirurg zeitlebens kreativ in seinen Denkansätzen. Nach seiner Emeritierung widmete er sich dem Schreiben von historischen Romanen.

Doch wie schaut es nun im Detail aus, dieses Männlein, dieses Abbild unseres Äußeren im Inneren unseres Gehirns? Seine Hände und seine Lippen sind übergroß. Aber nicht nur das, sie liegen außerdem nahe beieinander. Das gilt genauso für seine

Füße und seine Genitalien. Offenkundig bildet der Homunkulus damit nicht den genetisch bestimmten, starren anatomischen Bauplan unseres Körpers ab. Statt des üblichen Oben und Unten, mit dem Kopf an dem einen und den Füßen an dem anderen Ende, gibt er den in Embryonalstellung verharrenden Körper des Ungeborenen im Uterus wider. Zusammengekauert hält es seine Hände vor seinen Lippen und seine Füße in der Höhe seiner Genitalien. Das heranwachsende Gehirn speichert also die Körperhaltung, die ihm von den Sinneszellen des Körpers gemeldet wird. Es reagiert damit auf die Information, die es von seiner Umwelt erhält, hier auf die sensiblen Nervenimpulse von den ersten Hautsinneszellen der Körperoberfläche. Das geschieht bereits im zweiten Schwangerschaftsmonat. Selbst zu diesem frühen Zeitpunkt baut sich demnach die Struktur des Gehirns als Folge von Außenreizen auf.

Weitere Einflüsse auch aus der Welt außerhalb des Mutterbauchs treten bald hinzu. Umso intensiver, je mehr Sinne des Ungeborenen bereits ausgebildet sind. Längst ist zweifelsfrei belegt, dass Feten hören und schmecken können. Besonders prägend sind jedoch die Informationen, die das Ungeborene über den Zustand seiner Mutter erhält. Beispielsweise passt sich sein Herzschlag an den seiner Mutter an. Zugleich gelangen die mütterlichen Hormone in den Blutkreislauf des Ungeborenen und entfalten bei ihm ihre Wirkung, da die Blutkreisläufe der beiden eng miteinander verbunden sind.

Wieder gilt das ganz besonders für das Stresshormon Cortisol. Weil es ja sämtliche Zellwände ungehindert überwinden kann, passiert es auch die Plazentaschranke zwischen mütterlichem und kindlichem Blut. Eine Mutter, die Stress hat, gibt ihren erhöhten Cortisolspiegel ungefiltert an ihr Kind weiter. Und dieses Cortisol strömt dann direkt in das sich aufbauende

Gehirn des Kleinen. Dort aktiviert es die Gene, die die Stressempfindlichkeit und das spätere Aggressionsniveau des jungen Menschen bestimmen werden.

Die Anpassung an eine gefährliche Umwelt prägt also bereits das Ungeborene im Mutterbauch. Ein Überlebensvorteil, der allerdings problematisch werden kann. Und zwar dann, wenn der Stress gar nicht angebracht ist und trotzdem an das Ungeborene weitergegeben wird.

Einmal stressempfindlicher, bleibt es das bis zu einem gewissen Grad wahrscheinlich ein Leben lang. Selbst als Erwachsener wird es sich nicht grundlegend ändern können. Denn die Eigenschaft ist bereits sehr früh zu einem festen Bestandteil seines Temperaments geworden. Bleibt ihm nur die Möglichkeit, sich damit zu arrangieren, denn bekanntlich ist der Weg zurück in den Mutterbauch versperrt. Und doch ist das kein Grund zu resignieren.

Aufgrund der enormen Flexibilität unseres Gehirns sind wir glücklicherweise in der Lage, uns immer wieder an die jeweiligen Gegebenheiten anzupassen. Wir können uns weiterentwickeln. Ein wesentlicher Schlüssel dazu, aber beileibe nicht der einzige, besteht im Begreifen unserer eigenen Persönlichkeitsstruktur. Zu verstehen, dass wir so geworden sind, wie wir eben sind, hilft uns dabei, das Beste daraus zu machen oder auch grundlegende Akzente schrittweise in eine andere Richtung zu verlagern. Zu erfassen, was unsere allerfrüheste Entwicklung geprägt hat, ist deshalb durchaus für unser heutiges Leben noch relevant.

Und doch lassen wir diese frühe Phase unseres Lebens meist unbeachtet. Wer von uns hat schon eine Ahnung davon, wie seine Zeit im Uterus verlief, wie seine Geburt war, was seine ersten Lebenswochen geprägt hat? Fragen wir nach. Je mehr wir davon wissen, je umfassender wir uns selbst kennen, desto besser können wir diese Einsichten nutzen, um uns selbst anzunehmen und gegebenenfalls bewusst und gezielt zu ändern. Zusätzlich können wir mit diesem Wissen Einfluss nehmen auf die Voraussetzungen, die wir unseren Kindern mitgeben, und auf diese Weise verhindern, dass wir Fehler, die bei uns gemacht wurden, bei ihnen wiederholen.

Die Macht der Schablonen

Mit jedem Schritt, den wir in unser Leben hineinwachsen, wird unsere Interaktion mit der Umwelt offenkundiger. Immer besser passen wir uns an die Bedingungen an, denen wir ausgesetzt sind. In einem andauernden Wechselspiel von Nehmen und Geben sind wir untrennbar Teil der Welt. Wie unser Gehirn im Detail verarbeitet, was an Reizen bei ihm eintrifft, auch dazu gibt es wissenschaftliche Erkenntnisse, die längst noch nicht im Alltag angekommen sind.

Das beginnt mit der auf den ersten Blick absurd anmutenden Feststellung, dass unser Gehirn gar kein direktes Abbild von der Welt da draußen haben kann. Denn alles, was es erhält, sind Nervenimpulse von den Sinneszellen des Körpers. Und diese sogenannten Aktionspotenziale sind ihrer Art nach stets gleich. Lediglich ihre Häufigkeit und die Orte im Gehirn, an denen sie eintreffen, sind variabel. Aus der Verteilung und der Intensität der ankommenden Impulse bastelt sich das Gehirn also ein Bild von der Außenwelt zusammen, das offenbar gut genug ist, um darin zu überleben. So wie auch der Homunkulus auf der Großhirnrinde als Folge der dort eintreffenden Reize ein brauchbares Abbild der Körperoberfläche liefert. Einmal im Gehirn gespeichert, wird ein Erfahrungsgrundmuster beibehalten. Kommt es wieder zu vergleichbaren Situationen, das heißt, wird das Gehirn mit einem vergleichbaren Reizmuster aktiviert, greift es unweigerlich auf seine frühere Erfahrung zurück. Wie eine Schablone legt es sie über das aktuelle Geschehen.

Passt die Schablone, wird sie als brauchbar bewertet. Hierdurch wird sie verstärkt und bei nächster Gelegenheit leichter wiederverwendet. Passt sie hingegen nicht, wird sie entsprechend abgeändert oder durch eine völlig neue ersetzt.

Tendenziell neigen wir also unweigerlich dazu, selbst neue Erfahrungen einem uns schon bekannten Schema anzupassen. Weil die Struktur besteht, greifen wir gerne darauf zurück, so wie bei der vertrauten Wegstrecke. Und weil unser Gehirn den Zustand von Stimmigkeit, von Kohärenz liebt. Wenn wir uns auskennen, empfinden wir das als angenehm.

Vor allem, wenn wir uns ganz auf eine vertraute Tätigkeit konzentrieren, funktioniert alles wie von selbst, und wir fühlen uns wohl dabei. Die elektrischen Erregungen in unserem Gehirn schwingen dann im Gleichtakt. Es arbeitet ohne jeden Widerstand wie ein Supraleiter. Damit ist es durchlässig für kreative Neuerungen und offen für spontane Problemlösungen. Und das verursacht ein gutes Empfinden, führt zur Ausschüttung eines Cocktails an körpereigenen Belohnungsbotenstoffen. Im ständigen Bemühen um Stimmigkeit suchen wir daher ganz automatisch das Vertraute. Ja, mehr noch, wir neigen dazu, unser aktuelles Erleben an unsere alten Erinnerungen anzupassen, damit wir das Gefühl haben, dass wir uns auskennen.

Die Schablonen, mit denen unser Gehirn arbeitet, werden demnach von ihm selbst aus seinen früheren Erfahrungen hergestellt und unterliegen einer permanenten Anpassung. Deshalb sind sie alles andere als starr. Ihre Aufgabe besteht nicht im

Bewahren eines naturgetreuen Abbilds von der Vergangenheit. Denn die Vergangenheit ist vorbei und damit für das Überleben unwichtig. Sondern ihre Aufgabe besteht darin, dass wir uns im Hier und Jetzt und möglichst auch in der Zukunft zurechtfinden, um zu überleben. Um hierfür gewappnet zu sein, werden die Schablonen permanent auf den neuesten Stand gebracht. Für unser Gehirn zählt also nicht die objektive Vergangenheit, sondern stets nur der Anteil an Information, der davon auch jetzt noch gebraucht werden kann. Und der wird deshalb ganz nach Bedarf so zurechtgebogen, dass er eben passt.

Zeugenaussagen vor Gericht belegen die fulminante Kreativität unseres Gehirns, wenn es darum geht, Darstellungen von der Vergangenheit neu zu erfinden. Wie leicht lassen sich Zeugen in Verhören verunsichern, wenn sie unter Druck gesetzt werden. Selbst ohne Folter versuchen sie unbewusst, sich dem anzupassen, was von ihnen gefordert wird – und verknüpfen das dann mit Erinnerungsresten aus ihrem Arsenal an eigenen früheren Erfahrungen. Außer sie sind geschulte Lügner.

Experimentell untersucht wurde diese Vergangenheitsfälschung im Dienste der Gegenwart von dem aus Kiel stammenden US-amerikanischen Psychologen Ulric Neisser, dem Begründer der kognitiven Psychologie. Anlass für sein Experiment war eine Katastrophe. Am 28. Januar 1986 startete die Raumfähre Challenger zu einer Mission ins Weltall. Nur dreiundsiebzig Sekunden nach ihrem Start zerbarst sie in einer Höhe von fünfzehn Kilometern in tausend Stücke. Die sieben Astronauten kamen dabei ums Leben. Und all das geschah vor laufenden Kameras.

Am folgenden Morgen ließ sich Neisser von vierundvierzig seiner Studenten schildern, an welchem Ort sie sich gerade aufhielten, als sie erstmalig von dem Unglück hörten. Diese

Berichte nahm er auf. Zweieinhalb Jahre später fragte er sie dieselbe Frage noch einmal. Die Antworten der Studenten waren ausgesprochen ernüchternd, was die Genauigkeit unserer menschlichen Gedächtnisleistungen angeht. Bei keinem einzigen von ihnen entsprach die Erinnerung noch detailgetreu der zeitnahen Schilderung, und bei immerhin einem Drittel von ihnen lagen die Angaben sogar deutlich daneben. Das Entscheidende dabei war jedoch: Alle hielten ihre Erinnerungen rückblickend für zutreffend. Keinem war die Tatsache seiner mehr oder weniger blühenden Fantasie bewusst. Vergleichbare Phänomene in der Auseinandersetzung mit Teilen der deutschen Geschichte sind also kein Zufall.

Der Beweis ist eindeutig. Unser Gehirn funktioniert nicht wie eine Bibliothek oder wie ein Computer. Was einmal in seinen Windungen abgelegt wurde, bleibt niemals unverändert dort erhalten, sondern unterliegt einem andauernden Abgleich mit den Anforderungen der Gegenwart.

Besonders bunt offenbart sich dieser Mechanismus bei einem psychiatrischen Phänomen, bei dem sogenannten Konfabulieren. Wir alle wissen, dass es Menschen gibt, die zu viel Alkohol trinken, auch deutlich zu viel. Über Jahre hinweg genossen, führt das bekanntermaßen zu einem Abbau der geistigen Leistungen im Gehirn, mit Lücken in Gedächtnis und Orientierung. Die charakteristische Form für einen solchen Gedächtnisverlust durch Alkohol wurde als klinisches Syndrom erstmalig im 19. Jahrhundert in Russland beschrieben. Offenkundig der dortigen Lebensweise geschuldet.

Sergei Sergejewitsch Korsakow war Nervenarzt in Moskau. Er war schon zu seiner Zeit auf einen humanen Umgang mit seinen Patienten bedacht und nahm sie vor Zwangsmaßnahmen in Schutz, selbst wenn er sich dadurch die Unbill seiner Mitarbeiter zuzog, die aufgrund der Mehrarbeit protestierten: »Je weniger Zwang für den Patienten, desto mehr Zwang für den Arzt.« Korsakow war außerdem ein Arzt, der seinen Patienten zuhörte. Dadurch gewann er erstaunliche Einsichten. Denn er erfuhr gerade von denjenigen, deren Gedächtnisleistungen im Argen lagen, die wildesten und buntesten Geschichten. Da das Gehirn selbst dann, wenn es seine Fähigkeiten einbüßt, weiterhin nach Kohärenz strebt, wird nachgeholfen. Gedächtnislücken werden durch völlig freie, oft ausgesprochen kreative Erfindungen ausgefüllt, solange sie nur dem Betroffenen selbst logisch erscheinen.

Die Erklärung dafür, dass der Haustürschlüssel nicht gefunden wird, ist der missgünstige Nachbar, der heimlich in die Wohnung eindringt und ihn verlegt. Oder der aktuelle Aufenthaltsort, der ist keine Klinik, sondern ein Luxushotel. Der Herr in dem weißen Kittel dort, der ist der Lieferant für die Getränke. Sie sehen, auch der Wunsch wird hier zum Vater der kreativen Gedanken. Wie lange man schon hier ist? Gerade erst gekommen.

Was bei welcher Gelegenheit erfunden wird, hängt ausschließlich davon ab, was für Informationen bereits existieren und wie der Zufall sie passend zusammenfügt – sowie in diesem Fall davon, was überhaupt noch vorhanden ist. 1877 wurde das Krankheitsbild von Korsakow illustriert, später wurde es nach ihm benannt: das Korsakow-Syndrom.

In Morpheus' Armen

Was wir denken, entsteht in unserem Gehirn also immer als Neukonstruktion der aktuell erlebten Situation auf der Basis der bereits bestehenden Struktur. Frühere Erfahrungen werden in vernetzten elektrischen Erregungsmustern gespeichert, die aber bei jeder Neuaktivierung labil und damit offen für Veränderungen sind. Wir neigen zur permanenten Selbstbestätigung, weil wir stets auf das schon Vorhandene zurückgreifen, das dadurch zugleich verfestigt und bestärkt wird. Andererseits bleiben wir im Kopf flexibel, sogar so flexibel, dass etwaige Gedächtnislücken oft noch überraschend lange kreativ überspielt werden können.

Doch wie genau entsteht diese Hirnstruktur, auf deren Inhalte wir bei unseren alltäglichen Neukonstruktionen zurückgreifen, und welche Gesetze liegen ihrem Aufbau zugrunde?

Die Grundregel vom Lernen im Gehirn wurde von dem kanadischen Psychologen Donald O. Hebb entdeckt und griffig formuliert: »*Fire together, wire together.*« Nervenzellen, die zusammen aktiviert werden, werden miteinander vernetzt. Informationen, die zusammengehören, werden gleichzeitig wieder abgerufen. Beim Stichwort »Wald« denkt jeder automatisch an Bäume. Damit eine solche Vernetzung dauerhaft stabil bleibt, muss das gemeinsame Feuern der Nervenzellen in der Regel wiederholt stattfinden. Jeder, der einmal Vokabeln gelernt hat, wird das aus eigener Erfahrung bestätigen können. Doch es gibt eine Ausnahme: Wenn intensive Gefühlseindrücke am Lernprozess beteiligt sind, lernt es sich wie von selbst.

Auch dieses Phänomen verdanken wir unseren Wurzeln in der Natur. Weil es sich dort bewährt hat. Denn wo Gefahr lauert oder eine besonders große Belohnung wartet, ist es von Vorteil, sich das gut zu merken. Wären heftige Gefühle nicht auf Dauer unheimlich anstrengend, ließe sich ihre Macht vielleicht sogar für das lästige Vokabelpauken nutzen. Im Normalfall bleibt leider nur der klassische Weg: das Gelernte so lange zu wiederholen, bis es sich dauerhaft verfestigt hat.

Unser Gehirn benötigt Zeit für den Aufbau seiner vernetzten Strukturen und damit dafür, das Gelernte zu sortieren, einzuordnen und zu stabilisieren. Und diese Zeit hat es am besten, wenn unsere Sinne Ruhe geben und wir nicht pausenlos von neuen Eindrücken abgelenkt werden. Im Schlaf. Deshalb ist guter Schlaf unverzichtbar für ein gesundes Gehirn. Andernfalls würde es an Reizüberflutung zugrunde gehen.

Was genau im Schlaf geschieht, wurde inzwischen anhand von Rattengehirnen untersucht. Forscher zeichneten die Aktivierungsmuster im Gehirn der Tiere auf, während sie einen für sie vorgefertigten Parcours abliefen. Als dann die Nager nach getaner Arbeit in sanften Schlummer fielen, fanden sich wieder dieselben Muster in ihren Gehirnen, allerdings deutlich schneller in bis zu zwanzigfacher Geschwindigkeit. Offenkundig liefen die Ratten im Traum die gelernte Strecke noch ein paarmal im Geiste ab.

Das Erlebte wird also im Schlaf wiederholt und zugleich verdichtet, um es dauerhaft in der Hirnstruktur zu speichern. Und zudem wird es mit früheren Erfahrungen abgeglichen und an diese angepasst. Offenbar sind es genau solche unbewussten Ordnungsprozesse, die sich bei uns Menschen in Träumen zeigen. Deshalb sind Träume hilfreich zum Verständnis unbewusster Zusammenhänge. Entscheidend für die Bewertung des real und dann erneut im Traum Erlebten ist die Intensität der begleitenden Gefühle. Denn permanent sind Gefühle im Hintergrund unseres Erlebens aktiv, arbeiten immer verschiedene Ebenen unseres Gehirns zusammen.

Wie die Vielfalt unserer Bindungen unser Gehirn wachsen lässt

Unser Bewusstsein stellt nur die Spitze des Eisbergs unserer Hirnaktivität dar. Es ist Ausdruck der evolutionär jüngsten Entwicklungsstufe unseres Gehirns, unserer Großhirnrinde. Vereinfacht besitzt unser menschliches Gehirn vier funktionale Stufen, die sich nach und nach in der Evolution der Wirbeltiere herausgebildet haben.

Die älteste von ihnen ist das Stammhirn, das für die Regulation der körperlichen Grundfunktionen wie Herzschlag, Atmung oder Körpertemperatur zuständig ist. Ihm folgten die Basalganglien, eine Gruppe von Hirnkernen, die die aktiven Bewegungen des Körpers steuern. Auf dieser Stufe stehen etwa die Reptilien. Erst mit dem Aufkommen der Warmblüter, also der Vögel und Säuger, betraten die Darsteller die Bühne, die auch unserem heutigen menschlichen Leben noch seine Würze verleihen: die Gefühle. Ihr Sitz ist das limbische System, dessen einzelne Bausteine tief im Inneren unseres Gehirns verstreut, vorwiegend im Zwischenhirn liegen. Im limbischen System entstehen unsere Wünsche und Bedürfnisse. Hier handeln wir schnell und intuitiv, bisweilen impulsiv. Hier entfalten unsere Beziehungen ihre volle Wirkung, sitzen Liebe und gelegentlich auch Hass. Hier werden wir in unserem Lebensgefühl geprägt, weshalb sich letztlich hier entscheidet, ob wir unser Leben als gelungen wahrnehmen oder nicht.

Als Letztes entwickelte sich schrittweise die Großhirnrinde. Sie ist übergeordnete Kontrollinstanz und Planungszentrum, verschafft uns den Überblick und ist Sitz des Verstandes. Das Bewusstsein im engeren Sinne, das Erkennen des Faktors Zeit, die Fähigkeit, Handlungsimpulse zu steuern, und schließlich die Fantasie als abstrakte Spielwiese für das Verhalten im Falle möglicher, zukünftiger Ereignisse – all das ist in der Großhirnrinde angesiedelt und macht uns zu Menschen.

Zum entscheidenden Motor für die massiv gesteigerte Vernetzung in unserem Großhirn dürfte vor allem die zunehmende Komplexität unserer sozialen Bindungen geworden sein. Bei unseren nächsten Verwandten, den Affen, konnte ein solcher Zusammenhang zwischen Großhirnentfaltung und Komplexität der sozialen Gruppe inzwischen eindeutig bewiesen werden. Zwar belegt dieser von Affenforschern als Machiavelli-Hypothese bezeichnete Zusammenhang noch nicht, dass die erweiterten sozialen Netze auch wirklich die Ursache für das gesteigerte Hirnwachstum gewesen sind, denn es könnte ja genauso gut umgekehrt sein, dass mehr Intelligenz zu komplexeren Beziehungsmustern geführt hat. Doch spricht die Art, wie sich unsere Hirnstruktur aufbaut, dafür, dass die Zunahme an Bindungsvielfalt der Grund für das Hirnwachstum bei uns Menschen ist. Schließlich wird ja nur dort, wo Reize im Gehirn eintreffen, auch Hirnstruktur ausgebildet.

Wie es scheint, läuft dieser evolutionäre Prozess konstant weiter. Sofern wir genug Zeit dafür haben, wenden wir viel Energie auf, um unsere Beziehungen zu gestalten, in Partnerschaft und Familie, im Beruf, mit Freunden, vom jüngsten Erfolg der sozialen Netzwerke ganz zu schweigen. So wie die Vernetzung in unseren Gesellschaften zunimmt, verstärkt sich auch ihre Präsenz in unseren Gehirnen. Und die wachsen. Mittlerweile ist das menschliche Gehirn bereits so groß, dass die natürliche Geburt aufgrund der anatomischen Verhältnisse alles andere als ein Spaziergang ist. Weder für die Mutter noch für das Kind.

Mithilfe unseres weiter entwickelten Gehirns wächst zugleich das von uns Menschen angesammelte Wissen von der

Welt um uns herum, von den Regeln und Gesetzen, die in unserer Umwelt gelten. Wir zerlegen die Materie bis in ihre kleinsten Bestandteile und sind bestrebt, nachdem wir bald jeden Winkel der Erde erkundet haben, auch noch den Weltraum zu erobern.

Dennoch fällt es uns immer noch überraschend schwer, verlässlich abzuschätzen, wie ein anderer Mensch in einer bestimmten Situation reagieren wird. Das liegt nicht nur an den Unwägbarkeiten der menschlichen Entscheidungsfindung, sondern vor allem daran, dass wir die Gedanken eines anderen nicht lesen können. Vielmehr müssen wir uns ein Modell davon machen, was wohl in seinem Kopf gerade vor sich gehen dürfte. Mittels unseres Spiegelzellsystems – dazu gleich mehr – versuchen wir, uns in den anderen hineinzuversetzen, und gehen unbewusst davon aus, dass der sich so verhalten müsste, wie wir es in derselben Situation täten. Doch im Grunde ist das ein Ratespiel. Denn was ein anderer denkt, hängt von vielen Faktoren ab, die wir gar nicht kennen. Etwa davon, welche Denkstrukturen er überhaupt besitzt und wie mächtig sein Verstand unter dem Einfluss von seinen Gefühlen steht, allgemein und gerade jetzt im Moment. Angesichts des permanenten labilen Gleichgewichts, in dem sich die elektrische Ladungsverteilung in unserem Gehirn befindet, ist schließlich immer auch ein Quäntchen Zufall daran beteiligt, wie ein Mensch reagiert.

Das Sonnensystem unseres Denkens

Was in der Theorie eigentlich einfach sein sollte, erweist sich damit in der Praxis als hochkomplex. An den diversen Aktivitäten unseres Gehirns sind immer seine unterschiedlichen Ebenen in permanenter Wechselwirkung beteiligt. Was uns gerade in Gedanken beschäftigt, was für Entscheidungen wir treffen, ergibt sich aus den elektrischen Erregungsmustern, die von gemeinsam feuernden Nervenzellen in diversen Hirnbereichen gebildet werden. Welches Muster sich in einer bestimmten Situation durchsetzt, hängt ab von den in der Hirnstruktur gespeicherten früheren Erfahrungen, den mit ihnen verbundenen Gefühlsbewertungen und eben auch Freund Zufall. Oft konkurrieren verschiedene Alternativen. Jede der möglichen Varianten entspricht einer der vielfältigen Schablonen, die wir gespeichert haben und an die Welt um uns herum anlegen, um uns auszukennen.

Wir alle kennen Vexierbilder, diese Strichzeichnungen, die zweierlei darstellen können. Vase und Gesichtsprofil, Entenschnabel und Hasenkopf, Freud-Porträt und Frauenakt. Bei ihnen tastet sich unsere Wahrnehmung an die erkennbaren Details heran und entscheidet sich dann für die eine oder für die andere Möglichkeit. Auf dem Weg zu dieser Entscheidung existiert noch das Entweder-oder, aber einmal festgelegt, gibt es zumindest für den Augenblick nur noch die ausgewählte der beiden Alternativen. Unser Gehirn kann einfach nicht anders. Es folgt einer weiteren Grundregel, die für alle unsere Denk- und Entscheidungsprozesse gilt: »*The winner takes it all.*« Der Gewinner bekommt die ganze Aufmerksamkeit geschenkt.

Das hat lebenspraktische Konsequenzen. Wenn sich die Psyche unseres Partners für Streit entschieden hat, nützt erst einmal die beste Beschwichtigung nichts. Klärung ist dann unmöglich. Die muss warten, bis sich der Sturm der Gefühle wieder gelegt hat.

Miteinander konkurrierende Gedanken lassen sich vergleichen mit den Meteoriten in einem Meteoritenschwarm, der durch das Weltall saust. Überall im All finden sich Planeten unterschiedlicher Größe mit ihrem dadurch bestimmten Magnetfeld. Gerät ein Meteorit in den Bann eines solchen Magnetfelds, gibt es für ihn kein Zurück mehr. Unumkehrbar wird er mit dem Planeten zusammenprallen, dort aufschlagen und so mit seinem Ziel verschmelzen. Der Planet selbst wächst dadurch in seiner Masse, was zugleich seine Anziehungskraft verstärkt.

Ganz entsprechend funktionieren unsere Denkmuster im Gehirn. Eine häufig verwendete Denkstruktur wird genau dadurch, dass sie aktiviert wird, in ihrer Bedeutung verstärkt und damit in Zukunft mit noch höherer Wahrscheinlichkeit wieder gedacht. So wie beim Vokabelpauken. Doch nicht nur die Häufigkeit ist dabei entscheidend, sondern eben auch die Intensität der begleitenden Gefühle.

Unser Bewusstsein arbeitet niemals allein. Ununterbrochen steht es unter dem Einfluss unbewusster, älterer Hirnanteile, ist der Verstand mehr oder weniger Sklave des vorherrschenden Gefühls. Üblicherweise entsteht nämlich in unserem Gehirn zuerst ein Gefühl, und dann bastelt sich der Verstand seine Logik regelrecht zu diesem Gefühl hinzu. Wenn wir morgens mit dem falschen Bein aufstehen, wird das schon einen Grund haben. Was liegt da näher, als auf den noch im Bett liegenden Partner als vermeintlichen Grund zurückzugreifen?

Hier zeigt sich, wie das Gehirn bei all seiner Komplexität zugleich in seinen Möglichkeiten ernüchternd begrenzt ist. Es liebt einfache Lösungen. Aus Bequemlichkeit, weil es sich in der Natur bewährt, schonend mit Ressourcen umzugehen, und weil die Aufmerksamkeit unseres bewussten Arbeitsgedächtnisses begrenzt ist. Sie kann nur etwa sieben Fakten gleichzeitig beherrschen. Plus minus drei, um genau zu sein. Warum wir so beschränkt sind, haben jüngste Forschungsergebnisse ans Tageslicht gebracht: Die Grundschwingung, mit der unser Gehirn lernt, entspricht dem Vier- bis Zehnfachen der einfachen Schwingungen, mit der im Gehirn einzelne Fakten abgebildet werden. Mehr als vier bis zehn Schwingungen gleichzeitig sind also auf der bewussten Ebene für unser Gehirn nicht zu schaffen.

Die Geburt der wahren Liebe

Das machtvolle Zentrum unseres Unbewussten, der Sitz unserer Gefühle, das limbische System, ist, wie schon gesagt, eine aus mehreren Hirnabschnitten zusammengesetzte funktionale Einheit. Offenbar bildete sie sich in der Evolution zu dem Zeitpunkt heraus, als die ersten Tiere damit begannen, sich intensiv um ihre Nachkommen zu kümmern. Um sich dieser neuen und aufwendigen Aufgabe zu stellen, bedurfte es einer Motivationsquelle. Denn welches Tier würde ohne Belohnungsgefühl freiwillig die Mühen einer Brutpflege auf sich nehmen? Hier musste die Chemie der Botenstoffe im Gehirn nachhelfen. Auf einmal erweiterte sich ihr Aufgabenfeld, das bis dahin auf die Motivation zum Lebenserhalt und zur Vermehrung beschränkt gewesen war. Von nun an führte körperliche Nähe auch unabhängig vom eigentlichen Geschlechtsakt zur Ausschüttung von Wohlfühlhormonen: Die Macht der Bindung war geboren. Und mit ihr entstanden Brutpflege und wahre Liebe.

Einige Kaltblüter, Fische, Amphibien und Reptilien, kümmern sich um ihre Brut. Allerdings geschieht das bei ihnen noch instinktiv-mechanisch, ohne die dazugehörige emotionale Begleitmusik, denn ihre Gehirne besitzen kein limbisches System.

Die Weiterentwicklung erfolgte schrittweise. Von den ursprünglichen Säugetieren existiert auch heute noch eine Art, die als lebende Zwischenstufe für diesen Anpassungsprozess gelten kann, den die Gehirnevolution durchlaufen hat: der Eier legende Ameisenigel aus Australien. Er besitzt nur Teile des limbischen Systems. Und doch genügen die, um selbst diese urtümlichen Warmblüter die Macht der Bindung spüren zu lassen. Ihre nackt aus dem Ei schlüpfenden Jungen werden liebevoll gesäugt und gepflegt. Und sie sind auch wirklich schon nach wenigen Tagen unwiderstehlich niedlich.

Aber welche Aufgaben hat das limbische System im Einzelnen? Oder anders gefragt, welche Aufgaben haben unsere Gefühle? Vereinfacht gesagt, lenken sie unsere Aufmerksamkeit auf das, was wichtig für uns ist. Auf diese Weise motivieren sie uns, uns genau darum zu kümmern. Zugleich sorgen sie dafür, dass wir aus den Erfahrungen, die wir machen, dauerhaft lernen. Denn wir erinnern uns eben am stärksten an das, was wir emotional intensiv erlebt haben. An einen Hauptgewinn, an einen schweren Unfall, an den ersten Kuss, an das Kennenlernen unserer Liebsten.

Am häufigsten und intensivsten werden unsere Gefühle in unseren Beziehungen ausgelöst. Sie stehen im Fokus der Arbeit unseres limbischen Systems. Deshalb wird unser Zusammenleben vor allem von unseren Gefühlen gesteuert. Auch das verdanken wir unserem evolutionären Erbe, wie ein Blick über den Rand unseres Menschseins offenbart.

Entfernt man Hamstermüttern das Großhirn, so sind sie trotzdem noch in der Lage, ihre Jungen zu bemuttern. Entfernt man hingegen nur einen Teil ihres limbischen Systems, wird diese Fähigkeit komplett zerstört. Bindungen wirken tief und intuitiv und haben bei näherer Betrachtung meist nichts mit Verstand zu tun. Was der Alltag nahelegt, beweist auch die Wissenschaft.

Der portugiesische Bewusstseinsforscher António Damásio hat sich auf Patienten mit Hirnschäden spezialisiert. Ist eine bestimmte Region im Gehirn durch einen Unfall, einen Schlaganfall oder eine Operation zerstört, kann man an den dadurch hervorgerufenen Ausfällen erkennen, welche Aufgabe sie normalerweise besitzt. Bei seinem Patienten Boswell fehlte nach einer Operation genau der Bereich, der für das bewusste Wiedererkennen von anderen Menschen zuständig ist. Boswell wurde also von Pflegern betreut, die er bei jedem Zusammentreffen aufs Neue kennenlernte. Das nutzte Damásio für einen Versuch. Er verteilte an drei seiner Pfleger die Rollen, freundlich, neutral oder betont unfreundlich zu ihrem Schützling zu sein. Einige Zeit später begann Damásio damit, Boswell aufzufordern, einen der Pfleger nach einem Kaugummi oder nach Zigaretten zu fragen. Obwohl er keinen der Pfleger bewusst kannte, wählte Boswell intuitiv am häufigsten den freundlichen.

Damásio sieht hierin den Beweis dafür erbracht, dass sich Beziehungen auch außerhalb unserer bewussten Wahrnehmung niederschlagen und emotional bewertet werden. Er vermutet, dass daran direkte körperliche Erinnerungen beteiligt sein könnten, die uns dabei helfen, uns intuitiv im Dschungel der andauernd auf uns hereinprasselnden Eindrücke zurechtzufinden.

Ob nun mit Gehirn oder vielleicht sogar ohne, filtern unsere Gefühle vor allem drei Grundmuster aus den pausenlos auf uns einwirkenden Außenreizen heraus. An erster Stelle geht es dabei um das Erkennen von Gefahren. Wir empfinden Angst, sind alarmiert. Umgehend wird unser Stresssystem aktiviert, damit wir, wie schon erwähnt, mit Kampf oder Flucht reagieren können. An zweiter Stelle helfen unsere Gefühle uns bei der Suche nach Belohnungen. Alles, was uns in welcher Weise auch immer Lust bereitet, lässt unsere Motivation anspringen. Das wollen wir haben, sei es Nahrung, Sex oder auch das neueste Handy, eine Party oder Alkohol. Als Drittes schließlich geht es um Beziehung, um die Macht von Bindung.

So wie das Cortisol und andere mit ihm zusammenwirkende Hormone für den Stress verantwortlich sind, gibt es auch für Motivation und Bindung in unserem Gehirn bestimmte Botenstoffe.

Spielarten der Lust

Beginnen wir mit der Lust. Am Anfang der Lust steht in der Regel das Dopamin. Es weckt unsere Aufmerksamkeit und richtet sie auf ein Ziel, motiviert uns zu einer Handlung. Allein schon dieser Motivationskick fühlt sich gut an. Wir sind aufgeregt oder erregt und konzentrieren uns ganz auf das Erreichen unseres Ziels. Sind wir dort angekommen, fällt die Konzentration des Dopamins recht abrupt ab, und an seine Stelle treten körpereigenes Morphium und die mit ihm in ihrer Wirkung verwandten Endorphine. Das drängende Wollen des Dopamins wird ersetzt durch die wohlige Entspannung des Erfolgs.

Doch nicht nur die Belohnungshormone von Motivation und Erfolg bescheren uns gute Gefühle. Auch das Bindungs- oder Liebeshormon Oxytocin sorgt für angenehme Gefühlszustände. Es versetzt uns in den verzückenden Glücksrausch der Liebe.

Exemplarisch lässt sich das Zusammenwirken aller drei am Belohnungscocktail beteiligten Zutaten beim Sex erleben. Schon die sich einstellende Erregung, wenn es uns hinzieht zur Lust, dann erst recht das erotisch-körperliche Miteinander, all das verdanken wir reinstem Dopamin. Am Höhepunkt erfahren wir recht abrupt den Umschlag zur wohligen Entspannung. Hier hat das Morphium seinen Auftritt und wird im liebevollen Verbundensein der eng umschlungenen Körper unterstützt vom Oxytocin. Wie stark wir empfinden und wo wir unsere Schwerpunkte haben, hängt natürlich wieder davon ab, was wir in unserem Gehirn gelernt haben. Die Fähigkeit, unsere Belohnungssysteme zu zünden, zu lieben oder uns anderweitig zu beglücken, besitzen wir ganz von selbst. Doch müssen wir sie wecken, damit sie sich voll entfalten kann.

Immer wenn es also um Gefühle geht, bei Gefahr, Neugier oder lust- und liebevoller Bindung, ist unser limbisches System beteiligt und übernimmt im Bedarfsfall das Ruder in unserem Denken. Der Verstand hat dann einstweilen Pause.

Je intensiver das Gefühl, desto mächtiger ist es. Grundsätzlich gilt dabei: Angst geht vor Belohnung. Erst kommt das Überleben, dann der Spaß. Oder leicht abgewandelt: Erst die Arbeit, dann das Vergnügen. Denn diese Strategie empfiehlt sich zum Überleben. Wenn ein hungriger Löwe unmittelbar vor mir steht, ist es besser, ich kämpfe oder flüchte. Wer sich im Laufe der Evolution stattdessen den diversen Arten der Lustgewinnung zugewandt haben mochte, der wurde gefressen. Überlebensstrategie gescheitert. Übrig blieben die, die Stress als Killer von Lust erleben. Nicht nur, aber auch in der Erotik. Längst hat sich herumgesprochen, wie sehr der zunehmende Stress in der Gesellschaft in heimischen Betten seinen Tribut zollt.

Eine Ausnahme aber gibt es von der Regel, dass Angst stärker ist als Lust. Bei jeder Form von Sucht ist sie nämlich außer Kraft gesetzt. Das Belohnungssystem verselbständigt sich und ignoriert oder verleugnet dann jedes Warnsignal. Der Süchtige ist so gierig auf den Lustgewinn fixiert, dass alles andere in den Hintergrund gedrängt wird. Sämtliche Lebensbelange werden der Sucht untergeordnet, und genau deshalb ist Sucht auf Dauer selbstzerstörerisch.

Leben ist Gefühl

Angst auf der einen und Belohnung durch Neugier, Lust und Bindung auf der anderen Seite begleiten uns ein Leben lang und bestimmen maßgeblich, wie wohl wir uns fühlen. Wer die ganze Macht der Gefühle erleben will, findet überall Gelegenheiten dafür. Er braucht sich nicht an den Werken aus der Traumfabrik Hollywood ergötzen, er kann sich im wirklichen Leben in ein wildes Liebesabenteuer, in Freud und Leid beim Sport oder in das Auf und Ab an der Börse stürzen.

Selbst dort, in der vermeintlich nüchternen Welt des Geldes, herrschen die Gefühle. Die realen wirtschaftlichen Rahmenbedingungen sind zwar eine Grundlage für das Geschehen im Aktienhandel. Doch ein Großteil der Kurse wird von Gefühlen, von der Angst und von der Aussicht auf Lust spendenden Gewinn gesteuert. Die rationalen Erklärungen − oder was dafür gehalten wird − werden in Wahrheit zu der im Bauch getroffenen Entscheidung hinzugedichtet. Ganz so wie sonst auch. Erst entsteht das Gefühl, und dann konstruiert sich der Verstand dafür eine Erklärung. Warum er das macht? Weil unser Gehirn nach Stimmigkeit, nach Kohärenz strebt. Wir wollen uns auskennen, wollen verstehen, was passiert. Nicht nur, weil das gut für das Ego ist, sondern auch, weil dadurch Belohnungsbotenstoffe freigesetzt und zugleich unsere Ängste in Schach gehalten werden.

Das Pendeln zwischen Angst und Lustgewinn beherrscht das Parkett der Börsen. Und es bestimmt unseren gesamten Lebensrhythmus. Deshalb ist es entscheidend für unser Lebensgefühl und damit für die Frage, ob wir unser Leben jetzt oder eines Tages als gelungen betrachten. Unweigerlich sind es die Gefühle, die von Natur aus unser Handeln leiten. Und das tun sie ganz von allein, es sei denn, wir lernen, sie zu erkennen und dadurch bewusst zu steuern und zu nutzen. Ganz wichtig dabei ist die Einsicht, dass sich Gefühle nicht verbieten lassen. Wir haben sie, ob wir das wollen oder nicht. Wir müssen uns also mit ihnen arrangieren und daran arbeiten, das Bestmögliche aus ihnen zu machen. Wobei Gefühle keinesfalls schlecht sind. Ganz im Gegenteil. Gefühle sind eine faszinierende Hilfe bei der Lebensbewältigung. Nicht von ungefähr haben sie sich in der Evolution bewährt und durchgesetzt. Doch sie können uns auch krank machen, wenn wir sie ignorieren oder falsch deuten, oder wenn unsere Gefühle durch frühere Erfahrungen verzerrt werden.

Warum geschieht das so oft? Warum gehen wir mit unseren Gefühlen häufig sträflich um, vernachlässigen sie und werden dann nicht selten frustriert oder eben sogar krank? Die Antwort ist simpel: Wir haben es so gelernt. Wieder sind wir an dem Punkt, auf den ich eingangs hingewiesen habe. Einen Großteil unseres Wissens erhalten wir direkt von anderen. Und wenn die einem Missverständnis, einer Fehldeutung oder einem Irrglauben aufsitzen, übernehmen wir das meist unhinterfragt, solange es uns nicht massiv am Überleben hindert. Denn es spart Zeit und Energie, wenn wir nicht alles selbst durchdenken und erfahren müssen. Einmal in unserer Hirnstruktur verankert, wird das von anderen erlernte Wissen zu einem Teil von uns. Tendenziell verwenden wir es immer wieder. Und jedes Mal wird es durch die Wiederholung noch stärker in seiner Anziehungskraft. Dadurch neigen wir unweigerlich dazu, starr an den uns beigebrachten Mustern festzuhalten. Genau hier liegt der Grund für die enorme Macht von Kultur und Religion auf unser Leben.

Sind wir flexibel, und wenn ja, wo?

Da stellt sich die Frage, wie flexibel unser Gehirn denn nun ist. Die Antwort darauf ist kein einfaches Ja oder Nein. Für die verschiedenen im Laufe der Evolution entstandenen Ebenen des Gehirns gilt die Flexibilität in unterschiedlichem Maße.

Beginnen wir mit dem Großhirn. Seine Struktur baut sich ja von Beginn an und damit schon lange vor der Geburt aus den Signalen auf, die von den Sinnesorganen dort eintreffen. Hierbei gibt es besonders sensible Phasen. So muss beispielsweise die Sehrinde in den ersten sechs Lebensjahren trainiert werden. Sie muss also regelrecht Sehen lernen. Wird ein Auge erst nach dem sechsten Lebensjahr sehtüchtig, weil ein Sehfehler zu spät behoben wird, bleibt es trotz der Korrektur weitgehend blind. Denn das Gehirn hat nie gelernt, die Reize, die von nun an korrekt gesendet werden, zu entschlüsseln.

Diese enorme Umweltabhängigkeit, die in diesem Fall zum Nachteil wird, ist zugleich die Basis für die enorme Flexibilität des Großhirns. Sofern es die Grundlagen dafür einmal gelernt hat, kann es fortan in immer neuen Varianten Neues erschaffen. Um beim Auge zu bleiben: Sofern unser Großhirn sehen gelernt hat, kann es alles sehen, was die Erde an Farben und Eindrücken zu bieten hat. Ja, es kann sich sogar eigene Eindrücke herstellen, Halluzinationen, etwas sehen, das gar nicht existiert.

Gerade die enorme Flexibilität unseres Großhirns macht uns Menschen so außergewöhnlich anpassungsfähig. Was immer die Umwelt uns zu bieten hat, wir können lernen, damit zurechtzukommen. In unseren ersten Lebensjahren geschieht das intuitiv und unbewusst. Unsere frühsten Erfahrungen sind körperlich verankerte Gefühlszustände, die uns dauerhaft prägen. Erst um das vierte Lebensjahr herum entsteht das eigentliche Bewusstsein.

Die Richtung, die der Reifungsprozess unseres Großhirns einschlägt, ist der Weg zu einer stets höheren Abstraktionsfähigkeit. Aus einfachem Reagieren wird vorausschauendes Handeln und schließlich gezielte langfristige Planung. Aus der zunehmenden konkreten Erfahrung kann schrittweise ein Überblick über die im Leben gültigen Regeln gewonnen werden. Am Ende dieser Entwicklung ist der Blick für das Wesentliche geschärft. Es entsteht Weisheit.

Unser Leben besteht aus Anpassung, wobei wir die Angewohnheit haben, einmal eingeschlagene Wege beizubehalten, weil sie eben in unserer Hirnstruktur verankert sind. Doch lassen sich Angewohnheiten ändern, selbst wenn sie tief verwurzelt sind. Solange wir das nur wollen. Auch das ist wissenschaftlich längst bewiesen.

In manchen Sprachen, etwa im Japanischen, fehlt die Trennung zwischen den Lauten L und R. Beide sind, um das Bild vom Weltall noch einmal aufzugreifen, in einem einzigen Planeten verschmolzen und werden daher nicht als getrennt wahrgenommen und artikuliert. Doch selbst ein Planet, der von Kindheit an seine Kreise zieht, kann aufgespalten werden. So gelang es Japanern durch permanentes Üben mit dem US-amerikanischen Verhaltenspsychologen Jay McClelland aus eins zwei zu machen, die Differenzierung von L und R zu lernen. Damit wurde deutlich, dass sich selbst ganz früh und stabil im Großhirn verankerte Muster ändern lassen.

Doch damit keineswegs genug. Wie unglaublich flexibel unser Nervensystem sein kann, wenn wir es denn lassen, zeigt sich ebenso regelmäßig bei den Opfern von Hirnschäden. Vielfach springen bei ihnen unverletzte Bereiche ein, um die Aufgaben der ausgefallenen Areale zu übernehmen. Allerdings ist dafür ein konsequentes Training unerlässlich. Deshalb muss ein Patient mit einer Halbseitenlähmung nach einem Schlaganfall gerade die gelähmte Körperhälfte trainieren, auch wenn das schwerfällt. Andernfalls verkümmert sie unwiederbringlich. Denn es gilt eine weitere Grundregel: »*Use it or lose it!*« (»Nutze, was du nicht verlieren willst.«) Was genutzt wird, wird verstärkt. Nicht genutzte Alternativen werden abgebaut.

Wird das Nervensystem darin unterstützt, weiter zu lernen und sich zu entfalten, sich anzupassen, wo immer es mit neuen Situationen konfrontiert wird, scheint selbst Unglaubliches möglich. Das beschreibt der erste Mann, der ein Hirnstrombild einer Frau während eines Orgasmus gemacht und dieses Bild seither über seinem Schreibtisch hängen hat: Barry Komisaruk von der Rutgers University in New Jersey, nahe New York. Der Psychologe konnte beobachten, wie es einer komplett querschnittsgelähmten Frau gelang, einen vaginalen Orgasmus zu erleben – trotz der vollständigen Durchtrennung ihres Rückenmarks und der damit einhergehenden Lähmung ihres Körpers unterhalb des Nabels. Komisaruk fand heraus, dass bei ihr ein Hirnnerv, der weitverzweigte, bis in die Tiefen der inneren Organe reichende Vagusnerv, einsprang, um das zerstörte Rückenmark zu umgehen und seiner Besitzerin auf diese Weise das Lusterleben zu erhalten. Wenn die Motivation uns antreibt, wird offenbar selbst das Unmögliche möglich. Nicht der Glaube versetzt Berge, sondern die Motivation – letztlich unabhängig davon, wie sie zustande kommt.

Und wo nicht?

Angesichts dieser faszinierenden Anpassungsfähigkeit unseres Nervensystems und besonders unseres Großhirns überrascht es, dass unser Gehirn bei anderer Gelegenheit geradezu beharrlich an einmal eingeschlagenen Wegen festhält, selbst wenn sie sich bei äußerer Betrachtung als unvorteilhaft erweisen.

Die Erklärung dafür liegt in der unterschiedlichen Arbeitsweise unserer evolutionär jüngeren und älteren Hirnbereiche. Dort, wo wir, biologisch gesehen, noch ganz Tier sind, im limbischen System, dem Sitz unserer Gefühle, hält sich einmal Gelerntes viel störrischer als in unserem Großhirn. Die Vernetzungen zwischen den Nervenzellen sind hier viel direkter und deutlich weniger aufwendig verschaltet angelegt. Hier fehlt die für die Großhirnrinde typische Zellanordnung in sechs regelmäßigen Schichten. Deshalb ist die Informationsverarbeitung in den älteren Hirnbereichen deutlich weniger komplex. Differenzierung ist in ihnen nur begrenzt möglich. Dafür arbeiten sie wesentlich schneller als das Großhirn. Und so erklärt sich, warum in uns immer zuerst das Gefühl entsteht und der Verstand dann mit Verspätung hinzukommt. Wenn überhaupt.

Für einen speziellen Teil des limbischen Systems gelten Starrheit und Geschwindigkeit ganz besonders. Gerade unser Angstzentrum im sogenannten Mandelkern reagiert enorm schnell und unmittelbar. Von Natur aus ist es darauf ausgerichtet, in Sekundenbruchteilen aus den eintreffenden Reizen das Wesentliche herauszufiltern, damit wir Gefahren erkennen und schnellstmöglich reagieren können. Etwa auf die Schlange vor uns im Gras. Da ist es von Vorteil, wenn wir umgehend in Alarmbereitschaft versetzt werden. Allerdings kann auch ein Ast auf dem Waldboden, der bei kurzem Hinsehen für eine

Schlange gehalten wird, einen solchen Alarm auslösen. Meist umso mächtiger, je weniger Zeit für eine differenzierte Wahrnehmung bleibt.

Der zweite Blick, also der umgekehrte Weg, die Kontrolle der Angst durch das Großhirn, ist dagegen deutlich zeitaufwendiger. Aber nicht nur das. Offenkundig ist dieser Weg bei den meisten Menschen eher schwach ausgebildet. Diese Schwäche mag naturgegeben sein. Sie könnte daran liegen, dass das Großhirn langsamer und später lernt als die anderen Hirnareale und damit die früheren Eindrücke mächtiger sind. Teilweise könnte sie jedoch daher stammen, dass wir in unserem Kulturkreis das mächtigste Gegenmittel gegen Angst oft vernachlässigen. Gegen Angst helfen stabile, frühe Bindungen. Doch die sind bei uns gar nicht so selbstverständlich, wie sie es sein könnten und sollten. Eine kulturelle Errungenschaft von zweifelhaftem Wert, wie wir noch sehen werden.

Limbisches System und Großhirn arbeiten also auf unterschiedliche Weise. Detailliert beschrieben hat das der US-Amerikaner Joseph LeDoux, einer der weltweit führenden Angstforscher. Den schnellen und groben Verarbeitungsweg der älteren Hirnstrukturen nannte er: »*quick and dirty*«, schnell und ungenau. Anders dagegen funktioniert das im Großhirn sitzende deklarative Gedächtnis. Es dient dazu, Gefühle bewusst erkennen, mit früheren Erfahrungen abgleichen, bewerten und gegebenenfalls beherrschen zu können. Weil sich dieses deklarative Gedächtnis in der Regel erst ab dem vierten Lebensjahr ausbildet, scheinen wir aus der Zeit davor keine Erinnerungen zu besitzen. Doch das stimmt nicht. Sie sind vorhanden. Allerdings nicht in Form von bewussten Bildern oder Szenen, sondern ausschließlich als Körperzustände und Gefühle. Ganz so wie bei dem Patienten Boswell. Aufgrund seiner Hirnschädigung wurde er in seinen Entscheidungsfindungen auf die Stufe eines Kleinkinds zurückgeworfen. Statt bewusstem Erkennen blieb ihm nur sein Gefühl, ohne dass er sich dessen bewusst war.

Wie kommen Meeresschnecken ins Gefühl?

Nicht nur Angst, auch andere mächtige Grundgefühle – Wut, Überraschung oder Ekel – werden im limbischen System bei Bedarf blitzartig aktiviert. Aufgrund ihrer Heftigkeit bleiben sie oft schon beim ersten Mal dauerhaft mit dem Auslösereiz verknüpft.

Ich kenne das gut aus einem unfreiwilligen Selbstversuch, den der eine oder andere vielleicht auch schon gemacht hat. Ich aß ausgewählte Meeresfrüchte in einem Hafenort irgendwo im sonnigen Süden, und wenige Stunden später kehrte sich mein Innerstes nach außen. Irgendeine Schnecke auf meinem Teller war nicht mehr ganz frisch gewesen, und so tummelte sich unvermittelt ein giftiger Bakterienstamm in meinem Verdauungstrakt. Selbst wenn die unangenehmen Begleiterscheinungen nach einigen Tagen überstanden waren, blieb mir der Ekel vor der Speise, die mir das Übel bereitet hatte, erhalten. Meeresschnecken, nein, danke. An das Restaurant erinnere ich mich ebenso lebendig wie an das Hotelzimmer, in dem ich mich von meinem Abendessen befreite. Ich erspare uns hier die Details und mir den Ärger des Tourismusverbands in dem südfranzösischen Ort.

Um von einem solch emotional intensiven Erlebnis wieder loszukommen, benötigen wir Zeit und wiederholte gegenteilige Erfahrungen. Das neu Erlebte muss das im Gehirn Abgespeicherte in den Schatten stellen. Da das Neue in einem derartigen Fall meist weniger intensiv erlebt wird als das Alte, muss es durch Häufigkeit an Bedeutung gewinnen. Der Aufbau des gedanklichen Planeten muss also Schicht für Schicht erfolgen. Allerdings ist das anstrengend. Und oft kostet der erste Schritt viel Mut. Das Probieren der ersten Meeresschnecke lange nach dem Debakel erfordert Überwindung. Ich habe mir diese Prozedur bislang erspart und lebe auch ohne rohe Meeresschnecken ganz gut.

Selbst bei anhaltender Übung scheint sich nicht selten ein Rest eines einmal erworbenen Grundgefühls zu halten. Noch einmal zu Joseph LeDoux. Er setzte Ratten in seinem Labor einer unfreiwilligen Tortur aus. Immer wenn ein Glockenton erklang, erhielten die Nager einen Stromschlag. In der emotional wirksamen Kombination aus Psychoterror und Folter lernten sie schnell. Wie bei den berühmten Pawlow'schen Hunden genügte bald schon das Klingeln des Glöckchens, um eine Reaktion bei den Ratten auszulösen. Anders als bei den russischen Hunden, die vor Appetit sabberten, kam es bei ihnen zu einer unwillkürlichen Stressreaktion.

Einmal gelernt, dauerte es lange, anschließend die Angst wieder loszuwerden. Nur zögerlich gewöhnten sich die Tiere daran, als von nun an der Schmerzreiz ausblieb und der Glockenton kein Alarmsignal mehr war. Doch ein einziger neuerlicher schmerzhafter Stromstoß genügte, und all die vermeintliche Sicherheit, die neu gewonnene Erfahrung war erst einmal dahin. Sie war wie ausgelöscht. Offensichtlich neigen die alten Hirnstrukturen dazu, an einmal Gelerntem festzuhalten. Die bewusst erlebte andere Erfahrung kann sich über die vorangegangene lagern und das Verhalten dominieren. Aber total löschen kann sie das Alte wohl nicht.

Wenn die Angst in den Knochen sitzt, und wie wir sie loswerden

Wie wir etwas bewerten, hängt stark von unserer aktuellen Stimmung ab. Dabei gilt: Je größer der Stress, desto stärker funktioniert unser Gehirn auf dem Niveau seines limbischen Systems. In stressreichen Situationen kann das Großhirn sogar regelrecht abgeschaltet werden. Der Verstand liegt dann auf Eis. Besonders gilt das bei Angst. In einer akuten Bedrohung wird umgehend auf Bewährtes zurückgegriffen, zugleich wird der Aufbau neuer Hirnstrukturen gehemmt – und damit jegliches Lernen. Außer im Angstzentrum, dem Mandelkern.

Der Auslöser einer akuten Angstattacke brennt sich deshalb ein ins Gedächtnis, aber was danach geschieht, wird oft vergessen. Die Informationsverarbeitung im Mandelkern ist so unmittelbar und so mächtig, dass nicht einmal, wie sonst üblich, das erneute Durchspielen im Traum erforderlich ist, um zu einer dauerhaften Speicherung zu führen. Auf diese Weise wird sichergestellt, dass akute Bedrohungen in Zukunft sofort wiedererkannt werden. Gesteuert werden diese Gedächtnisleistungen vom Stresshormon, dem Cortisol. Es aktiviert die Lernprozesse im Mandelkern und hemmt sie im Großhirn, wo es sogar den Abbau bestehender Verknüpfungen auslöst. Ebenfalls ein überaus brauchbarer Anpassungsmechanismus, erlaubt er doch das Löschen von Verhaltensweisen, die sich offenkundig nicht bewähren.

Erst wenn sich der Sturm gelegt hat und die akute Angst vorüber ist, übernimmt das Großhirn erneut die Steuerung. Mit seiner Hilfe können wir dann auch lernen, einen Angstimpuls zu hemmen, wenn es wieder zu einer bedrohlichen Situation kommt. Doch tief in den Abgründen des Unbewussten bleibt die einmal aufgebaute Angst intakt und lauert nur darauf, von Neuem bestätigt zu werden. Es sei denn, wir machen auch auf der Gefühlsebene neue Erfahrungen.

Eine Psychotherapie kann alte Erlebnisse nicht löschen. Aber sie kann dabei helfen, die durch sie ausgelösten Gefühle unter die Kontrolle des Großhirns zu bringen. Und sie kann neue Gefühlserfahrungen bieten und damit sogar auf der Ebene der Gefühle selbst neue Strukturen aufbauen helfen. Wirksam dabei ist vor allem die in einer Therapie erlebte reale Beziehung.

Die Beeinflussung der Strukturen im Gehirn kann demnach von zwei Richtungen aus erfolgen, vom Großhirn hin zu den älteren Hirnregionen, vom Verstand zum Gefühl, von oben nach unten – man nennt das Top-down – oder von der limbischen Ebene aus zum Großhirn, vom Gefühl zum Verstand und damit von unten nach oben, das nennt man Bottom-up. Einflüsse aus beiden Richtungen wirken permanent zusammen und bestimmen unsere Sicht auf die Welt.

Unser Bild von vergangenen Erlebnissen existiert ja immer als aktuelle Neukonstruktion unter dem Eindruck der gerade im Moment vorherrschenden Gefühle. Die Vergangenheit wird stets neu erfunden, dadurch aber potenziell abgewandelt. Das für diese mögliche Umwandlung entscheidende Zeitfenster dauert etwa sechs Stunden. Wenn alte Gefühle hochkommen, wenn die Erinnerung an traumatische Erlebnisse aktiviert wird, können neue Erfahrungen genau in diesen sechs Stunden das Frühere in den Hintergrund drängen helfen und so alte Wunden vernarben lassen. Wieder zeigt sich, wie unser Leben einem permanenten Lern- und Anpassungsprozess unseres Gehirns entspricht. Entscheidende Motoren für dieses Lernen sind Wiederholung und Gefühlsintensität. Und Gefühle entfalten am stärksten dort ihre Wirkung, wo sie ursprünglich entstanden sind: in Beziehungen.

2
Bindung –
Warum, wann und wie
Beziehungen wirken

So ziemlich alles, was wir in Beziehungen erleben, schlägt sich unmittelbar in unserer Hirnstruktur nieder. Jeder von uns kann aus seiner eigenen Erfahrung bestätigen, wie sehr unsere Stimmungen, unser Handeln, ja, unser gesamter Lebensplan von der Qualität unserer Beziehungen abhängt. Auch und gerade hier sind wir abhängig von unserer Umwelt. Doch wie kommen die Beziehungen hinein in unser Gehirn?

Wie du mich zu dem machst, der ich bin

Die wesentliche Eintrittspforte für den anderen in uns ist inzwischen gefunden worden. Es handelt sich dabei um die Spiegelneuronen oder, einfacher gesagt, Spiegelzellen. Das sind spezialisierte Nervenzellen in unserer Hirnrinde, die für das Speichern einzelner Handlungsmuster zuständig sind. Jedes einmal gelernte Verhalten bekommt eine einzelne Zelle zugeteilt. Und jedes Mal, wenn diese einzelne Zelle wieder aktiviert wird, ist dadurch das entsprechende Verhalten präsent. Das kann bedeuten, dass die Handlung dann ausgeführt wird, muss es aber nicht. Denn auch das Erkennen der Handlung bei einem anderen oder als Planung in der Fantasie bei uns selbst läuft über die dazugehörige Spiegelzelle. Ausführen und Verstehen werden also in ein und derselben Zelle gespeichert.

Jede einzelne Spiegelzelle ist wie ein Schalter. Wird sie aktiviert, wird die entsprechende Handlung in Gang gesetzt. Das ist sparsam, denn so genügt eine einzelne Zelle zum Abspeichern eines gesamten Handlungsmusters. Im Laufe unseres Lebens legt unser Gehirn eine ganze Bibliothek an Spiegelzellen an. So wie jedes Buch eine eigene Geschichte erzählt, hat jede dieser Zellen ihr eigenes Handlungsmuster. Und so wie sich die Buchstaben und Wörter in verschiedenen Büchern oft wiederholen und erst ihre Zusammensetzung den Text schreibt, werden durch die Spiegelzellen Muskelbewegungen in Gang gesetzt, die oft gleich sind, aber in ihrem Zusammenspiel und in ihrer Zielsetzung ganz unterschiedlich sein können.

Ein solches Baukastenprinzip, wie wir es beispielsweise auch in unserem Alphabet haben, wird von unserem Gehirn gerne verwendet. Erst jüngst entdeckten Wissenschaftler, dass unsere räumliche Orientierung ebenfalls einem solch einfachen und sparsamen Prinzip folgt. Wie bei den Handlungsmustern genügen zum Wiedererkennen von Orten einzelne Zellen. Sie wurden Platzzellen genannt. Auch von ihnen sammeln wir im Laufe unseres Lebens eine umfangreiche Bibliothek an früheren Erfahrungen, auf die wir bei Bedarf zurückgreifen.

Aber wie gelangen nun die anderen über die Spiegelzellen in unser Gehirn? Wieder ist das recht einfach. Weil für uns Menschen das soziale Miteinander so wesentlich wurde, ist ein Großteil unserer Handlungsmuster den Bewegungen unserer Gesichtsmuskulatur gewidmet. Schließlich prägt unsere Mimik wesentlich unsere Kommunikation. Und genau mit ihrer Hilfe nehmen wir den anderen in uns auf. Was immer unser Gegenüber an Mimik bietet, kopieren wir unbewusst. Wir versetzen uns in den anderen hinein, indem wir innerlich seinen Gesichtsausdruck nachahmen. Hierdurch wird zugleich die zu seinem

Ausdruck gehörende Stimmung in uns wachgerufen. Unwillkürlich verstehen wir dadurch, wie es dem anderen gerade gehen dürfte. Wir teilen seine Gefühle, empfinden etwa Mitleid oder lassen uns von seinem Lachen anstecken. Das gilt überall auf der Welt, bei allen Menschen. Lediglich in den Feinheiten gibt es Unterschiede in der wortlosen Sprache der Mimik, und die erlernen wir wie unsere gesprochene Muttersprache schon vom Beginn unseres Lebens an durch unsere Bezugspersonen.

Berührungen sind Muttermilch für die Psyche

Ein Neugeborenes ahmt bereits im Alter von nur zweiundvierzig Minuten Grimassen nach, die man ihm vormacht. Sein junges Gehirn wartet nur darauf, interagieren zu können, ist bereit dazu wie ein ausgetrockneter Schwamm. Ja, es ist regelrecht abhängig davon, mit Eindrücken aus dem Gesicht eines lebendigen und ihm zugewandten Gegenübers gefüttert zu werden, die Grenzen seines Körpers spüren zu lernen, indem es gehalten wird, und die ihm schon aus dem Mutterbauch vertrauten Stimmen seiner Eltern zu hören.

All seine Sinne sind darauf ausgerichtet, die Welt kennenzulernen. Seine Psyche ist genauso abhängig von Eindrücken und von gelebter Beziehung wie sein Körper von der Muttermilch. An der Mutterbrust sind Nahrung und Nähe untrennbar miteinander verbunden und werden vom Säugling als Einheit wahrgenommen. Satt sein und geborgen sein ist anfangs ein und dasselbe.

Die Erinnerung an die ersten Eindrücke nach der Geburt bleibt unbewusst in der Psyche ein Leben lang erhalten. Immer wieder finde ich Hinweise darauf in meiner therapeutischen Arbeit. Etwa bei Menschen, die frühe Trennungen von der Mutter erlebt haben und die jetzt als Erwachsene an nächtlichen Essanfällen leiden. Wenn bei ihnen durch erhöhten Stress die unbewussten Gefühle an die frühe Trennung hervorbrechen, spüren sie einen unstillbaren Hunger und plündern wahllos ihren Kühlschrank. Durchaus vergleichbar dient der Missbrauch von Alkohol im Übermaß unbewusst dazu, sich wieder das warme und wohlig entspannte Gefühl zu verschaffen, das ursprünglich an der Mutterbrust erlebt wurde. Vielleicht, weil das Bedürfnis in der Säuglingszeit nicht ausreichend gestillt wurde. Oder weil die Lebenszeit danach so frustrierend war, dass beharrlich der Weg zurück in die ganz frühe Geborgenheit gesucht wird.

Mögen die Erlebnisse, die zu einem derartigen Verhalten geführt haben, vielfältig sein, als Ursache steht hinter diesen und vielen anderen psychischen Problemen immer eine erhöhte Stressempfindlichkeit oder ein Übermaß an Stress. Aber dagegen ist ein Kraut gewachsen, das wirksamer ist als Kalorien und Hochprozentiges und außerdem deutlich gesünder. Eines der wirksamsten Mittel gegen Stress ist geborgene körperliche Nähe. In jedem Alter.

Doch bleiben wir beim Säugling und bei seiner existenziellen Abhängigkeit von körperlicher Nähe und direkter Zuwendung. Sie zeigte sich schon im Mittelalter im tragischen Ende eines Experiments. Der Stauferkaiser Friedrich II. suchte nach der Ursprache der Menschheit und ließ Neugeborene von Ammen aufziehen, die kein Wort zu den Kleinen sprechen durften. Als Folge dieser psychischen Vernachlässigung starben alle Kinder. Ohne geistige Nahrung sind wir Menschen genauso wenig überlebensfähig, wie wir es ohne die Befriedigung unserer körperlichen Grundbedürfnisse sind.

Liebevolle Nähe wirkt dagegen regelrecht Wunder. So geschehen auf einer Frühgeborenenstation in den Achtzigerjahren. Weniger dem Zufall als einer Frau, die das Herz am rechten Fleck trug, verdanken wir eine wissenschaftliche Erkenntnis, die zahllosen Frühgeborenen heutzutage zugutekommt und ihnen dadurch wohl vielfach das Leben rettet.

Es erscheint uns kaum vorstellbar, doch erst 1988, also vor weniger als dreißig Jahren, hat die American Medical Association offiziell anerkannt, dass Säuglinge Schmerz empfinden können. Und diese Organisation ist nicht irgendwer, sondern die größte Standesvertretung der Ärzte in den Vereinigten Staaten und damit eine, wenn nicht die tonangebende Ärztevereinigung der Welt. Bis dahin jedenfalls sah man Neugeborene und erst recht Frühgeborene als rein biologische Wesen an. Für ein gedeihliches Wachstum schienen sie nichts weiter zu benötigten als Nahrung, Atemluft und Hygiene zum Schutz vor Krankheiten.

Damals halfen die Fortschritte in der medizinischen Versorgung dabei, vielen bis dahin hoffnungslosen Frühchen das Überleben zu ermöglichen. Die Medizin war allem Anschein nach auf dem richtigen Weg. Essenziell für diesen Erfolg, so schien es, war die Vermeidung jedes Infektionsrisikos. So hingen an den Brutkästen der Frühchen kleine Schilder mit der Warnung: »Nicht berühren«. Die Kleinen wimmerten zwar, aber der Schutz ihres Lebens ging vor und schien nur durch ihre konsequente Isolation gewährleistet. Und doch gab es bei allem Fortschritt ein wissenschaftliches Rätsel, das nicht zu lösen schien: Trotz optimal anmutender Bedingungen, was Nahrung, Sauerstoff, Temperatur, Luftfeuchtigkeit und Wärme betraf, legten die Kleinen während ihrer Zeit auf der Intensivstation kaum an Gewicht zu. Sie vegetierten dahin. Erst wenn es ihnen gelang, ihre Brutkästen zu verlassen, ging es mit ihrer Entwicklung steil bergauf.

Mit einer Ausnahme. Auf einer Frühgeborenenstation in einem Krankenhaus in den USA gediehen die kleinen Erdenbürger von Beginn an. Mein inzwischen verstorbener französischer Kollege David Servan-Schreiber beschreibt die Überraschung, die in Fachkreisen über das Wunder herrschte, das hier geschah. Sämtliche Nachforschungen zur möglichen Ursache für den mysteriösen Erfolg dieser einen Station blieben erst einmal erfolglos. Erst als jemandem auffiel, dass ausschließlich diejenigen Babys besser heranwuchsen und überlebten, die von einer bestimmten Nachtschwester versorgt wurden, kam man der Lösung des Rätsels nahe.

Die junge Frau, nennen wir sie Nelly, wurde befragt. Nach anfänglichem Zögern gestand sie zerknirscht und kleinlaut ein, dass die Schreie der Kleinen ihr Herz erweicht hätten. Heimlich hätte sie deshalb damit begonnen, wenn sie nachts mit den Frühchen alleine war, die Brutkästen zu öffnen und ihnen den Rücken zu streicheln. Da die befürchteten Infektionen ausblieben, behielt sie ihre besondere Form der Pflege bei. Obwohl sie weiterhin verboten war. Ihre Schützlinge profitierten davon.

Gleich in mehrfacher Hinsicht ist dieses Ereignis beachtenswert. Überdeutlich zeigt es, wie abhängig wir Menschen von unseren frühen Bindungen und ganz konkret von frühen körperlichen Berührungen sind. Zugleich wird deutlich, wie Körper und Psyche untrennbar miteinander verbunden sind, eine Wechselbeziehung, die, wie wir noch sehen werden, unser ganzes Leben lang bestehen bleibt.

Schließlich beweist das Beispiel von Nelly, wie sehr unsere menschliche Intuition oft den Entscheidungen, die aus rein logischen Schlussfolgerungen gezogen werden, überlegen ist. Wieso aber hatte Nelly so ein gutes Gespür? Da unser Unbewusstes auch das speichert, was wir sehr früh erleben, ist zu vermuten, dass die Intuition dieser emotional so verständnisvollen jungen Frau auf eigenen Erfahrungen während ihrer Säuglingszeit beruht haben dürfte. Vielleicht hatte sie selbst den Schmerz einer frühen Trennung erlebt und war deshalb so besonders mitfühlend geworden.

Doch wieso wurde der Denkfehler der Ärzteschaft nicht schon früher entlarvt? Schuld daran war die Tatsache, dass wir Menschen in der Regel keine bewussten Erinnerungen an unsere ersten Lebensjahre haben. Normalerweise beginnt das Bewusstsein ja erst ab dem vierten Lebensjahr. Alles, was davor geschieht, wird in unbewussten Gefühlszuständen gespeichert. Damit entstand die Lehrmeinung, dass alles früh Erlebte sowieso vergessen würde. Und gegen eine fest etablierte Lehrmeinung kommt man nur schwer an. Vor allem, wenn man sich wie Neugeborene kein Gehör verschaffen kann.

Wissenschaft bleibt leider fehleranfällig. Die Annahme, dass die Frühchen isoliert bleiben müssten, um vor Krankheiten geschützt zu werden, war eigentlich vernünftig. Doch ließ sie wesentliche Eigenschaften der kleinen Wesen außen vor. Gerade wenn viele Einflussfaktoren zugleich wirken, werden die entscheidenden Details leicht übersehen. So kann es zu völlig widersprüchlichen Schlussfolgerungen kommen, und dennoch klingen sie alle wissenschaftlich fundiert. Schauen Sie spaßeshalber einmal im Internet nach, was Sie alles zu den Vor- und Nachteilen von Kaffeegenuss finden können. Da bleibt einem am Ende nichts anderes übrig, als der eigenen Intuition zu vertrauen. Lassen Sie es sich schmecken.

Für die Frühgeborenen hat sich seither einiges zum Besseren gewandelt. Wo es möglich ist, können die Mütter heute bei ihnen in der Klinik bleiben. Und selbst dort, wo das nicht geht, sind deutliche Fortschritte in ihrer Versorgung geschehen. Schon eine einfache Maßnahme wie mehrfach täglich fünfzehnminütige Massagen verkürzt die Verweildauer der Kleinen in der Klinik um durchschnittlich sechs Tage.

Wenn Schreien nicht gehört wird

Was für die Frühgeborenen gilt, trifft ohne Einschränkung ebenso auf normale Neugeborene zu. Mit der Geburt sind sie intensiv an ihre Mutter gebunden. Sie kennen ihren Geschmack, ihren Geruch und ihre Stimme, weil sie bereits als Feten im Uterus schmecken, riechen und hören konnten. Und sie brauchen ihre Mutter anfangs sogar noch weit mehr, als sich das bislang herumgesprochen hat. Dabei liegen schon lange entsprechende wissenschaftliche Hinweise vor – von Mensch und Tier. 1975 veröffentlichte der New Yorker Psychiater Myron Arms Hofer erste Ergebnisse aus seinen Untersuchungen an Ratten, die eindrucksvoll belegen, wie sehr neugeborene Ratten von ihren Müttern abhängig sind.

Wie bei den Frühchen hat auch bei Hofer der Zufall hilfreich Pate gestanden. Eines Nachts entwischte eines der Muttertiere aus seinem Labor. Als Hofer am nächsten Morgen die verwaisten Jungtiere genauer untersuchte, fand er bei ihnen eine auf die Hälfte verlangsamte Herzfrequenz. Hofer vermutete, dass dafür die Unterkühlung der Kleinen verantwortlich war, und er wärmte sie mithilfe einer in eine Socke eingewickelten Heizvorrichtung. Doch die Herzfrequenz der Kleinen änderte sich nicht. Das brachte Hofer auf die richtige Spur. Schritt für Schritt fand er heraus, dass bei den kleinen Säugetieren mindestens fünfzehn verschiedene Körpervorgänge unmittelbar von der körperlichen Anwesenheit der Mutter abhängen. Angefangen von Blutdruck und Herzfrequenz bis hin zu Schlafrhythmus und zur Aktivität des Immunsystems. Allein können die Jungtiere diese Funktionen noch nicht steuern. Für Hofer stand fest: Hauptquelle für die Regulation biologischer Vorgänge bei Rattenbabys ist die Körpernähe zur Mutter.

Längst gibt es eindeutige Hinweise darauf, dass wir Menschen genauso funktionieren. Der US-Schlafforscher James McKenna hat sich auf die Erforschung des Säuglingsschlafs spezialisiert und dabei herausgefunden, dass auch bei uns in den ersten Monaten nach der Geburt zahlreiche Körperfunktionen über den direkten Körperkontakt mit der Mutter gesteuert werden. Das gilt für die Kreislaufregulation und für die Atmung, aber genauso für die Steuerung von Hormonen wie etwa des Wachstumshormons oder der Stresshormone. Schließlich werden während des Schlafs sogar die elektrischen Erregungsmuster im Gehirn zwischen Mutter und Kind aufeinander abgestimmt, folgt so das Kind ihrem biologischen Rhythmus. Fehlt dagegen die Nähe zur Mutter, können alle diese Körperfunktionen des Säuglings entgleisen. Wundert es da noch, wenn mittlerweile belegt ist, dass frühe stabile Bindungen sich im späteren Leben positiv auf den Herzrhythmus und auf die Stressresistenz auswirken?

McKenna ist überzeugt, dass der plötzliche Kindstod, dessen Ursache bislang im Dunkeln liegt, Folge einer fehlenden Regulation des Säuglings durch den Körper der Mutter ist. Ursprünglich, in der Natur, konnte ein Menschenjunges nicht allein überleben. Es reagierte daher mit massivem Stress, wenn die Mutter nicht in seiner Nähe war. Und diese biologische Reaktion hat sich bis heute erhalten.

Sie entspricht einem Totstellreflex, wie ihn Tiere bei Gefahr haben, wenn weder Kampf noch Flucht möglich sind. Beim Säugling setzt er ein, wenn sein Schreien nichts bringt. Dann kommt es zu einem regelrechten Einfrieren des Verhaltens. Der Säugling wird starr und reagiert kaum noch. Selbst wenn die Mutter zurückkehrt, braucht er eine Weile, um sich wieder zu fangen. Doch genau dieses Einfrieren bei massivem Stress könnte in der Tat tödlich sein. Von Hasen und anderen Fluchttieren wissen wir, dass sie tot umfallen, wenn sie einen Stressschub nicht durch Flucht abbauen können. Sind sie in einen Käfig eingesperrt, kommt es zu einer Überflutung mit Stresshormonen, und sie sterben schlagartig. Ähnlich tödlich könnte Stress auch für menschliche Säuglinge in den ersten Lebenswochen sein.

Lange wurden und werden immer noch bei uns in der westlichen Welt Babys zum Schlafen alleine gelassen. Damit sie Schlafen lernen, wie es in guter Absicht empfohlen wird. Doch dabei besteht offenbar die Gefahr, dass die Körperfunktionen der Säuglinge entgleisen. Und auf einmal erklärt sich, warum der plötzliche Kindstod fast nur in der westlichen Welt auftritt. Schätzungen zufolge sind bislang an die 600 000 Säuglinge daran gestorben.

Schon im Säuglingsalter gilt, dass übermäßiger Stress krank macht. Körpernähe und vertrauensvolle Bindung dienen der Stressreduktion. Unsere nächsten Verwandten in der Natur machen uns das vor. Ganz intuitiv sorgen sie dafür, dass sie ihren Jungen diese Nähe geben. Das gehört bei Affen einfach dazu. Damit es für die einzelne Affenmutter nicht zu stressig wird, helfen ihr die Verwandten. Väter, Tanten, Onkel oder Geschwister machen mit bei der Betreuung der Jungen. Anthropologische Studien haben ergeben, dass auch unsere menschlichen Verwandten in den verbliebenen Dschungeln dieser Erde ihre Kinder gemeinschaftlich betreuen. Ja, offenbar haben gerade sie diese von engen Bindungen geprägte Form der Kinderbetreuung perfektioniert. Ohne zu fragen, geradezu nachtwandlerisch.

Aber woran erkennt man eine gute Bindung?

Die Entdeckung der feinfühligen Mutter

Der entscheidende Faktor für die positive Wirkung von früher Bindung ist die Fähigkeit der Mutter oder der jeweiligen primären Betreuungsperson, intuitiv zu verstehen, was der Säugling braucht. Das Kind lernt sich selbst und damit seine Sicht auf die Welt kennen, indem seine Bedürfnisse angemessen gestillt werden. Eine Mutter, die in der Lage ist, feinfühlig auf die Bedürfnisse ihres Kindes einzugehen, gibt ihm damit psychisch genau die Nahrung, die es für eine gesunde Entwicklung seiner Gehirnstruktur benötigt. Umgekehrt findet man deshalb bei psychisch vernachlässigten Kindern eine Verminderung des Hirnvolumens. Es kommt zu Mangelerscheinungen, ganz so, wie wenn ein Kind zu wenig Nahrung erhält.

Herausgefunden und beschrieben hat die Bedeutung der frühen Bindungsqualität die US-amerikanisch-kanadische Entwicklungspsychologin Mary Ainsworth. Sie wurde als einzige Frau im Team der Begründer der psychoanalytischen Bindungstheorie quasi zur Mutter der Bindungsforschung. Entstehungsort dieser wichtigen psychologischen Theorie war die 1920 im Londoner Universitätsviertel Bloomsbury eröffnete Tavistock Clinic. Ursprünglich war dieses Krankenhaus gegründet worden, um dort eine Behandlung für die im Ersten Weltkrieg traumatisierten, an »Kriegsneurose« oder »Schützengrabenschock« leidenden Soldaten zu entwickeln. Doch schon früh wurden an einer separaten Abteilung Kinder mit psychischen Störungen behandelt. Langjähriger Leiter dieser Kinderabteilung war der britische Psychoanalytiker und Kinderarzt John Bowlby.

Bowlby entwickelte die Bindungstheorie. Ausgangspunkt dafür waren seine Beobachtungen an Kindern, die während des Zweiten Weltkriegs aufwuchsen. Um sie vor dem von Hitler gegen Großbritannien angefachten Bombenkrieg zu schützen – allein in der Nacht des 29. Dezember 1940 stand London an 1400 Brandherden in Flammen –, wurden die Stadtkinder aufs Land verschickt. Getrennt von ihren Eltern. Bowlby stellte fest, dass diese Kinder ähnlich psychisch auffällig wurden wie die sozial vernachlässigten Kinder, die er aus seiner Arbeit kannte. Und das galt auch für die Kleinkinder auf den Kinderstationen, die damals noch allein, ohne ihre Eltern im Krankenhaus bleiben mussten. Überall war das Bild das gleiche: nach anfänglichem Protest versanken die Kinder in Apathie und Selbstaufgabe.

1950 stieß Mary Ainsworth als Mitarbeiterin zu Bowlby. Allerdings blieb sie nur für drei Jahre, weil sie dann mit ihrem Mann Leonard nach Uganda zog, der dort eine Stelle beim East African Institute of Social Research angenommen hatte. Neugierig und wissensdurstig wie sie war, setzte Mary Ainsworth auch mitten in Afrika ihre psychologische Arbeit fort. Sie folgte ugandischen Müttern und ihren Säuglingen durch den Alltag und gewann dadurch systematische Einsichten in die Grundlagen von sicheren Bindungen zwischen Mutter und Kind. Dabei fand sie heraus, dass das intuitive Eingehen der Mutter auf die Bedürfnisse ihres Kindes die entscheidende Voraussetzung für eine sichere Bindung ist. Ainsworth nannte diese Fähigkeit einer Mutter *sensitivity*, Feinfühligkeit.

Ende 1955 kehrte die Psychologin in die USA zurück. Dort ging sie an die Johns Hopkins University in Baltimore und sammelte weiter akribisch Details zur Interaktion zwischen Müttern und ihren Kindern. Was sie dabei entdeckte, waren eklatante Unterschiede zwischen dem Erziehungsstil der afrikanischen und dem der amerikanischen Mütter. Mit entscheidenden Folgen. Während die Mütter im Herzen Afrikas feinfühlig eine enge Bindung zu ihren Säuglingen aufbauten und aufrechterhielten, versuchten die Mütter an der amerikanischen Ostküste die Erziehung ihrer Kinder an den theoretischen Ratschlägen zu orientieren, wie sie damals von der Wissenschaft vertreten wurden. Wenngleich gut gemeint, waren die Folgen dieser in der Theorie entwickelten Empfehlungen verheerend. Ainsworth erkannte, dass das Verhalten der amerikanischen Kleinkinder recht häufig dem entsprach, was Bowlby bei den englischen Kindern gefunden hatte, die durch frühe Trennungen psychisch traumatisiert worden waren.

Daraufhin nahm sie von den USA aus wieder Kontakt mit Bowlby auf. Es entstand ein intensiver Schriftwechsel, der schließlich zur Definition von vier unterschiedlichen Bindungstypen führte. Ainsworth entwickelte dafür den sogenannten Fremde-Situations-Test (FST). Dabei verlässt die Mutter kurz den Raum, während ihr kleines Kind dort spielt. Wenn sie zurückkommt, ist die Reaktion des Kindes auf ihre kurze Abwesenheit ein charakteristischer Gradmesser für die Qualität seiner Bindung an die Mutter.

Die sicher gebundenen Kinder reagieren auf ihr Weggehen gereizt und wütend, lassen sich bei der Rückkehr der Mutter aber schnell wieder beruhigen. Das dürfte der naturgegebene Normalfall sein. Unsicher gebundene Kinder, die zweite und die dritte Gruppe, dagegen verhalten sich gegensätzlich. Entweder verleugnen sie, dass die Mutter fort ist, und reagieren gar nicht darauf. Oder sie haben einen heftigen Wutanfall, und die Mutter kann sie nach ihrer Rückkehr nur schwer wieder beruhigen. Am dramatischsten ist das Verhalten der vierten Gruppe, der als desorganisiert bezeichneten Kinder. Sie sind offensichtlich vollkommen mit der Situation überfordert und verfallen in sinnlose, monotone Bewegungsstereotypien wie Schaukeln oder Kopfwiegen, bei denen es sogar zu Selbstverletzungen kommen kann. Sie sind so überwältigt von ihren Gefühlen, dass es auch nach der Rückkehr der Mutter längere Zeit dauert, bis wieder Ruhe einkehrt, bis diese Kinder wieder Nähe zulassen oder sich ihrem Spiel zuwenden können.

Viele von uns kennen dieses Verhalten von Zoobesuchen, wenn die Tiere in viel zu kleinen Käfigen und Gehegen untergebracht sind. Gerade bei Affen zeigen sich dann ähnliche Verhaltensauffälligkeiten wie bei desorganisiert gebundenen Kindern. Sie sitzen starr in einer Ecke oder schaukeln mit dem Oberkörper, gehen andauernd im Kreis, oder sie verletzen sich selbst an den Gitterstäben.

Die Aussagekraft der Bindungsanalysen von Ainsworth ist jedenfalls enorm. Bereits am Bindungsverhalten einjähriger Kinder lässt sich verlässlich vorhersagen, wie sie als Erwachsene im Sozialverhalten, im Selbstbewusstsein und im Umgang mit Gefühlen sein werden. Es liegt auf der Hand, dass dadurch das Gelingen oder Misslingen eines Lebensentwurfs massiv beeinflusst wird. Eine frühe sichere Bindung ist deshalb vielleicht das Wichtigste, was wir unseren Kindern mitgeben können auf ihren Lebensweg.

Ein Trampelpfad im Dschungel

Warum aber sind gerade die frühen Bindungen so wichtig, bildet sich doch das eigentliche Bewusstsein erst um das vierte Lebensjahr herum aus? Weil Bindungen unbewusst wirken und massiv. Verantwortlich dafür ist der simple Mechanismus, der bereits mehrfach erwähnt wurde: die Stressempfindlichkeit. Denn das Erleben von guter Bindung führt zur Ausschüttung von Oxytocin, dem wichtigsten Gegenspieler des Stresshormons Cortisol.

Längst hat Oxytocin als Liebeshormon Eingang in die bunte Welt der Illustrierten gefunden. Es wird sogar im Internet als Nasenspray angeboten, um der Liebe auf die Sprünge zu helfen. Ob eine Aufnahme über die Nasenschleimhaut überhaupt funktioniert, ist bislang ungeklärt. Und doch wird schon von Hinweisen auf mögliche Nebenwirkungen berichtet. Vor allem soll Oxytocin eine Tendenz zur Ausgrenzung Andersdenkender fördern, was durchaus nachvollziehbar erscheint, weil es ja Bindungen und damit die Gruppenzugehörigkeit stärkt.

Gesichert ist jedoch das Wissen, dass Oxytocin und damit frühe sichere Bindungen den entscheidenden Schutz gegen Stress bieten. Beim Stress wie bei der Liebe gilt: Jedes Mal, wenn unser Gehirn von dem dazugehörigen Hormoncocktail geflutet wird, erfolgt durch Hemmung oder Aktivierung von Genen eine Anpassung an das soeben Erlebte. Immer dann, wenn wir also massiven Stress oder überwältigende Liebe erleben, werden wir dafür empfänglicher.

So wie wir einmal Gelerntes automatisch wiederverwenden, passen wir uns auch im Hormonhaushalt unserer Gefühle an unsere Umwelt an. Immer besteht dabei eine Tendenz zur Selbstverstärkung. Es ist wie bei einem Pfad im Dschungel. Hat erst einmal jemand mit der Machete eine Schneise durch das dichte Unterholz geschlagen, wird jeder Nachfolgende den so vorgegebenen Weg benutzen. Und innerhalb kurzer Zeit entsteht ein fest ausgetretener Trampelpfad.

Es liegt an uns, wie unsere Kinder werden – und damit die Menschheit der Zukunft

Inzwischen kennen wir die neurobiochemischen Details, wissen wir, wie Stress und seine Gegenspieler Gene aktivieren und hemmen. Entscheidend dafür sind auf den Genen sitzende Methylgruppen. Das sind kleine, aus einem Kohlenstoffatom und drei Wasserstoffatomen bestehende chemische Verbindungen, die das Ablesen eines Gens blockieren. Werden sie beseitigt, wird das Gen aktiv, weil es jetzt zur Verwendung frei liegt.

In Halifax, in der kanadischen Provinz Nova Scotia, erforscht Ian Weaver das Zusammenspiel von Stress und Bindung an Ratten. Auch bei ihnen gibt es liebevolle und weniger liebevolle Mütter. Wesentliches Kriterium für die Zuwendung ist bei Rattenmüttern die Intensität und Häufigkeit, mit der sie ihre Jungen ablecken. Bei Jungtieren, die von ihren Müttern eher vernachlässigt wurden, konnte Weaver eine Erhöhung von Cortisol im Blut nachweisen, weil bei ihnen das Gen für das Abbauprotein des Stresshormons gehemmt wurde. Aus diesem Grund waren und blieben die jungen Ratten ein Leben lang stressempfindlicher. Schon geringe Stressreize genügten später, um sie reizbarer, ängstlicher und aggressiver zu machen. Zugleich wurden die Weibchen unter ihnen zu weniger liebevollen Muttertieren.

Automatisch wurde so das Verhalten an die Nachkommen weitergegeben und beeinflusste auch bei ihnen die Stressempfindlichkeit über die Steuerung der Gene. Zusätzlich wurde die Stressempfindlichkeit epigenetisch direkt über die Keimzellen vererbt, wie wir bereits an den Versuchen von Brian Dias gesehen haben. Selbst noch in den Spermien der Enkelgeneration lassen sich Stressfolgen direkt an der Hemmung des Gens ablesen, das das für den Stressabbau zuständige Protein herstellt. Deshalb bleibt als Folge psychischer Traumen oft über Generationen hinweg der Stresshormonabbau verlangsamt und damit die Stressempfindlichkeit erhöht.

Diese auf den ersten Blick erschreckende Erkenntnis hat es in sich. Denn sie eröffnet die Möglichkeit, dass wir aktiv gegensteuern können, indem wir bewusst dafür sorgen, dass wir unseren Kindern sichere Bindungen bieten und dadurch ihre Stressempfindlichkeit verringern. Wir können also mithilfe einer bewussten Stressregulation nicht nur unmittelbar beeinflussen, wer wir sind, sondern sogar, wie unsere Kinder werden.

Wie empfindlich unser Gehirn für Oxytocin und Cortisol ist, entscheidet sich vor allem in jungen Jahren. Deshalb prägen uns die Erfahrungen in dieser frühen Zeit so nachhaltig, bestimmen sie so entscheidend mit, wer wir sind.

Und doch bleiben wir zeitlebens anpassungsfähig. Ständig können wir neue Erfahrungen sammeln und so gegebenenfalls das Gleichgewicht der Stressempfindlichkeit zu unseren Gunsten verändern. Und wir können unser Leben an unsere Stärken und Schwächen anpassen. Etwa bei der Berufswahl, wie der Künstler, dem es erfolgreich gelingt, seine erhöhte Sensibilität für seinen künstlerischen Ausdruck zu nutzen. Oder bei der

Wahl unserer Beziehungen. Wir können uns mit Menschen umgeben, die uns guttun. Als Kinder haben wir meist keinen Einfluss darauf, mit wem wir zusammenleben. Als Erwachsene dagegen suchen wir uns unsere Bezugspersonen relativ frei aus.

Das Verständnis von der weitreichenden Umweltabhängigkeit unserer Hirnstruktur und von den für sie entscheidenden Faktoren, hier vor allem das Zusammenspiel von Stress und Bindung, bringt uns jedoch noch einen großen Schritt weiter. Denn es ermöglicht uns, gezielt die Grundlagen dafür zu schaffen, dass unser Leben gelingt. Und diese Grundlagen weiterzugeben an unsere Kinder, an die ihnen nachfolgenden Generationen und damit letztlich an die zukünftige Menschheit insgesamt.

Das klingt ein wenig nach der Verheißung vom Paradies auf Erden. Ganz so einfach ist es natürlich nicht. Schließlich ist unsere irdische Existenz ja überall deutlichen Grenzen und Hindernissen ausgesetzt. Angesichts von Naturkatastrophen, Krankheiten und anderen Bedrohungen kann selbst die beste Bindung keine Garantie für ein stressfreies Leben bieten, sofern das überhaupt anzustreben ist. Aber sie kann uns wappnen. Denn eine stabile frühe Bindung ist die Basis von Urvertrauen, von einem sicheren Grundgefühl im Leben. Im Zweifelsfall setzt sich dann selbst in schwierigen Situationen das Gefühl durch: Ich werde es schon schaffen.

Warum die Wiedergeburt rückwärts verläuft

Unsere Gehirnstruktur baut sich ja schon vor der Geburt in ständigem Austausch mit der Umwelt auf. Und so halten sich unbewusste Erinnerungen an unser Leben im Mutterbauch, vor allem gefühlte Körperzustände, die auf Dauer abrufbar bleiben. Allerdings fehlt uns eine bewusste Verbindung zu ihrer Entstehung, und deshalb schreiben wir ihnen in der Regel nachträglich eine Bedeutung zu.

Paradebeispiel dafür ist das Paradies. Wie kommt es, dass in jeder Kultur eine Vorstellung davon existiert, ein Bild von einer friedlichen, glücklichen Welt? Ich denke, die Antwort ist recht einfach: Weil jeder Mensch schon dort war. Die Vorstellung vom Paradies verdanken wir der unbewusst verankerten Erinnerung an unsere Zeit im Mutterbauch. Hier lebten wir geborgen und waren rundum versorgt. Hier gab es weder Zeit noch Angst, weder Hunger noch Durst, weder Kälte noch Einsamkeit.

Doch damit nicht genug. Die gute Nachricht lautet: Wir kommen wieder dorthin zurück. Wenn wir sterben, wartet tatsächlich das Paradies auf uns. Allerdings nicht so, wie es uns oft verheißen wird. Denn wir verweilen dort nur für einen kurzen, dennoch entscheidenden allerletzten Augenblick.

Rein naturwissenschaftlich ist das so zu erklären: Stirbt ein Gehirn, verliert es Schicht für Schicht die in ihm gespeicherten Inhalte. Ganz ähnlich, nur viel langsamer, verläuft der Abbauprozess bei der Alzheimerkrankheit. Hier entschwindet das zuletzt Gespeicherte zuerst. Es ist, als würde ein Baum von den Zweigen her verdorren. Erst sterben die äußeren Zweige, dann die Äste, ganz zuletzt Stamm und Wurzel. Das wesentliche Frühsymptom für die Alzheimerkrankheit ist eine zunehmende Vergesslichkeit für das, was gerade eben war. Die jüngsten Erinnerungen halten sich nicht mehr. Erst mit der Verschlimmerung der Krankheit geht auch älteres Wissen verloren. Schritt für Schritt, immer weiter. Zuletzt versinkt der Kranke in einen Zustand passiver Starre, verharrt er reglos in zusammengekauerter Embryonalstellung. Dann ist die Funktion seines Gehirns wieder auf dem Niveau angelangt, wo sie lange vor der Geburt einmal ihren Ausgang genommen hatte.

Genauso – nur viel schneller – stirbt ein Gehirn. Das wird erkennbar an den Schilderungen von Menschen, die nach einem Unfall oder während einer Operation im Sterben lagen, es dann aber doch schafften zu überleben. Sie beschreiben ihre Eindrücke während des Sterbevorgangs meist als Weg durch einen Tunnel, an dessen Ende sie in ein gleißendes Licht eintauchten und sich dabei wunderbar geborgen fühlten. Das Paradies. Nicht selten sind sie beinahe enttäuscht darüber, dass sie noch einmal ins Leben zurückgeholt wurden. Aber meist wird eine solche Enttäuschung bald abgelöst von einem Gefühl inneren Friedens, das aus der Gewissheit heraus entsteht, am Schluss wieder dorthin zu gelangen.

Im Sterben erleben wir also einen flüchtigen Eindruck von unserer eigenen Geburt, dem Weg ans Licht, und tauchen dann, ganz zuletzt, für einen Moment wieder ein in den Gefühlszustand aus unserer Zeit im Mutterbauch, in die älteste in unserem Gehirn verankerte Erinnerung.

Aber wieso berichten Nahtoderfahrene, dass sie dort, auf der anderen Seite, Menschen getroffen hätten, die ihnen wichtig waren in ihrem Leben? Auch das lässt sich erklären. Weil der Sterbeprozess nicht überall im Gehirn gleich schnell abläuft, mischt sich die Urerinnerung mit emotional intensiven und damit stark im Gehirn eingeprägten Erinnerungsresten aus der Zeit danach.

Was heißt das nun für Sterben und Tod? Sterben dürfte, so es bewusst und weitgehend schmerzfrei erlebt wird, durchaus angenehm sein. Ja, kurz lockt dabei sogar das Paradies. Ein beruhigender Gedanke, wie ich finde. Übrigens kann jeder von uns sich einen Vorgeschmack von dem angenehmen Gefühl verschaffen. Durch Meditation. Mit ihrer Hilfe können wir uns mitten im Leben in den Zustand der frühen vorgeburtlichen Geborgenheit zurückversetzen. Ein durchaus wirksamer Weg, um in einem stressigen Alltag Energie aufzutanken. Auf ein Leben nach dem Tod zu hoffen erweist sich vor dem Hintergrund des Geschilderten allerdings als müßig.

Geburt ins Leben vor dem Tod

Doch es bleibt uns ja das Leben vor dem Tod. Umso kostbarer ist es. In diesem Leben sind wir immer, von Anfang bis Ende, von der Entstehung der Keimzellen bis zum Sterben, Teil unserer Umwelt und wirken zugleich auf diese ein. Lebendiges Beispiel für diese andauernde Wechselwirkung ist bereits unsere Geburt. Mittlerweile wissen wir, dass der Geburtsvorgang vom Ungeborenen selbst ausgelöst wird. Wächst das Kind im Mutterbauch weiter und weiter heran, reichen irgendwann die Nährstoffe, die es von der Mutter durch die Nabelschnur empfängt, nicht mehr aus, um es satt zu machen. Als Folge davon entsteht Stress bei dem Ungeborenen.

Das Stresshormon Cortisol kann ja ungehindert die Plazentaschranke überwinden. Und das kann es in beiden Richtungen, nicht nur von der Mutter zum Kind, sondern auch vom Kind zur Mutter. Bei der werdenden Mutter erhöht das vom Ungeborenen ausgeschüttete Cortisol die Empfindlichkeit für Oxytocin, und die klassische Aufgabe des Liebeshormons kommt zum Einsatz. Sie besteht darin, Wehen auszulösen. Das Ungeborene sorgt also mit seinem Stress selbst dafür, dass es geboren wird. Zugleich wird erkennbar, wie übermäßiger Stress von außen zu Frühgeburten führen kann.

Weil Oxytocin außerdem den Milcheinschuss in die Mutterbrust auslöst, kann bei normal verlaufender Geburt der aufgestaute Hunger des Neugeborenen umgehend gestillt werden. Und dabei entfaltet sich gleichzeitig die psychische Wirkung des Oxytocins voll und ganz. Sowohl die Geburt als auch das Stillen führen zur Freisetzung von Oxytocin und fördern auf diese Weise Liebe und Bindung. Durch das Stillen an der mütterlichen Brust werden nicht nur die körperlichen Bedürfnisse des Säuglings gestillt, sondern zugleich seine psychischen.

Die Wirkung von Bindung im Gehirn

Die wichtigste Aufgabe von Bindung und damit von Oxytocin ist der Schutz vor Stress und Angst. Angst entsteht ja vor allem im eigentlichen Alarmzentrum des Gehirns, im schon beschriebenen Mandelkern. Und genau hier kann Oxytocin direkt andocken und so die Angst besänftigen.

Was auf den ersten Blick Biochemie ist, ist auf den zweiten Blick lebenspraktisch enorm wichtig. Zum Schutz vor Angst braucht ein Säugling Oxytocin. Und das erhält er durch körperliche Nähe. Gerade weil ein Säugling noch nicht über ein Bewusstsein verfügt, mit dem er seine vom limbischen System kommenden Gefühle einordnen, verstehen und dadurch selbst begrenzen kann, ist er abhängig davon, dass er körperlich gehalten wird und auf diese Weise Geborgenheit und Schutz erlebt. Selbst bei Erwachsenen funktioniert die Verminderung von Angst durch Nähe noch bestens. Und das kann geradezu bizarre Formen annehmen.

Sicher haben Sie schon vom Stockholm-Syndrom gehört. 1973 kam es im Zuge eines Bankraubs zu einer Geiselnahme in der Svenska Kreditbanken im Herzen der schwedischen Hauptstadt. Die Geiselnahme konnte durch einen Trick der Polizei unblutig beendet werden. Doch das wirklich Wundersame geschah erst anschließend. Als dem Geiselnehmer der Prozess gemacht wurde, baten die zuvor fünf Tage lang von ihm festgehaltenen Geiseln um Gnade für den Räuber. Und später, nachdem er verurteilt worden war, besuchten sie ihn im Gefängnis. Die Erklärung dafür? Gerade in der Angst suchen wir die Nähe von anderen. Und wenn der andere offensichtlich mächtig ist, weil er eine Waffe in der Hand hat, kann der Verstand noch so sehr rebellieren, das Gefühl drängt uns hin zu ihm.

Wundermittel Nähe

In der Regel ist die Suche nach Nähe ein echter Überlebensvorteil. Vielleicht erinnern Sie sich noch an die erschütternden Bilder im Fernsehen, Weihnachten 2004. Ein gigantischer Tsunami verwüstete damals die Küsten Asiens und kostete zahlreiche Menschen das Leben. Von den Überlebenden wurden viele schwer psychisch traumatisiert. Am besten kamen in den Wochen und Monaten danach diejenigen wieder auf die Beine, die eng in ihre Dorfgemeinschaften eingebunden waren. Nicht Geld zum raschen Wiederaufbau, sondern Bindung erwies sich als das wirksamste Gegenmittel gegen die psychischen Folgen der Katastrophe.

Der Grund dafür liegt abermals im Stresshaushalt. Denn was geschieht bei einem psychischen Trauma? Wie entsteht es überhaupt?

Ursache sind stets ein oder mehrere Ereignisse, die gefühlsmäßig zu überwältigend und zu schmerzhaft sind, um umgehend verarbeitet zu werden. Das Gehirn schaltet in solchen Momenten das emotionale Erleben regelrecht aus. Die Gefühle werden nicht bewusst erlebt, bleiben im Unbewussten verborgen und werden dort dauerhaft abgelagert. Bis eines Tages ein Reiz, der mit der erlebten Katastrophe zusammenhängt, sie unvermittelt und in aller Heftigkeit wieder an die Oberfläche spülen kann. Verantwortlich für diese Reaktion ist überschießender Stress. So, wie er während des Traumas erlebt wurde. Einschneidender Nebeneffekt: Hohe Dosen des Stresshormons Cortisol beeinträchtigen den Aufbau und damit die Speicherfähigkeit unseres Gehirns. Vor allem dort, wo es um das Verarbeiten von Gefühlen geht. Deshalb kann die bewusste Erinnerung an das Ereignis verloren gehen. Die zum Trauma gehörenden Gefühle aber, die bleiben erhalten.

Weil die Folgen psychischer Traumen auf einer überschießenden Stressreaktion beruhen, bieten stabile Bindungen den besten Schutz dagegen. Denn sie aktivieren ja den Gegenspieler des Cortisols, das Oxytocin. Nicht von ungefähr trösten wir jemanden, dem etwas Furchtbares zugestoßen ist, indem wir ihn umarmen, ihn festhalten und ihm sanft über den Kopf streicheln. Nähe heilt psychisches Leid.

Umgekehrt tut Trennung weh. Fast jeder von uns kennt das vom Liebeskummer. Der schmerzt furchtbar. Auch Trennungsschmerz verdanken wir unserer Bindungsfähigkeit, und wir teilen ihn in der Natur mit Säugetieren und Vögeln. Er ist, selbst wenn er sich furchtbar anfühlt, eine echte Errungenschaft der Evolution und dürfte in der fernen Vergangenheit des Erdmittelalters entstanden sein. Als damals die Warmblüter damit begannen, sich liebevoll um ihre Jungtiere zu kümmern, war nicht nur die Liebe durch das Oxytocin, sondern auch der Trennungsschmerz ein Motor dafür. Denn er stellte sicher, dass die

Mütter bei ihren Jungen blieben und sie umsorgten, und er verhinderte zugleich, dass die Jungtiere einfach davonrannten und sich so in Gefahr gebracht hätten. Trennungsschmerz ist also ein entscheidender Vorteil. Durch die intensive Brutpflege steigt die Überlebenswahrscheinlichkeit der Jungtiere entscheidend. Für den Erhalt der Art sind weitaus weniger Nachkommen nötig.

Depression und das Trauma früher Trennung

Besonders frühe Trennungen sind schmerzhaft und führen zu massivem Stress. Wie unerträglich dieser frühe Trennungsschmerz ist, konnte in einem Tierversuch gezeigt werden. Junge Rhesusäffchen wurden von ihren Müttern separiert. Sie konnten wählen zwischen einer Fellattrappe der Mutter, die keine Nahrung geben konnte, und einer Milch spendenden Attrappe aus Metall. Ohne Ausnahme fiel ihre Wahl auf das Fellmodell. Die vermeintliche Nähe war ihnen offensichtlich wichtiger als ein voller Bauch. Trennung schmerzt mehr als Hunger. Doch eine Attrappe kann die Mutter nicht ersetzen. Die Äffchen, die den Versuch überlebten, wurden alle schwer verhaltensauffällig. Und unweigerlich gaben sie ihre so erworbene psychische Störung später an ihre Jungen weiter.

Gerade als Säugling hängt das Überleben an der verlässlichen Verfügbarkeit der Mutter. Selbst körperliche Grundfunktionen können ja nur über den direkten Körperkontakt zur Mutter reguliert werden. Eine Abwesenheit der Mutter ist damit unweigerlich ein Ausnahmezustand, der Stress verursacht. Der Säugling reagiert entsprechend mit Protest, um lauthals ihre Aufmerksamkeit zurückzugewinnen. Er schreit und strampelt. Hat er Erfolg, beruhigt er sich bald wieder. Der Stress legt sich.

Auf diese Weise lernt der Säugling im Laufe der ersten Lebenswochen, dass die Mutter zwar manchmal nicht da ist, aber dass er sie, falls nötig, dazu bringen kann, dass sie bald zurückkommt. Sofern sie seine Bedürfnisse versteht. Durch dieses verlässliche Abrufen und die feinfühlige Antwort der Mutter darauf entsteht eine sichere Bindung. Zugleich baut sich in dem Kleinen die Erfahrung auf, dass er selbst etwas bewirken kann. Bleibt die Mutter dagegen weg, verfällt der Säugling nach einer gewissen Zeit in eine apathische Starre vergleichbar dem Totstellreflex bei Tieren. Er verhält sich wie ein Depressiver. Der Stresshormonspiegel in seinem Blut steigt drastisch an.

Daran wird erkennbar, dass Depression im Grunde eine Stresserkrankung ist. Sie kann durch zu viel Stress entstehen – dann kommt es zu einer Erschöpfungsdepression oder zu einem Burn-out-Syndrom. Oder sie kann sich als Folge einer massiv erhöhten Stressempfindlichkeit entwickeln. Wodurch wird eine solche Überempfindlichkeit hervorgerufen?

Wie gezeigt, sind es vor allem die beiden Gegenspieler Cortisol und Oxytocin, die unseren Stresshaushalt bestimmen. Unsere Empfindlichkeit für beide hängt von mehreren Faktoren ab. Einmal von unserer genetischen Grundausstattung, aber mehr noch von der Steuerung unserer Gene durch gemachte Umwelterfahrungen, Stichwort Epigenetik. Am stärksten aber wird unsere Stressempfindlichkeit und damit unsere Anfälligkeit für spätere Depressionen von dem geformt, was wir im Laufe unseres Lebens an Stress auf der einen und an sicherer Bindung auf der anderen Seite erleben. Gerade frühe Trennungen sind vor diesem Hintergrund wegen der mit ihnen einhergehenden Stressüberlastung ein wesentlicher Risikofaktor für Depressionen im späteren Leben.

Welche enorme Bedeutung dieser simple Zusammenhang hat, wird daran erkennbar, dass die Depression laut der Weltgesundheitsorganisation (WHO) längst die kostspieligste aller Erkrankungen ist. Vor allem wegen des Arbeitsausfalls sogar teurer als Krebs. Und ständig nehmen Depressionen zu, vor allem in der westlichen Welt. Zweifellos ist die eine Ursache dafür der stetig steigende Stresslevel in unserem Alltag. Aber die zweite Ursache ist die Zunahme an frühen Trennungen. Hirnforscher und Entwicklungspsychologen schätzen, dass die kindliche Psyche zumindest eineinhalb bis zwei Jahre braucht, um eine sichere Bindung aufzubauen. Kommen Kinder bereits viel jünger in Kitas, in denen es aufgrund finanzieller Engpässe oft an Personal mangelt, hinterlässt das Spuren in der Psyche der Säuglinge und Kleinkinder.

Sichere frühe Bindung ist die Grundlage für eine spätere Stressresistenz, sie bildet damit einen wesentlichen Schutz vor Depressionen. Frühe Trennungen hingegen sind schmerzhaft. Wer dieses psychische Trauma erfahren hat, bleibt sein Leben lang anfällig für diesen Schmerz, für Liebeskummer – und eben auch für Depressionen.

Ich, Du oder besser: Du, Ich

Die Wirkung von Bindung im Gehirn beschränkt sich jedoch keineswegs auf den Schutz vor Traumen und Depressionen. Bindung macht auch nachweislich intelligenter. Gefühle, vor allem gute, helfen dem Lernen ja auf die Sprünge. Die Zahl der Verknüpfungen im Gehirn steigt dort, wo das Lernen von guter

Bindung begleitet wird. Als Folge davon nimmt das Volumen der Großhirnrinde zu. Der Einfluss von Bindungen auf die Hirnstruktur ist so markant, dass die Größe des Stirnhirns dort, wo die Konzepte von uns selbst und von anderen angesiedelt sind, mit der Menge an Beziehungen als Erwachsener korreliert. Wer also früh gute Bindungen erlebt, wird dadurch intelligenter und umgibt sich auch im weiteren Leben gerne mit vielen Menschen, was wiederum sein Hirnwachstum unterstützt. Abermals gilt die Selbstverstärkungstendenz. Was wir lernen, wenden wir wieder an – und lernen es dadurch umso besser. Es spricht vieles dafür, ich erwähnte es bereits, dass wir das Wachstum unseres Großhirns im Laufe der Evolution vor allem der Komplexität unserer Beziehungen verdanken. Irgendwo in den Weiten der afrikanischen Savannen wurde im Laufe der Zeit so aus Sex City.

Weil die Qualität unserer Bindungen unser Grundgefühl prägt, beeinflusst sie entscheidend unsere gesamte Weltsicht. Auch unser Selbstbild entsteht aus dem, was wir in unseren Beziehungen erleben. Die wesentlichen Bausteine für dieses Lernen am anderen sind die schon vorgestellten Spiegelzellen in unserer Hirnrinde. Erst im Wechselspiel mit anderen werden sie trainiert, werden die einzelnen Handlungsmuster des Miteinanders in ihnen gespeichert. Nur indem wir lebendig gespiegelt werden, werden wir zu dem, der wir sind. In zahlreichen kleinen Erfahrungen nehmen wir so die anderen in uns auf. Unweigerlich formen sie auf diese Weise unseren Charakter mit. Wer wir sind, entsteht wesentlich aus dem, was wir mit anderen erleben. Genau dieser permanente wechselseitige Austausch, der sich in unserer Hirnstruktur niederschlägt, setzt sich bei jedem Menschen aus seinen eigenen individuellen Erfahrungen zusammen und macht daher jeden von uns einmalig.

Am Anfang dieses ständigen Lernprozesses stehen die Handlungsmuster. Wer die Handlungen ausführt, also die daran Beteiligten, treten erst hinzu, wenn das Gehirn weit genug entwickelt ist, um überhaupt ein Konzept von Du und Ich herstellen zu können. In den ersten Lebensmonaten ist das nicht möglich. In dieser Lebensphase bleibt die Alleinheit, wie sie die Psyche des Ungeborenen erlebt, auch außerhalb des Mutterbauchs erhalten. Ich und Du sind noch eins. Daher sind im Hirnstrombild von jungen Säuglingen Selbstwahrnehmung und die Wahrnehmung der Mutter identisch.

Durch Körperkontakt, über Streicheln und Halten, beginnt das Neugeborene seine Körpergrenzen zu spüren. Gleichzeitig sammelt der Säugling dadurch eine erste kleine Bibliothek an Handlungsmustern. Durch ein Austesten an der Umwelt und durch die wiederholten kurzen Trennungen von der Mutter erkennt er langsam, dass er selbst es ist, der mit seinen Handlungen etwas bewirken kann. Er kann sich bewegen, etwas in seinen Mund stopfen, und er kann die Mutter zu sich rufen. Weil er bei seiner Hand selbst entscheiden kann, wie er sie bewegt, das bei der Mutter aber nicht geht, dämmert es ihm irgendwann, dass die Mama ein Eigenleben führt. Schrittweise wird sie als eigenständig erlebt, werden Du und Ich voneinander getrennt. Erst über das Miteinander mit dem anderen wird so aus der Abgrenzung und aus dem Erleben von Eigenmächtigkeit das Selbstbild aufgebaut. Weil es das Du gibt, entsteht das Ich. Und für dieses Ich heißt es statt völliger Abhängigkeit jetzt zunehmend oft: »Ich kann das selbst.«

Höhepunkt dieser Entwicklung zur Lust am eigenen Bewirken ist der aufrechte Gang. Selbst herumzulaufen, ohne umzufallen, ganz so wie die Großen, ist ein Triumph der Sonderklasse. Immer klarer wird durch die gewonnene Bewegungsfreiheit die Erkenntnis, dass ich mit meiner Handlung auch eine Gegenreaktion bei meinem Gegenüber hervorrufen kann.

Die Tatsache, dass der andere eigenständigen Regeln unterliegt und unter Umständen völlig anders tickt als ich selbst, dringt jedoch erst langsam in die Erkenntnis vor, und sie kann durchaus frustrierend sein, wenn mein Gegenüber etwas anderes will als ich selbst. Kein Wunder, wenn auf einmal der Trotz regiert.

Bei all diesen psychischen Entwicklungsstufen sind wir abhängig davon, dass wir jemanden haben, der uns dabei hilft, den nächsten Schritt zu tun. Gerade in den ersten zwei Lebensjahren erleben wir uns selbst einzig durch den anderen.

Bleiben wir noch bei dem triumphierenden kleinen Läufer. Sicher haben Sie schon beobachtet, was passiert, wenn ein solcher Jungstar plötzlich stolpert, umfällt und sich irgendwo stößt. Was macht er dann? Sofern er sich nicht ernstlich verletzt hat, sucht er jetzt den Blickkontakt mit seiner Mutter. In ihrem Gesicht vergewissert er sich, was für eine Reaktion in seiner Situation wohl angemessen ist. Lächelt sie ihn an und muntert ihn auf, aufzustehen und weiterzulaufen, sind Schrecken und selbst Schmerz oft so schnell verflogen, wie sie gekommen sind. Signalisiert die Mutter dagegen, dass die Lage dramatisch ist und ergießt sie sich in Mitleid, kennt auch das Leid des Kleinen keine Grenzen.

Damit dieser Austausch von Gefühlen zwischen Mutter und Kind funktioniert, muss sichergestellt sein, dass das Kind die Mimik seiner Mutter richtig deutet. Zum Glück gelingt das wie von selbst, denn das Erkennen von Mimik ist angeboren, ist Teil unseres biologischen Erbes, ist über sämtliche kulturellen Grenzen hinweg in den Grundzügen gleich. Selbst bei Menschen, die blind geboren werden, finden sich die gleichen Ausdrucksformen wie bei allen anderen.

Bereits der englische Naturforscher Charles Darwin hatte das erkannt. Auf die Spur gebracht hatte ihn sein Enkelkind. Immer wenn dessen Kindermädchen so tat, als würde sie weinen, verzog der Kleine traurig sein Gesicht. Unwillkürlich. Gelernt haben konnte er dieses Spiel nicht, denn dazu war er noch zu jung.

Damit diese angeborenen Fähigkeiten im Laufe der psychischen Entwicklung zum Verstehen von Gefühlen genutzt werden können, müssen sie von echten Erfahrungen unterfüttert werden. Weil gerade die Mimik eng mit Gefühlen verknüpft ist und weil das mimische Miteinander aus einem permanenten feinen Abstimmungsprozess besteht, aus einem ständigen Hin und Her, brauchen wir ein lebendiges Gegenüber. Ein Video der Mutter kann für einen Säugling die echte Mutter nicht ersetzen. Denn ein Video kann nicht reagieren.

Fehlt das lebendige Spiegeln von Gefühlen auf Dauer, verkümmert das Gehirn in den Bereichen, die für das Verarbeiten von Gefühlen verantwortlich sind. Auch hier gilt die Regel: »Use it or lose it.« Wir werden mit einem riesigen Potenzial an Nervenzellen geboren. Diejenigen, die wir nutzen, vernetzen sich mit anderen, werden gut mit Nährstoffen versorgt und bleiben dadurch erhalten. Die ungenutzten hingegen sterben ab.

Wenn die Gefühle in Kinderschuhen stecken bleiben

Es gibt Menschen, bei denen die für die Gefühlsverarbeitung zuständigen Hirnregionen regelrecht verkümmert sind, meist als Folge von traumatischen Erfahrungen in der Kindheit. Bei ihnen ist die Fähigkeit, Gefühle richtig zu deuten und sich in andere hineinzuversetzen, deutlich eingeschränkt. Ihre allgemeine Intelligenz ist davon nicht betroffen, weswegen solche Einschränkungen für einen Außenstehenden auf den ersten Blick nicht zu erkennen sind. Erst wenn Gefühle ins Spiel kommen, machen sich die Schwierigkeiten bemerkbar.

Diese Menschen haben nicht lernen können, ihre eigenen Gefühle zu beherrschen. Stattdessen schießen Emotionen bei ihnen heftig und ungehemmt ein. Wie aus dem Nichts geraten sie in Wut. Und den Grund dafür schieben sie ihrem Gegenüber zu. In ihrer Wahrnehmung ist wirklich der andere schuld an ihrer Wut. Wir sahen ja, wie unser Verstand immer nach dem Grund für einen Gefühlszustand sucht.

Deshalb kommt es sogar vor, dass so jemand die Wut bei sich selbst gar nicht erkennt und sie nur dem anderen unterjubelt, bevorzugt seinem Partner oder seiner Partnerin. Aus seiner Sicht ist dann in Wahrheit diese Person die Wütende. Selbst wenn die gar nichts davon weiß. Erst einmal. Sie wird sich entsprechend überrumpelt fühlen und die Welt nicht mehr verstehen. Und in der Regel dauert es nicht lange, bis sie angesichts des Bombardements an ungerechten Anschuldigungen tatsächlich selbst wütend wird. Die Lage eskaliert. »Ich habe es doch gewusst«, lautet das triumphierende Resümee. Sie ahnen, von wem es stammt.

Doch die Fallen, die uns jemand aufstellt, um sich zu bestätigen, dass wir ein Schwein sind, können durchaus subtiler sein. So wie bei einem Mann, dessen Frau sich von ihm wünschte, ihm dabei zuzusehen, wie er mit ihrer besten Freundin schlief. Dass er es tat, hat sie ihm nie verziehen. Immer wenn sie seither den Impuls verspürt, ihm das Leben zur Hölle zu machen, greift sie auf diesen Vorfall als Beweis für seine charakterliche Niedertracht zurück. Was aus der Freundschaft mit der Freundin wurde, brauche ich wohl nicht zu schildern.

Menschen kommen immer wieder in meine Praxis, deren Partner aufgrund schwerer Kindheitserlebnisse genau in solchen emotionalen Kinderschuhen stecken geblieben sind. Versuchen Sie sich vorzustellen, wie es sein muss, mit so jemandem zusammenzuleben. Anstrengend. Über kurz oder lang fühlt sich jeder überfordert angesichts der Gefühlsdramen, die sich regelmäßig abspielen. Was tun?

Um in solchen Gefühlsstürmen nicht unterzugehen, hilft es zu erkennen, welche Gefühle darin wirklich unsere eigenen sind und welche uns von unserem Partner zugeschoben werden. Zu durchschauen, wo wir ungewollt aufs Glatteis geführt werden – allein das verschafft schon eine ziemliche Erleichterung. Selbst wenn sich unser Partner kaum ändert, werden die Beziehungskrisen milder, wenn es uns gelingt, nicht mehr auf seine Gefühlsextreme einzusteigen. Dadurch wird die Eskalation durchbrochen.

Diese Erkenntnis, dass vieles von dem, was sich in den Köpfen von anderen abspielt, gar nichts mit uns selbst zu tun hat, ist ebenfalls ein Entwicklungsschritt auf dem Weg ins psychische Erwachsenwerden. Als Kind beziehen wir alles, was um uns herum geschieht, auf uns. Als Erwachsene stellen wir fest, dass das falsch ist. Zweifellos ist dieser Schritt ernüchternd, denn auf einmal sind wir gar nicht mehr so wichtig, wie wir immer gedacht haben. Zugleich ist er aber ungemein erleichternd, weil wir uns nicht mehr um alles kümmern müssen, sondern nur um das, was uns real betrifft. Dadurch können wir uns auf das Wesentliche konzentrieren, auch in unseren Beziehungen, und uns intensiver auf sie einlassen. Das wiederum ist ein entscheidender Schlüssel für ein zufriedenes Lebensgefühl.

Dank Empathie kann der andere in uns auch Hund oder Katze sein

Empathie ist die Fähigkeit, sich in einen anderen einfühlen zu können. Wir nehmen über die Spiegelzellen ja den anderen in uns auf. Sofern wir das lernen. Und so gilt auch für die Empathie: Die Grundlage dafür ist uns angeboren, aber wir müssen sie im wirklichen Leben einüben, ansonsten verkümmert sie.

Und das Einüben beginnt ganz früh. So trösten Kleinkinder, noch bevor sie sprechen können, ein Familienmitglied, das Schmerzen oder Kummer hat. Ganz intuitiv, weil sie über ihre Spiegelzellen nachempfinden, was in dem anderen vor sich geht. Entsprechend verhalten sich auch Säugetiere wie Affen, Hunde oder Katzen. Sie alle nehmen unweigerlich wahr, welches Gefühl ihr Gegenüber gerade erlebt. Ihre Spiegelzellen ahmen die Mimik, die sie erkennen, unbewusst nach. Dadurch entsteht in ihrem limbischen System das dazu passende Gefühl. Dieses intuitive Einstimmen aufeinander nennt man limbische Resonanz. Sie ermöglicht das Teilen von Gefühlen.

Limbische Resonanz funktioniert problemlos auch zwischen verschiedenen Arten. Jeder Hundebesitzer weiß, dass sein Hund kommt, um ihn zu trösten, wenn er traurig ist. Oder dass er umgekehrt auch seinen Hund trösten kann, etwa wenn der Schmerzen hat. Ein Großteil der Kommunikation zwischen Mensch und Hund läuft über das bei beiden ähnlich gebaute limbische System ab. Beim Großhirn kann der Hund nicht mithalten. Doch in der limbischen Resonanz nimmt er es spielend mit uns auf. Er empfindet mehr, als dass er denkt, was sein Herrchen möchte, und ist intuitiv bestrebt, das zu erfüllen. Denn für einen Hund ist sein Herrchen der Mittelpunkt seiner Welt.

Die meisten Warmblüter, also Säugetiere und Vögel, regeln ihr Miteinander vor allem über die Gefühlsebene. Das macht sie stark, weil es effizient ist. Schnell können Signale gesendet und verstanden werden, und zugleich entsteht Zusammengehörigkeit. So gibt es nicht nur bei uns Menschen, sondern auch bei Säugetieren echte Hilfsbereitschaft. Sie fühlen mit, wenn ein anderer leidet, und versuchen zu helfen. Erst jüngst ging ein Video um die Welt, in dem ein Affe einem zweiten das Leben rettet. Der war auf dem Bahnhof der indischen Stadt Kanpur von einem Stromschlag getroffen worden und bewusstlos auf die Gleise gefallen. Der Retter schüttelte und biss ihn, zog ihn ins Wasser, bis der Verunglückte wieder zu Bewusstsein kam.

Gefühle machen aber nicht nur stark, sondern auch verletzlich. Denn sie sorgen für Abhängigkeit. Vielleicht kennen Sie Unzertrennliche? Das sind kleine afrikanische Papageien, grün, mit buntem Kopf, die kreischend in Schwärmen durch die Savannen fliegen. Auf sich allein gestellt, gehen sie ein. Ohne Partner können sie nicht existieren.

Wir Menschen sind da nicht ganz so extrem und nicht automatisch auf einen einzigen Partner fixiert. Dennoch benötigen wir gespiegelte Gefühle wie die Luft zum Atmen, können wir ohne limbische Resonanz auf Dauer nicht leben. So wie wir als Neugeborene unsere Körperfunktionen an diejenigen unserer Mutter anpassen, teilen wir unweigerlich ein Leben lang unsere Gefühle. Dafür brauchen wir Menschen um uns herum. Vereinsamung, unter der heutzutage viele alte Menschen leiden, macht krank. Umgekehrt können Haustiere, die zu limbischer Resonanz fähig sind, Menschen ein Stück weit ersetzen. Sie wirken lebensverlängernd. Das ist mittlerweile wissenschaftlich bewiesen.

Eintrittspforte für die limbische Resonanz sind vor allem die Spiegelzellen im hinteren Großhirn, dort, wo die im Gehirn eintreffenden Wahrnehmungen verarbeitet werden. Hier hat Empathie ihren Ursprung. Durch lebendiges Spiegeln mit einem Gegenüber, also durch aktives Training, werden die Spiegelzellen für das Wahrnehmen von Mimik trainiert. Zugleich wird dabei die Empfindlichkeit für Oxytocin in unserem Gehirn gesteigert. Deshalb lernen wir über das intuitive Mitschwingen nicht nur Gefühle zu erleben, sondern gleichzeitig stärken wir so auch unsere Liebesfähigkeit. Allerdings bedeutet Mitfühlen noch lange nicht, dass wir die geteilten Gefühle verstehen. Denn auch das müssen wir erst beigebracht bekommen durch ein lebendiges Gegenüber. Wieder nur mithilfe unserer frühen Bezugspersonen lernen wir, unsere Gefühle einzuordnen und im nächsten Schritt auszuhalten und gezielt zu nutzen.

Impulskontrolle für Anfänger

Gerade Wut wird anfangs als überwältigend und heftig erlebt. Wir alle haben sicher das Bild einer Mutter im Kaufhaus vor Augen, deren zweijähriger Sprössling sich vor ihr auf den Boden wirft und in hysterisches Geschrei ausbricht. Weil er seinen Willen nicht durchsetzen kann, keinen Dauerlutscher kriegt, nicht im Kinderwagen sitzen will oder was sonst ihm gerade in den Sinn kommt. Der Trotz entsteht ja um das zweite Lebensjahr herum – aus der bitteren Erfahrung heraus, dass die anderen oft nicht das wollen, was ich selbst will. Und diese Erfahrung lässt sich beim besten Willen nicht vermeiden.

Hier sind verständnisvolle, dennoch stabile Grenzen gefragt. Ein Nein bleibt ein Nein. Vielleicht mit der Aussicht auf eine kleine Belohnung später. Allerdings ist das ruhige Festhalten an den gesetzten Grenzen oft alles andere als einfach. Zumal dann, wenn die Gefühle heftig sind. Schließlich stecken sie an, in Windeseile, den Spiegelzellen sei Dank. Da kann es durchaus passieren, dass die Mutter vor Wut überkocht. Vor allem, wenn sie selbst unter Stress steht, weil dann die Kontrolle der Gefühle durch den Verstand versagt. Oder wenn sie selbst in ihrer eigenen Kindheit nicht gelernt hat, mit ihren Gefühlen umzugehen.

Die Gefühle, die im limbischen System ihren Ursprung haben, werden im Laufe einer gelungenen psychischen Entwicklung unter die Kontrolle des Großhirns gestellt. Der Verstand hat, wo nötig, ein Wörtchen mitzureden. Genauer gesagt: Er gewinnt die Fähigkeit, den aus einem Gefühl entspringenden Handlungsimpuls bei Bedarf hemmen zu können. Dort, wo das Gefühl in seiner ganzen Macht angebracht ist, kann der Handlungsimpuls genutzt werden, etwa zur Verteidigung bei einem Angriff. Dort, wo er aber unpassend ist, kann er rechtzeitig abgebremst werden.

Die wesentliche Grundlage für diesen Lernprozess, für die Steuerung der Gefühlsimpulse durch den Verstand, ist erneut eine sichere Bindung, eine Beziehung, die selbst dann stabil bleibt, wenn sich das kleine Kind von seiner Wut überwältigt fühlt.

Erst wenn es erlebt, dass sein Hass irgendwann wieder abflaut und es anschließend weiter geliebt wird, kann es die Erfahrung machen, dass Gefühle, vor allem negative Gefühle, etwas ganz Normales sind. Sein Verstand wird im Laufe der Zeit lernen, Gefühle einzuordnen. Hierdurch erhält das Kind die Grundlage für angemessenes Handeln.

Ein weiterer berühmter Mitarbeiter der Tavistock Clinic in London, der britische Psychoanalytiker Wilfred Bion, hat die-

sen Vorgang, den man anschaulich als ein Verdauen von Gefühlen beschreiben kann, im Detail erläutert. In einer Reihe von
drei Büchern hat er sogar einen eigenen Schreibstil entwickelt,
um auf diese Weise den psychischen Verdauungsvorgang anschaulich zu machen. Er formuliert in Gedankensprüngen und
wirft seinem Leser unzusammenhängende Textabschnitte hin,
die dieser selbst zusammenfügen muss. Die Frage, ob das dem
Leser gelingt, lässt Bion bewusst offen. Entweder er schafft
es – oder eben nicht. Damit verdeutlicht Bion die Arbeitsweise
unserer Psyche. Immer muss sie sich aus Bruchstücken ein Gesamtbild von der Welt erschaffen. Aus den schnellen limbischen
Impulsen und ihrer bewussten Steuerung entsteht dann, so diese Steuerung gelernt wurde, gezieltes Handeln.

Das schrittweise bewusste Einordnen der limbisch ausgelösten Impulse ist jedoch nur ein Teil der psychischen Entwick-
lungsarbeit. Das intuitiv richtige Eingehen der Mutter auf die
Bedürfnisse ihres Kindes wirkt nicht nur im Großhirn auf den
Verstand, sondern es reguliert ebenso direkt im limbischen System die Heftigkeit von Gefühlen. Über die Empfindlichkeit für
Stress und über die Empfänglichkeit für Liebe, über Cortisol
und Oxytocin.

Die dunkle Seite des Spiegels

Zurück zu den Spiegelzellen, zu den Grundbausteinen für die
Speicherung von einzelnen Handlungen. Wird eine Spiegelzelle
aktiviert, wird all das angestoßen, was zur Handlung dazugehört: die Eindrücke, die Gefühle, das Verstehen und natürlich
der Handlungsablauf selbst. Die Personen, die an der Handlung
beteiligt sind, sind dagegen nicht unmittelbar mit den Spiegel-

zellen verknüpft. Sie sind austauschbar. Wahrscheinlich liegt das eben daran, dass Spiegelzellen schon sehr früh mit ihrer Arbeit beginnen, zu einem Zeitpunkt, an dem in dem jungen Gehirn noch gar keine Konzepte von anderen Personen existieren. Solche Konzepte sind ja komplex und entstehen erst stufenweise.

Durch die unterschiedlichen Interaktionen mit seiner Mutter dämmert es einem Säugling langsam, dass sie getrennt von ihm existiert. Jede dieser Erfahrungen ist dabei anfangs an die jeweilige Handlung gebunden. Beim liebevollen Schmusen ist die gute Mutter das Gegenüber. Und die füttert auch, wechselt die Windeln und hilft beim Einschlafen. Indem der Säugling merkt, dass sie bei all den Interaktionen dieselbe bleibt, baut sich ein stabiles Konzept von der guten Mutter in ihm auf. Ähnlich entwickelt sich die böse Mutter, die ihm Grenzen setzt oder nicht wie gewünscht reagiert. Die Erkenntnis, dass beide Mütter ein und dieselbe Person sind, entsteht erst deutlich später, ab dem dritten Lebensjahr, als komplexes Gesamtbild eines anderen mit seinen angenehmen und unangenehmen Seiten. Allerdings, auch wenn es auf den ersten Blick überraschend klingen mag, gelingt dieser psychische Entwicklungsschritt nicht jedem.

Erinnern Sie sich an das Beispiel von dem Partner, der andauernd seine Gefühle seiner Partnerin unterjubelt? Sie wird zur vermeintlichen Erklärung für all seine Gefühlsregungen. Aus dem Nichts heraus kann sie sich in seiner Wahrnehmung von der Heißgeliebten zur Bestgehassten wandeln. Sie weiß dann nicht mehr, wo ihr der Kopf steht.

In der psychischen Entwicklung dieses Mannes sind die gute und die böse Mutter nie zu ein und derselben Person verschmolzen. Je nach aktueller Gefühlslage stülpt er daher einmal das eine und ein anderes Mal das andere gefühlsgeladene Bild seiner

Partnerin über. Natürlich kennt er sie als eine Person. Aber das Gefühl zu ihr, das existiert nur gespalten im Entweder-oder – und kann abrupt umschlagen. Beim geringsten Anlass kann die innere Schablone wechseln von der geliebten zur gehassten Partnerin. Und so wie an der guten Partnerin alles ideal ist, ist an der schlechten alles unerträglich, wirklich alles.

Gelegentlich wird eine solche verzerrte Sichtweise unbewusst auf die ganze Welt übertragen. Sie besteht dann einzig aus Extremen, existiert nur in Schwarz und Weiß. Fachleute nennen das eine Borderline-Störung. Wie kommt es dazu?

Ausgangspunkt ist das Alter von etwa zwei Jahren. Denken Sie an das tobende Kind im Kaufhaus. Es war gerade dabei zu erproben, wie sich die gehasste Mutter anfühlt. Zu der geliebten aus der frühen Säuglingszeit gesellte sich machtvoll die andere hinzu. Wir alle haben diese Erfahrung gemacht, haben die Welt durch die Brille der Vereinfachung gesehen, in Gestalt von Gut und Böse. Diese Erfahrung ist ein ganz normaler Schritt in der psychischen Entwicklung. Die komplexen Konzepte von uns selbst, von anderen und von der Welt an sich mit ihren vielen Facetten und Widersprüchen bauen sich ja erst langsam auf. Als Kleinkind gibt es nur Falsch und Richtig, ohne Wenn und Aber. In der psychoanalytischen Fachsprache nennt man diese Form der Vereinfachung Spaltung.

Nicht selten bleibt eine psychische Entwicklung auf dem Niveau der Spaltung stehen. Das kann verschiedene Ursachen haben. So gibt es Gesellschaftsmodelle, die im Schwarz-Weiß-Denken verharren. Da existieren nur Freund oder Feind, Gläubige oder Ungläubige. Wer dort aufwächst, dem wird es schwerfallen, vielschichtigere Perspektiven zu entwickeln.

Hauptursache dauerhafter Spaltungen gerade bei uns dürften jedoch psychische Traumen sein, die zur Überflutung mit

Stresshormonen geführt haben. Weil dadurch dauerhaft die Stressempfindlichkeit zunimmt, kann jederzeit ein beliebiger Auslöser, der in der unbewussten Erinnerung mit dem traumatischen Ereignis verbunden ist, neuerlich eine Stressüberflutung lostreten.

Im Stress fallen wir beinahe unweigerlich in frühe Denkmuster zurück. Wir vereinfachen und neigen daher zur Spaltung. Das geht jedem von uns so, tritt aber bei Opfern von Traumen deutlich häufiger und heftiger auf, weil eben bei ihnen die Stressempfindlichkeit erhöht ist. Doch nicht nur aus diesem Grund neigen sie zur Spaltung. Weil das Übermaß an Stress während eines Traumas zugleich die für die Verarbeitung von Gefühlen zuständigen Hirnareale stört, wird die Fähigkeit zu einer komplexen Sichtweise beeinträchtigt. Die Vereinfachung in Gut und Böse bleibt bestehen, zudem bestärkt durch die bei einer psychischen Traumatisierung oft in der Realität gespaltene Rollenverteilung in Opfer und Täter.

Warum ich auf das Phänomen der Spaltung so genau eingehe? Weil Spaltungen häufig vorkommen und vielfach folgenreich sind. Sie haben das Potenzial, das eigene Leben ebenso wie das der Mitmenschen zur Hölle zu machen. Etwa dann, wenn der Dauerstreit als Folge immer wiederkehrender Hassprojektionen zermürbend wirkt.

Da hilft es, wenn wir das Phänomen der Spaltung kennen und frühzeitig durchschauen. So können wir Zuspitzungen vermeiden. Zumindest gelegentlich. In jedem Fall erlaubt es uns, eine gewisse Distanz zu wahren und nicht in den Strudel der heftigen Gefühle anderer hineingezogen zu werden.

Genauso kann uns die Einsicht in eigene Spaltungstendenzen dabei helfen, sie bewusst zu kontrollieren. Anstatt andauernd uns selbst und anderen das Leben unnötig schwer zu machen.

Sollten wir zu Spaltungen neigen, weil wir selbst ein Traumaopfer sind, besteht leider noch eine zusätzliche Gefahr, nämlich die, dass wir unsere traumatischen Erlebnisse wiederholen. Uns erneut traumatisieren lassen. Wieder und wieder. Doch nicht nur das. Wir erinnern uns, die Spiegelzellen speichern Handlungsmuster. Ein Auslöser genügt, um das Handlungsmuster wieder abzurufen. Allerdings merken sich die Spiegelzellen nicht, wer an der Handlung beteiligt ist. Deshalb kann eine unbewusste Reaktivierung des Handlungsmusters auch in vertauschten Rollen stattfinden. Der Geschlagene wird auf einmal selbst zum Schlagenden. Ungewollt wird das Opfer selbst zum Täter. Das mag überraschen, ja schockieren. Doch es ist wissenschaftlich bewiesen und, wie wir gerade gesehen haben, durchaus verständlich. Die Handlung ist und bleibt schließlich gelernt. Ohne ein Verständnis für diesen Zusammenhang und ohne eine bewusste Kontrolle der Gefühle aus dem Trauma kann sogar unbewusst der Drang entstehen, als Täter die Ohnmacht der Opferrolle zu überwinden und damit gezielt nach Gelegenheiten zu suchen, um selbst Täter zu werden.

Viele neigen zur Spaltung

Was für den Einzelnen gilt, dass er unter Stress unweigerlich dazu neigt, vereinfacht und damit in Spaltungen zu denken, gilt ganz genauso für die Gesellschaft insgesamt. Und dort mit noch weiter reichenden Konsequenzen. Politik ist häufig sehr komplex. Zudem mangelt es uns Normalbürgern meist an verlässlichen Informationen. Deshalb sind wir mit anstehenden politischen Entscheidungen nicht selten überfordert. Und neigen dann zur Vereinfachung. Zu wissen, was richtig und was falsch ist, wer gut und wer böse ist, ist besser, als gar keine Meinung zu haben.

Schaukeln sich politische Themen hoch, heizen andere Verstärker diese Dynamik zusätzlich an. Gefühle kommen ins Spiel, und der Stresspegel steigt. Am besten zu greifen ist das in politischen Massenveranstaltungen, bei Demonstrationen oder bei Wahlkampfkundgebungen.

In einer Menschenmasse ist unsere Wahrnehmung von zahllosen Reizen überflutet. Sieben Informationen gleichzeitig sind ja ungefähr die Grenze dessen, was unser Gehirn bewusst verarbeiten kann. In einer Menschenmenge sind Dutzende oder Hunderte um uns herum. Da ist es unmöglich zu differenzieren. Da müssen wir wissen, wer für uns ist und wer gegen uns. Was für eine Erleichterung, wenn der Feind draußen sitzt und wir alle hier drinnen gemeinsam wissen, wie er aussieht. Demagogen nutzen solche Spaltungen geschickt. Schauen Sie sich Parteitagsreden gerade am radikalen Ende des politischen Spektrums an. Von Komplexität keine Spur. Ähnliches gilt für die Werbekampagnen von Parteien in Wahlkampfzeiten. Was bei fehlenden Inhalten bleibt, sind die Persönlichkeiten. Mangels Inhalten vertrauen wir dem Menschen, der es versteht, den Eindruck zu erwecken, dass er dieses Vertrauen auch verdient. Im Zweifelsfall siegt die Macht der Bindung. Auch an der Wahlurne.

Ich habe die Politik ins Spiel gebracht, um zu zeigen, wie weitreichend die praktischen Konsequenzen aus den Ergebnissen der Hirnforschung sind. Sie gehen uns nicht nur als Einzelne an, um daraus die Grundlagen für ein gelingendes Leben abzuleiten, sondern auch die Gesellschaft insgesamt. Denn dort werden die Rahmenbedingungen für unsere Lebensentwürfe bestimmt. Solange wir davon nicht viel mitbekommen, kümmern wir uns nicht darum. Doch besteht die Gefahr, dass sich

Entwicklungen verselbstständigen, die wir, würden wir direkt gefragt, so gar nicht wünschen.

Freuden und Fallstricke der Partnerwahl

Der andere ist in uns. Schon vor der Geburt nehmen wir ihn auf in die unbewussten Tiefen unserer Psyche, in die Strukturen unseres Gehirns. Auf der Basis unserer frühen Erfahrungen bleiben wir ein Leben lang gebunden und reagieren psychisch wie körperlich auf das, was wir in unseren Beziehungen erleben. Grundlage dafür ist unsere Fähigkeit zu limbischer Resonanz. Erst über die körperliche Nähe zur Mutter lernt ein Säugling, seine Körperfunktionen zu regulieren. Fehlt ihm eine solche stabile Erfahrung, drohen ihm die Entgleisung seiner Körperfunktionen und Panik. Deshalb sind frühe Trennungen traumatisch. Und deshalb haben frühe Trennungen eine erhöhte Abhängigkeit von Beziehungen im späteren Leben zur Folge, sind wir dann bereit, alles zu tun, um nicht wieder verlassen zu werden.

Aber auch wenn wir das Glück hatten, sicher gebunden aufzuwachsen, bleiben wir als Erwachsene abhängig von den Beziehungen, mit denen wir uns umgeben. Über die limbische Resonanz stehen wir andauernd in Verbindung miteinander. Sie funktioniert intuitiv und völlig unbewusst. Mit unseren Spiegelzellen nehmen wir die Gefühle, die andere ausstrahlen, in uns auf. Sie werden zu unseren eigenen. Andere werden so zu einem Teil von uns. Ein Leben lang. Was kann es also Wichtigeres geben, als sich eine Beziehung aufzubauen mit jemandem, der wirklich lieben kann?

Weil Gefühle unseren Körperzustand beeinflussen, hat unser Partner sogar einen unmittelbaren Einfluss auf unsere körperliche Gesundheit. Nicht nur unser psychisches Wohlbefinden, auch unsere Hormone, unser Immunsystem und die Qualität unseres Schlafs werden von ihm mit gesteuert – umso stärker, je weniger wir mithilfe einer sicheren Bindung eine frühe Selbstregulation aufbauen konnten. Schon eine kurze Trennung durch eine Reise unseres Partners kann zu Schlafstörungen, zu einer verzögerten Menstruation oder zu einem grippalen Infekt führen. Bewusst darauf zu achten, dass wir in guten Beziehungen leben, verbessert nicht nur unsere Lebensqualität, sondern fördert zugleich unsere Gesundheit und verlängert auf diese Weise unser Leben entscheidend.

Unsere Hirnstruktur baut sich weitgehend auf aus dem, was wir erleben. Je häufiger und gefühlsintensiver das Erlebte ist, desto stärker prägt es sich uns ein. Wir neigen dazu, uns unsere frühen Erfahrungen zu bestätigen, wir wiederholen sie automatisch, weil sie schon in unserer Hirnstruktur existieren. Wir sind so bindungsfähig, wie wir es als Säuglinge gelernt haben. Wenn wir also eine sichere Bindung und liebevolle Vorbilder von zu Hause mitbekommen haben, landen wir in der Regel ganz wie von selbst in gelungenen Partnerschaften.

Schwierig wird es erst, wenn unsere frühen Erfahrungen problematisch waren. Denn auch dann suchen wir unbewusst nach einer Wiederholung des früh Gelernten. Unwillkürlich wählen wir uns einen Partner, der uns genauso schlecht behandelt, wie wir als Kind behandelt wurden, was unsere alten Erfahrungen verstärken hilft. Der Partner ist der Falsche, gerade weil er sich derart vertraut anfühlt. Was wir unbewusst erwartet haben, bestätigt sich. Wir nutzen die Gelegenheit und werfen ihm permanent vor, dass er sich genauso mies verhält, wie wir das ja schon kennen – und lassen unseren ganzen aufgestauten Frust an ihm ab. Zugleich sehnen wir uns danach, dass er das genaue Gegenteil sein und unser früheres Leid ungeschehen machen soll. Das geht auf Dauer nicht gut.

Selbst wenn der Zufall es mit sich bringen sollte, dass wir an einen verständnisvollen und liebenswerten Menschen geraten sind, werden wir ihn über kurz oder lang mit unseren eigenen aggressiven Gefühlen dahin drängen, dass er so wird, wie wir es eigentlich von ihm erwarten. Am Ende bestätigen wir uns die Enttäuschung, die wir früh erlebt haben, ständig aufs Neue – und die Beziehung scheitert.

Einsicht ist nur das Popcorn – der Film läuft woanders

Durchbrechen können wir ein derartiges Muster, indem wir erkennen, wo wir möglicherweise zur Wiederholung alter Verletzungen neigen. Anschließend sollten wir möglichst gezielt nach neuen Bindungserfahrungen suchen, um so die herkömmlichen Muster durch andere zu ersetzen. Beides geht im richtigen Leben. Einsicht kann erarbeitet und Beziehungen können bewusst gestaltet werden. Und beides geht auch in einer Psychotherapie. Denn dort, wo zwei Menschen zusammen sind, entsteht unweigerlich eine Bindung. Genau das ist die Basis von Psychotherapie. Hier kann in einer Beziehung, die durch einen stabilen Rahmen gesichert ist, analysiert werden, welche Muster uns geprägt haben und wie wir unbewusst dazu neigen, sie zu wiederholen. Zusätzlich zu dieser Erkenntnisebene, die vorwiegend vom Verstand gesteuert ist, bietet Psychotherapie einen Raum für reale andere Beziehungserfahrungen. Wenn wir zu dem Bild vom Sonnensystem zurückkehren, von den Planeten, die mit ihrer magnetischen Anziehung den Meteoritenschwarm unserer Gedanken an sich reißen, dann kann Psychotherapie einen neuen Planeten erschaffen, ein neues Bindungsmuster. Schrittweise aufgebaut, ist es irgendwann robust genug, um von nun an im wirklichen Leben bestätigt zu werden.

Wichtig für das Gelingen einer Therapie ist, dass beide, Patient und Therapeut, sich auf die Gefühle in dieser Beziehung einlassen, auf den gemeinsamen Tanz der limbischen Resonanz. Genau das kenne ich aus meiner tagtäglichen Arbeit. Das bewusste Erkennen der psychischen Bausteine lässt sich dabei oft recht schnell erreichen. Außer es wird von massiven unbewussten Widerständen behindert. Der unbewusste emotionale Prozess einer guten Bindung aber, der kann durchaus lange dauern. Nur durch stetige, verlässliche Wiederholung der neuen Erfahrung können stabile Bindungsmuster aufgebaut werden, die irgendwann stärker sind als die alten. Das ist der Grund dafür, dass Psychotherapie im Eiltempo nicht für jeden die richtige Wahl ist, auch wenn die Krankenkassen und unser Gesundheitssystem das oft gerne so hätten. Drei Kollegen von mir aus Kalifornien, Thomas Lewis, Fari Amini und Richard Lannon, haben zusammen ein Buch geschrieben, *A General Theory of Love*, in dem sie das Wesen von Psychotherapie wunderbar auf den Punkt bringen: »Einsicht ist das Popcorn der Therapie. Der Weg, den Patient und Therapeut zusammen gehen, diese Gesamtheit ihrer gemeinsamen Reise, ist der eigentliche Film.«

3
Bewirken –
Es gibt nichts Gutes,
es sei denn, man tut es

Bindungen sind entscheidend für das Gelingen unseres Lebens, allerdings nicht allein. Es gibt noch einen zweiten Motor, der uns wesentlich antreibt. Wie sonst ließe sich die Anziehungskraft unseres Gesellschaftsmodells erklären, das eben nicht dem menschlichen Miteinander den entscheidenden Wert für unser Wohlbefinden beimisst, sondern einer anderen Kraft?

Was uns antreibt

»*Yes, we can!*«, mit diesem Slogan gewann Barack Obama 2008 die Präsidentenwahl in den USA. Auf Deutsch klingt das nicht ganz so feurig: »Wir schaffen das«, so Bundeskanzlerin Angela Merkel 2015 angesichts der Flüchtlingskrise.

Hintergrund der Zugkraft dieser Sprüche ist das Bedürfnis unseres Gehirns nach Belohnung. Die Aussicht darauf motiviert uns. Wer leistet, der soll belohnt werden. Dort, wo diese Regel gilt, da fühlen wir uns wohl. Dort, wo wir die Aussicht darauf haben, selbst etwas zu schaffen, wird das Belohnungssystem in unserem Gehirn angeworfen. Ich erwähnte bereits, dass dieses Belohnungssystem in zwei Stufen arbeitet.

Die erste von den beiden ist die bedeutendere. Sie ist der Motor für unsere auf Leistung ausgerichtete Gesellschaft. Ihr Botenstoff ist das Dopamin. Dopamin wird ausgeschüttet bei der Erwartung auf Erfolg. Diesem Belohnungssystem verdanken wir unsere angeborene Neugier, unsere stetige Suche nach Neuem, unseren Drang nach aktivem Bewirken und Gestalten. Abhängig vom Ergebnis der durch das Dopamin angestoßenen Handlung, wird es auf zwei unterschiedliche Wege abgebaut. Bei Erfolg wird es zu Morphium, bei Misserfolg zu den beiden Akutstresshormonen Noradrenalin und Adrenalin. Führt die Motivation nämlich nicht zum Ziel, entsteht irgendwann Stress. Seine Aufgabe besteht darin, unsere Reserven zu mobilisieren, um uns noch stärker anzutreiben. So lässt sich das angestrebte Ziel vielleicht doch noch erreichen. Misslingt das aber weiterhin, nimmt irgendwann der Stress überhand.

Anders bei Erfolg. Dann werden Motivation und Akutstress schlagartig nicht mehr gebraucht, und das verbliebene Dopamin wird eben in körpereigenes Morphium umgewandelt. Man hatte es lange geahnt, doch nicht wirklich für möglich gehalten. Jetzt aber ist es amtlich. 2004 gelang die kleine Sensation. Wissenschaftler unter der Leitung des inzwischen verstorbenen deutschen Chemikers und Biologen Meinhart Zenk konnten beweisen, dass waschechtes Morphium nicht nur in Pflanzen wie dem Schlafmohn gebildet wird, sondern tatsächlich auch in unseren eigenen Nervenzellen. Allerdings nur auf dem schweißtreibenden Weg über Motivation, Handlung und Erfolg.

Haben wir Erfolg, dann merken wir uns den Weg dorthin. Vor allem Dopamin steigert direkt die Lernfähigkeit im Gehirn. In vorfreudiger Erwartung nehmen wir aufmerksam alles in uns auf, und bei Erfolg genießen wir die Belohnung. Bei Misserfolg hingegen führt der Stress zum Abbau des Gelernten. Hauptmotor unseres Lernens ist damit nicht so sehr der Erfolg selbst, sondern mehr noch die Motivation. Wer neugierig ist, wird deshalb intelligenter. Wer es liebt, sich mit neuen Eindrücken zu umgeben, dessen Gehirn läuft zur Höchstform auf. Es wächst regelrecht mit seinen Aufgaben. So haben Forscher nachgewiesen, dass die Großhirnrinde junger Ratten um zehn Prozent an Gewicht und Volumen zunimmt, wenn die Tiere in einer Umgebung aufwachsen, die ihre Neugier anregt, mit Spielzeug, Bewegungsmöglichkeiten und aktiver Futtersuche.

Umgekehrt findet sich bei Heimkindern ein vermindertes Hirnwachstum gegenüber Kindern, die bei ihren Eltern groß werden. Das liegt sicher einerseits an den fehlenden stabilen Bindungen bei diesen Heimkindern. Ich zeigte schon, wie massiv gerade frühe Bindungen den Aufbau des Gehirns prägen. Doch andererseits dürfte die geringere Hirnmasse auch eine Folge fehlender Umweltanreize sein. Ohne Anforderungen und Förderung gibt es keinen Ansporn und keinen Erfolg. Nur dort, wo wir bunte Eindrücke erleben, mehr noch dort, wo wir eigenständig Aufgaben erledigen, uns alltäglich kleine und große Erfolgserlebnisse verschaffen können, blühen wir auf.

Wie eine Studie in Japan ergeben hat, können deshalb auch überkontrollierende Eltern, die ihren Kindern jede Pflicht abnehmen, das Wachstum der Gehirne ihrer Kinder beeinträchtigen. Von den psychischen Folgen einmal ganz abgesehen.

Motivation ist das Salz in der Suppe

Wie sehr wir neben guten Beziehungen auf aktives Bewirken für ein gesundes Lebensgefühl angewiesen sind, zeigt sich abermals bei unseren Jüngsten. Stellen wir uns vor, wir sind gerade einmal zwei Monate alt. Ich weiß, wir können uns nicht konkret daran erinnern, doch versuchen wir einmal, uns das auszumalen. Wir liegen in unserem Bettchen. Dann kommt jemand und bindet uns eine feine Schnur um unser Handgelenk. Der Clou: Wenn wir daran ziehen, erklingt eine lustige Melodie. Da andere kulturelle Eindrücke in diesem Alter noch rar sind, ist das eine richtige Freude.

Der New Yorker Kinderpsychologe Michael Lewis hat eine Reihe von Säuglingen mit diesem Spiel beglückt. Und die Kleinen zogen, was das Zeug hielt. Sie wurden Teil eines psychologischen Experiments. Trotz Ziehen geschah nichts mehr. Die Melodie blieb aus. Wenig überraschend waren sie daraufhin bald frustriert und missgelaunt. Anschließend wurde der Versuch ohne das Schnürchen am Handgelenk wiederholt. Es gab also Musik, oder es gab keine, ohne dass die Säuglinge das selbst beeinflussen konnten. Das Spannende daran: Während das Ausbleiben des passiven Musikgenusses erst ab einem Alter von vier Monaten frustrierte, waren bereits zwei Monate alte Säuglinge ärgerlich, wenn ihr Ziehen an der Schnur ohne die erwünschte Wirkung blieb. Damit ist eigenständiges Bewirken schon früher im Leben eine Quelle von Lust als passiver Genuss. Unser Belohnungssystem reagiert heftiger, wenn wir selbst etwas schaffen.

Auch an völlig anderer Stelle konnte bewiesen werden, wie sehr wir Menschen aktives Bewirken für unser psychisches Wohlbefinden brauchen, ja sogar, dass es lebensverlängernd sein kann. Ellen Langer, Psychologin an der Harvard University, hat sich auf die Folgen des Alterns spezialisiert. Einer ihrer Versuche bestand darin, dass sie Bewohner eines Altersheims mit liebevollem Nachdruck in die Pflicht nahm, einen Teil ihrer Tagesstruktur selbst zu gestalten und sich außerdem noch eigenverantwortlich um eine Pflanze zu kümmern. Selbst solch eine einfache Aufgabe führte dazu, dass die älteren Herrschaften sich deutlich wohler fühlten, seltener krank wurden und deshalb länger lebten als ihre weiterhin passiven Mitbewohner.

Motivation hält uns am Leben. In der Natur war sie ursprünglich sogar überlebenswichtig. Denn ohne die hirneigene Belohnung, die uns anspornt, etwas zu tun, lassen sich dort kaum die essenziellen Grundbedürfnisse befriedigen. Nur wer nach Futter sucht, wird satt. Nur wer frisches Wasser findet, verdurstet nicht. Immer wird dabei der Intellekt in den Dienst der Motivation gestellt, die ihrerseits dem Überleben dient, treibt das Gefühl an, und der Verstand folgt ihm.

Ein klassisches Beispiel dafür, wie sehr Motivation und Ausdauer für die Befriedigung der Grundbedürfnisse eines Menschen gefragt sein können, findet sich in dem südafrikanischen Tierfilmklassiker *Die lustige Welt der Tiere*. Er spielt in der Kalahari, wo – wie in allen Wüsten – zur Trockenzeit das Wasser äußerst knapp ist. Den ganzen Tag brennt die Sonne vom wolkenlosen Himmel herab. Wer dort lebt, der weiß, was Durst ist. So auch ein Buschmann. Er muss sich einiges einfallen lassen, um seinen Durst zu stillen. Als Erstes fängt er einen Pavian. Allein das ist eine Meisterleistung an vorausschauender Planung. Um das Tier zu ergreifen, bohrt er mit einem Stock ein Loch in einen Termitenhügel. Dann gibt er einige schmackhafte Maden in das Loch hinein und stellt sicher, dass der Pavian ihn dabei beobachtet. Die Öffnung des Lochs ist bewusst so eng gehalten, dass die geschlossene Faust des Affen darin hängen bleibt, wenn er nach den Maden greift. Es dauert nicht lange, und die Jagd hat Erfolg. Der ahnungslose Affe steckt fest. Obwohl der Buschmann sich ihm nähert, will der Pavian nicht auf die leckere Madenmahlzeit verzichten und hält seine Faust geschlossen. Daraufhin legt der Buschmann einen Strick um seinen Hals und bindet ihn an einen Baum. Der Affe schaut betreten, doch er erhält ein paar Salzbrocken. Allerdings macht das Salz durstig – und zwar sehr. Schließlich lässt der Buschmann den Pavian wieder frei. Schnurstracks rennt der daraufhin zu seiner geheimen Wasserstelle, einer Frischwasserquelle, die versteckt in einer Höhle liegt. Der Buschmann bleibt ihm auf den Fersen. Seine unkonventionelle Suche nach Wasser wird von Erfolg gekrönt.

Segen und Fluch des Dopamins, beide sind in dieser Filmsequenz wunderbar zu verfolgen. Der Buschmann wird angespornt zu einer außergewöhnlichen Leistung. Der Affe dagegen geht in die Falle seiner Motivation. Die Aussicht auf die leckeren Maden ist so verlockend, dass er es nicht schafft, sie loszulassen, als der Buschmann sich ihm nähert, um ihm den Strick umzulegen. Es geht ihm wie einem Drogenabhängigen. Er kommt nicht mehr los. Kein Wunder, dass die meisten Drogen am Dopaminsystem ansetzen. Sie aktivieren es künstlich und verschaffen uns so eine gute Stimmung, ohne dass wir etwas dafür tun müssen. Und dann schnappt irgendwann die Falle zu, und wir können nicht mehr ablassen von der Droge. Vor allem, wenn sich im restlichen Leben Frustrationen häufen, was oft die tragische Begleitmusik zu einem gesteigerten Drogenkonsum ist.

Das absolute Hoch im Flow

Zum Glück gibt es auch ohne Drogen eine Steigerungsstufe auf der Belohnungsskala. Wir alle kennen das: Wenn wir uns ganz auf eine Aufgabe konzentrieren, vergessen wir alles um uns herum. Ein aus Ungarn stammender Wissenschaftler gab diesem Phänomen seinen Namen: Flow. Der Name des Wissenschaftlers eignete sich nicht dafür, das Phänomen nach ihm zu benennen. Er heißt Mihály Csíkszentmihályi und lebt heute als emeritierter Professor für Psychologie in Chicago.

Was hat es mit dem Flow auf sich? Bei diesem Phänomen gehen die beiden Motivationssysteme, das schnelle, vom Dopamin gesteuerte und das langsame, vom Morphium beherrschte, ineinander über. Der motivierende Antrieb, also weiterzumachen und nicht mit der Tätigkeit aufzuhören, ist noch voll aktiv, während gleichzeitig schon der Erfolg gefeiert wird. Das fühlt sich fantastisch an. Aber nicht nur die Hirnchemie scheint dabei für den angenehmen Ausnahmezustand verantwortlich zu sein. Im Flow sind auch die elektrischen Erregungen im Gehirn in hohem Maße gleichgeschaltet, also kohärent. Die auf der psychischen Ebene von uns angestrebte Empfindung, dass etwas stimmig ist, findet hier eine neurobiologische Entsprechung. Kohärenz ist damit nicht nur ein psychologisches Bedürfnis, sondern lässt sich ebenso neurobiologisch nachweisen.

Eine deutsch-russische Kooperation zwischen der Hochschule für Künste in Bremen und dem Institut für Molekularbiologie und Biophysik der Russischen Akademie der Wissenschaften in Nowosibirsk brachte das an den Tag. Studienobjekte der Kooperation waren Musiker bei ihrer Arbeit. Während sie konzentriert übten, wurden ihre Hinströme gemessen. Und dabei fand sich ein hohes Maß an gleichförmigen Alphawellen als Ausdruck der Kohärenz. In diesem Zustand arbeiten die verschiedenen Regionen des Gehirns bestens aufeinander abgestimmt. Das Gehirn schwingt im Gleichtakt. Als Folge dieser optimalen Koordination steigen Kreativität, Leistungsfähigkeit, Konzentration und damit auch die Stimmung.

Da überrascht es nicht, dass Flow-Erlebnisse gut sind für Wohlbefinden und Gesundheit, selbst wenn der Weg dorthin eine Zeit lang anstrengend sein kann. Das richtige Maß ist dabei entscheidend, denn Unterforderung führt nicht zum Flow. Genauso wenig Überforderung, denn die bedeutet Stress.

4
Stress –
Wann wir ihn brauchen
und wann er uns verbraucht

Stress an sich ist Teil des Lebens. Alles, was uns zu einer Handlung drängt, löst ein Stück weit Stress aus. Am stärksten, wenn wir etwas als unangenehm wahrnehmen, als bedrohlich oder sonst wie als störend. Dann dient die Stressreaktion dazu, den unangenehmen Zustand so schnell wie möglich wieder loszuwerden. Gelingt das, ist der Stress bald vorbei und wird vom angenehmen Gefühl des Erfolgs abgelöst. Auch wenn wir uns anstrengen müssen, um an ein Ziel zu gelangen, entsteht Stress, wenngleich in beherrschbaren Grenzen. Es sei denn, wir schaffen es nicht, das Ziel zu erreichen. Dann baut sich langsam, aber merklich Frust auf. Und der bedeutet immer mehr Stress.

Stress, mal gut, mal nicht

Während die erste Stressstufe ja durch die Akutstresshormone Noradrenalin und Adrenalin gezündet wird, verdanken wir den länger anhaltenden, im Laufe der Zeit so richtig an die Substanz gehenden Stress dem Cortisol. Die Trennung zwischen gutem und schlechtem Stress ist dabei allein eine Frage der Dosis. Ganz so, wie es der Schweizer Arzt, Mystiker und Philosoph Paracelsus schon 1538 formulierte: »Alle Dinge sind Gift, und nichts ist ohne Gift; allein die Dosis macht es, dass ein Ding kein Gift sei.« Nicht Stress an sich, sondern zu viel Stress ist also ungesund.

Weil seine Aufgabe darin besteht, in einer Ausnahmesituation unsere Reserven zu mobilisieren, bleiben im Stress alle anderen Körperfunktionen mehr oder weniger auf der Strecke. Alles ist darauf ausgerichtet, die Krise zu meistern, die für den Stress verantwortlich ist. Der Blutdruck steigt. Aus den Depots des Körpers werden Energiereserven freigesetzt, um Blutzucker für den schnellen Verbrauch bereitzustellen. Erst schmilzt das Fettgewebe, dann schmelzen auch die Muskeln dahin. Für Schlaf ist keine Zeit. Die Körperanspannung nimmt zu. Die Aufmerksamkeit ist eingeengt. Alles, was uns sonst beschäftigt, tritt in den Hintergrund. Etwa die Lust, weil eben bei Kampf oder Flucht keine Zeit für die Vermehrung bleibt. Auch das Immunsystem wird gehemmt, verharrt in einer Warteposition für ruhigere Zeiten. Deshalb nimmt im Stress die Anfälligkeit für Krankheiten deutlich zu.

Was im Moment hilfreich für das Überleben ist, wird problematisch, wenn es länger dauert als für eine akute Krisenbewältigung vorgesehen. Oder wenn der Stress zu viel wird. Dauerstress und Extremstress verhindern, dass der Körper sich erholen kann. Die normalen Reparaturprozesse fallen aus. Dadurch kommt es zu einer erhöhten Anfälligkeit für Krankheiten und letztlich zu einer vorzeitigen Alterung. Vielleicht haben Sie schon einmal gesehen, wie ein Mensch durch einen psychischen Schock innerhalb kürzester Zeit ergraute. Auch viele Krankheiten, die durch übermäßigen Stress entstehen, sind typische Alterskrankheiten: Bluthochdruck, Arteriosklerose, Herzinfarkt. Dazu kommen schmerzhafte Verspannungen, Verdauungsprobleme, Magengeschwüre und sexuelle Störungen.

Schließlich wird das Gehirn selbst geschädigt durch übermäßigen Stress. Denn in hoher Dosis führt Cortisol zum Abbau von Hirnstruktur. Bestehende Vernetzungen werden aufgelöst, und zugleich wird die Speicherungsfähigkeit von Informationen im Gehirn beeinträchtigt. Das ist vom Prinzip her durchaus sinnvoll. Verhalten, das sich nicht bewährt, kann auf diese Weise gelöscht werden beziehungsweise wird erst gar nicht gelernt. Doch betreffen die Beeinträchtigungen weitaus mehr. Vor allem das Erkennen und das Verstehen von Gefühlen werden durch Extremstress gerade bei psychischen Traumen dauerhaft gestört. Gleichzeitig kommt es zu Gedächtnisausfällen. So finden sich bei Opfern von psychischen Traumen zwar die dazugehörenden Gefühle, das Ereignis selbst aber haben sie oft komplett vergessen.

Der Botenstoff des Erfolgs

Chronischer Stress im Übermaß oder eine erhöhte Stressempfindlichkeit sind die Ursache für Depressionen. Das habe ich bereits erwähnt. Depressionen sind also Stresserkrankungen, und inzwischen wird immer deutlicher, wie genau sie zustande kommen. Doch beginnen möchte ich damit, wie Depressionen *nicht* entstehen, trotz anderweitiger Behauptung.

Serotonin ist ein Botenstoff, der bei Depressionen in unserem Gehirn herabgesetzt ist. Aus dieser wissenschaftlichen Beobachtung wurde abgeleitet, dass der Mangel an Serotonin die Ursache für Depressionen sein müsse. Manche Psychiater vertreten deshalb die Meinung, dass es sich bei dieser Krankheit um eine reine Stoffwechselstörung handele. So wie man beim Diabetes die fehlende Insulinproduktion im Körper durch regelmäßiges Spritzen ausgleicht, müsse man bei Depressionen am besten ein Leben lang künstlich den Serotoninspiegel anheben. Da Schokolade zwar reich an Serotonin, in hohen Dosen genossen jedoch auf Dauer nicht sehr gesundheitsförderlich ist, empfehlen und verschreiben sie Antidepressiva, die den Serotoninspiegel im Gehirn steigern. Die Pharmafirmen freut es, und mancher fragt sich, ob die Behauptungen jener Psychiater so ganz unabhängig von der Freude dieser Konzerne zustande kommen.

Inzwischen sind viele Psychiater zurückhaltender mit ihren Verschreibungen geworden. Mit der Folge, dass die Werbekampagnen der Pharmaindustrie sich nun vor allem an Allgemeinärzte und an die verzweifelten Kranken selbst richten, denen verständlicherweise jede Hoffnung recht ist. Bei näherer Betrachtung lässt sich die Serotoninhypothese nämlich nicht mehr halten.

Serotonin ist in der Natur der Botenstoff des Erfolgs. Das wurde an Flusskrebsen erforscht. Schon bei diesen sehr einfach gebauten Tieren, die noch nicht einmal über ein strukturiertes Gehirn verfügen, ist Serotonin an der Verhaltenssteuerung beteiligt. Wenn zwei männliche Flusskrebse aufeinandertreffen, streiten sie um das Revier. So lange, bis der eine gewinnt und der andere verliert. Bei dem Gewinner wird daraufhin vermehrt Serotonin gebildet, das von nun an sein Verhalten beherrscht. Er wird zum Siegertyp. Der Unterlegene dagegen bekommt keinen Serotoninschub und bleibt auch in Zukunft ein Verlierer. Denn von nun an verfallen beide, wenn sie auf einen neuen Rivalen treffen, ganz automatisch, ohne Kampf, in die einmal erlernten Posen. Der Sieger dominiert, der Verlierer unterwirft sich. Treffen zwei Sieger- oder Verlierertypen aufeinander, beginnt das Spiel von vorne.

Serotonin steuert also das Dominanzverhalten. Das konnte nicht nur bei den Krebstieren bewiesen werden, sondern ebenso bei unseren nächsten Verwandten, den Schimpansen. Auch bei ihnen haben Alphatiere konstant mehr Serotonin im Blut als ihre Artgenossen, die niedriger in der Hierarchie stehen. Wäre ein Serotoninmangel die Ursache von Depressionen, müssten alle Tiere, die nicht an der Spitze der Horde stehen, depressiv sein. Nur permanenter Erfolg würde vor Depressionen schützen, und auch wir Menschen wären von der Biologie verdammt zur totalen Leistungsgesellschaft.

Aber keine Sorge. Das ist nicht der Fall. Exkremente von Affen haben es an den Tag gebracht. Im Kot der Tiere lässt sich nämlich der Stresshormonlevel seiner Produzenten bestimmen. Bei diesen Untersuchungen zeigte sich, dass der bei Alphatieren ziemlich hoch liegt, was durchaus verständlich ist. Andauernd müssen sie auf der Hut sein, um ihre Stellung halten zu können. Aber auch bei den Tieren, die ganz unten in der Hierarchie stehen und von allen gemobbt werden, finden sich Hinweise auf Dauerstress. Den geringsten Stress haben die sogenannten Betatiere. In der Mitte ihrer Gesellschaft sind sie weder einem permanenten Leistungsdruck ausgesetzt, noch werden sie ständig schlecht behandelt. Eindeutig zeigt sich hier, dass nicht Dominanz das Geheimnis eines gesunden Stresslevels ist, sondern ein geschickter Umgang mit den eigenen Ressourcen.

Doch wie hängen nun Stress, Depression und Serotonin zusammen? Denn dass hier ein Zusammenhang besteht, wurde ja bewiesen. Der irische Neuropharmakologe Brian Leonard hat Licht ins Dunkel gebracht. Er hat herausgefunden, dass durch Dauerstress Serotonin stärker abgebaut wird als sonst üblich. Eine zusätzlich in Gang gebrachte chemische Reaktion ist dafür verantwortlich. Wenn übermäßiger Stress in eine Depression mündet, sinkt gleichzeitig wegen dieser chemischen Reaktion der Serotoninspiegel. Der Serotoninmangel ist somit nicht die

Ursache, sondern eine Begleiterscheinung von Depressionen. Beide sind die Folge von zu viel Stress.

Aber weshalb und wie wirken dann Antidepressiva? Offenbar hat das vor allem mit dem Placeboeffekt zu tun. Das legt nicht nur eine jüngst veröffentlichte Metanalyse des britischen Psychologen Irving Kirsch von der Harvard Medical School nahe. Und doch beeinflussen Antidepressiva ein Stück weit selbst die Stimmung. Allerdings nur indirekt, wahrscheinlich, indem sie mit dem Serotoninspiegel das Dominanzgefühl steigern. Erfolg fühlt sich gut an. Das kann eine Eigendynamik zur Folge haben, wenn die Dominanz zu mehr Erfolg führt. Wie bei dem Flusskrebs, der ohne Kampf sein Revier verteidigt. Dieser Effekt ist jedoch zeitlich begrenzt, er verpufft, wenn die eigentlichen Ursachen für eine Depression nicht beseitigt werden. Und die bestehen immer in einem Übermaß an Stress, der sowohl von außen als auch von innen, zum Beispiel durch ungelöste Konflikte, kommen kann.

Weil Cortisol das Immunsystem vorübergehend hemmt, fallen im Stress die sonst üblichen und dringend erforderlichen Reparaturprozesse aus. Im ganzen Körper und damit auch im Gehirn. Vermehrt treten Zellschädigungen und Entzündungen auf. Außerdem bilden sich im Stress durch den zusätzlich ausgelösten Abbauweg von Serotonin Substanzen, die direkt Nervenzellen schädigen, also wie ein Nervengift wirken. Beides, der Mangel an Reparaturen und die Giftstoffe, greifen das Gehirn an. Dauerhafte Schäden sind die Folge. Aus diesem Grund sind Depressionen nicht nur akut eine Qual, sondern sie erhöhen langfristig das Risiko dafür, im Alter an einer Demenz zu erkranken.

Stress, Stress und kein Ausweg?

Die Zahl der an Demenz Erkrankten steigt, allein schon, weil die Lebenserwartung zunimmt. Kommt dazu das gesteigerte Demenzrisiko durch eine drastische Zunahme an Depressionen, ist zu erahnen, was uns in naher Zukunft erwarten könnte. Aber müssen wir unweigerlich durch immer mehr Stress immer depressiver werden? Sind wir gut beraten, wenn wir unsere psychische Gesundheit auf dem Altar von Leistung und Konsum opfern? Frei nach der Devise des dem deutschen Naturforscher und Weltreisenden Alexander von Humboldt zugeschriebenen Zitats: »Man gibt Geld aus, das man nicht hat, um damit Dinge zu kaufen, die man nicht braucht, um damit Leute zu beeindrucken, die man nicht leiden kann.«

Die Antwort liegt in der Frage selbst. Statt in unserer Lebensplanung Getriebene zu sein, verführt von der bunten Werbemaschinerie, verängstigt angesichts eines denkbaren Zusammenbruchs der Rentenkassen, sollten wir – so weit wie möglich – unsere Zukunft selbst in die Hand nehmen. Anstatt uns diktieren zu lassen, was wir vermeintlich alles brauchen, sollten wir aktiv selbst entscheiden, wie wir unsere Zeit und unser Geld in unserem Leben einsetzen wollen. Eine solche Eigenständigkeit bedeutet zwar einen zusätzlichen Aufwand. Doch der lohnt sich, denn Selbstbestimmtheit gibt Raum für eigenständiges Bewirken. Und das wiederum beflügelt schließlich das Belohnungssystem in unserem Gehirn.

Dreh- und Angelpunkt einer solchen bewussten Lebensplanung muss ein gesunder Umgang mit Stress sein. Wie lässt er sich begrenzen, wenn er zu viel wird? Wie können wir für Ausgleich sorgen, wenn der Stress sich nicht vermeiden lässt? Und genau hier schließt sich der Kreis. Denn diese Fragen bringen uns zurück zu der Macht der Bindung. Schließlich ist Oxytocin der entscheidende Gegenspieler von Cortisol. Deshalb sind gute Beziehungen das beste Mittel gegen übermäßigen Stress. Vor allem, wenn wir früh gelernt haben, uns in guten Beziehungen gehalten zu fühlen. Aber nutzen wir dieses Potenzial auch in unserem Alltag?

So weit zu uns selbst.

Doch blicken wir ruhig weiter. Wenn wir das Puzzle aus Ursachen und Folgen von Stress und seinen Gegenspielern vor uns auf dem Tisch ausbreiten, was für ein Bild entsteht dann von der Zukunft unserer Kinder? Wie wird ihre Zukunft aussehen, wenn sie, statt in den ersten beiden Lebensjahren eine sichere Bindung aufbauen zu können, erst in der Kita und dann vor dem Fernseher sitzen? Wie sollen sie sich in dem weiter zunehmenden Leistungsdruck in Bildungssystemen und Arbeitsmarkt behaupten, wenn schon derart früh ihre Stresstoleranz beeinträchtigt wird?

Unweigerlich stellt sich da die Frage nach dem Warum. Was gewinnen wir, wenn wir so weitermachen? Und wollen wir das wirklich? Bislang werden diese Überlegungen allenfalls am Rande des politischen Spektrums angestellt – und das vorwiegend aus durchsichtigen Motiven. Das ist bedauerlich und liegt mir fern. Wie kommt es, dass die meisten von uns gefangen sind in den Mühlen des Alltags und ständig so weitermachen, während die besten Jahre ihres Lebens ins Land ziehen? Selbst wenn sie anders könnten.

5
Kohärenz –
Was stimmt, das stimmt, oder eben nicht

Wahrscheinlich liegt die eigentliche Ursache für unseren ungesunden Umgang mit Stress in der Selbstverstärkungstendenz unseres Denkens. Beharrlich entsteht in unserem Gehirn Kohärenz, wenn wir vertrauten Mustern treu bleiben. Was wir als Gesellschaft bislang so gemacht haben, behalten wir deshalb bei, solange es unser Überleben nicht massiv behindert. Allenfalls versuchen wir dabei stets besser zu werden, denn das stimuliert unser Belohnungssystem. Die Macht der Gewohnheit befriedigt unser Bedürfnis nach Stimmigkeit und mischt sich mit dem Streben nach mehr. Wir kennen uns aus, und es gibt kleine Erfolgserlebnisse, die uns bei Laune halten.

Bewusst habe ich nicht die Frage nach dem Sinn unserer Lebensweise gestellt. Denn es geht um die Nützlichkeit. Um die Frage: Was bringt es uns, wenn wir so weitermachen?

Die Sinnfrage

Ein Sinn ist immer eine komplexe Konstruktion unseres Verstands. Ein Sinn kann daher gar nicht der unmittelbare Beweggrund für unser Verhalten sein. Denn das entsteht ja aus Impulsen, die von den unbewussten Strukturen unseres limbischen Systems stammen. Jeder Sinn wird deshalb als bewusste Erklärung dafür geschaffen, die unbewusst angestoßenen Impulse im Nachhinein zu rechtfertigen. Diese Erklärungen können durchaus gewagt sein. Hauptsache ist jedoch, sie fühlen sich stimmig an. Mithilfe von Sinn werden Zusammenhänge hergestellt: Das macht Sinn, weil … Und wir lieben Zusammenhänge, weil unser Gehirn uns für die dadurch entstehenden Erregungsmuster belohnt. Für die Kohärenz. Das erklärt, warum wir bestrebt sind, überall Zusammenhänge zu sehen. Selbst dort, wo in Wirklichkeit gar keine sind. Der Wunsch ist dann der Vater des Gedankens. Und ein Sinn, vor allem ein höherer, ist bestens dazu geeignet, selbst extremes Verhalten zu rechtfertigen und als stimmig zu erleben.

Unsere Suche nach Stimmigkeit und nach Sinn erklärt sich aus unserem Bestreben, uns in unserer Umwelt zurechtzufinden. Denn in der Welt, in der wir leben, ist es hilfreich, sich auszukennen. Zu verstehen, warum etwas so ist, wie es ist, verbessert die Überlebenschancen in der Natur und erleichtert auch außerhalb von Dschungel und Savanne das Leben. Weil das so ist, mögen wir Zufall nicht. Dort, wo der Zufall regiert, haben wir keinen Einfluss, und das macht uns Angst.

Der Verstand, die Antwort auf das Warum, ist eine entscheidende Stärke unseres menschlichen Geistes. Kinder spüren das intuitiv. Sobald sie genug sprechen können, fragen sie pausenlos: »Warum?« Finden sie keine Antwort, basteln sie sich selbst wunderbare Erklärungen zusammen. Und die können sich durchaus lange in ihrem Denken halten. Beim einzelnen Kind, aber genauso in Kulturen. Als Aberglauben, als absolute Gewissheiten.

Sinn erschaffen wir also aus dem Bedürfnis heraus, uns auszukennen. Das macht ihn gelegentlich zum Segen, oft auch zum Fluch. Sinn stellen wir dort her, wo wir ihn brauchen, um etwas als stimmig zu empfinden. Selbst wenn er Unsinn ist, kann ein selbst erklärter Sinn hilfreich sein. Etwa um in einer ansonsten ausweglosen Situation durchzuhalten. Nicht umsonst hat der Begründer der Sinn-Therapie, der Wiener Viktor Frankl, seine Form der Psychotherapie als Folge seiner furchtbaren Erlebnisse in einem Konzentrationslager entwickelt. In so einem Umfeld kann ein Sinn helfen, um zu überleben. Oder in seinen Worten: »Wer um einen Sinn seines Lebens weiß, dem verhilft dieses Bewusstsein mehr als alles andere dazu, äußere Schwierigkeiten und innere Beschwerden zu überwinden.«

Doch ein Sinn kann auch zum Fluch werden, wenn er verhindert, dass Lebensumstände geändert werden, wo sie geändert werden könnten, mit der Folge, dass Chancen auf Änderung vertan werden. Ungewollt kann der Sinn dann zu einer der vielen Ausreden werden, mit denen wir uns häufig durchs Leben schlängeln. Der höhere Sinn ist es wert, dass wir uns für ihn opfern. Oder: Weil das Leben keinen Sinn macht, gebe ich mir keine Mühe, es zu gestalten.

Sinn hat keine objektive Gültigkeit. Er stellt eine individuelle Konstruktion der Psyche dar, die dem Gehirn zu dem als angenehm erlebten Zustand der Kohärenz verhilft. Solange uns die Erklärung stimmig erscheint, fühlen wir uns gut damit.

Über den Aha-Effekt zum Genuss

Stimmigkeit erreichen wir jedoch nicht nur durch passende Erkenntnisse oder ersatzweise durch Sinnstiftung. Eine weitere wesentliche Quelle für die angenehme Gleichschaltung der Erregungsmuster in unserem Gehirn sind die Signale, die wir über die limbische Resonanz von anderen empfangen. Von Natur aus suchen wir daher ein Leben lang nach guten Beziehungen, in denen wir über die limbische Resonanz Kohärenz spüren können.

Und schließlich haben wir Menschen uns ganz eigene Bereiche geschaffen, in denen wir Kohärenz erleben können. Insbesondere gilt das für die Kunst. Letztlich ist unser gesamtes kulturelles Erbe unbewusst durchzogen von unserem Streben nach Kohärenz. Die neurobiologisch älteste Form von Kunst dürfte dabei die Musik sein. Schon das Ungeborene kann hören, und es reagiert nicht nur unmittelbar auf den Herzschlag der Mutter, sondern auch auf Musik. Ein Neugeborenes erkennt Melodien wieder, die es im Mutterbauch gehört hat. Musik erleben wir direkt über den Körper und daher besonders intensiv. Beim Mitschwingen im musikalischen Rhythmus laufen Hörerlebnis und Körpersteuerung parallel. Wieder entsteht Kohärenz.

Auch der Genuss von Kunstwerken lebt von der Kohärenz. Wir empfinden intuitiv Schönheit, wenn unsere Bedürfnisse nach Harmonie, Symmetrie und Proportion gestillt werden oder wenn wir etwas wiedererkennen, wenn Erinnerungen an vertraute, angenehme Zustände in uns geweckt werden. Durch Inhalte, aber genauso durch Formen und Farben. Oft erst bei genauerem Nachdenken können wir den Grund dafür entschlüsseln. Immer findet sich ein Bezug zu früheren Erfahrungen. Weil unser Vorwissen beeinflusst, was wir mögen, ist in der zeitgenössischen Kunst oft ein Herantasten nötig. Denn nicht selten ist der erste Eindruck verstörend. Es entsteht Dissonanz, die sich erst bei näherer Betrachtung und Einordnung mithilfe von zusätzlicher Information zur Kohärenz wandelt. Erst mit dem Umweg über einen Aha-Effekt wird so die Kunst zum psychisch empfundenen Genuss.

Wie Stadtpläne und Coca-Cola den Weg in unser Gehirn finden

Unser Streben nach Kohärenz lässt erkennen, wie sehr wir permanent im Wechselspiel mit unserer Umwelt stehen. Wir überleben, indem wir uns mithilfe unseres Gehirns an die Umwelt anpassen. Mehr als jede andere Tierart. Haben wir dabei Erfolg, entsteht Kohärenz. Zielvorgabe und erreichtes Ziel stehen im Einklang. Dafür belohnt uns unser Gehirn.

Waren Sie schon einmal in London? Mit über acht Millionen Einwohnern ist die Stadt riesig. An die 60 000 Straßen hat sie und dazu etwa 100 000 Orte, die irgendwie von Bedeutung sind. All das muss ein Londoner Taxifahrer lernen. Neurowissenschaftler konnten beweisen, wie dieser Lernprozess in seinem Gehirn erkennbare Wirkung zeigt. Sie schickten eine Reihe von Bewerbern für eine Londoner Taxilizenz in einen Hirnscanner. Einmal, bevor sie mit dem Lernen für die erforderliche Prüfung begonnen hatten, und dann nochmals nach Abschluss der Prüfung. Es zeigte sich, wie durch das Lernen die für Orientierungsorte zuständige Region in ihrem Gehirn wuchs. Rückblickend betrachtet, hätten die Scans sogar einen Schluss darauf zugelassen, ob ein Bewerber die Prüfung bestehen würde. Wer erkennbar zu wenig gelernt hatte, fiel nämlich durch, mangels Masse. Vielleicht kann man so in Zukunft den Prüflingen den Stress der Prüfung ersparen. Ein Blick in den Scanner genügt.

Wenn wir mittlerweile beobachten können, wie sich unsere Hirnstruktur unter gezieltem Training aufbaut, drängt sich immer mehr die Frage auf, ob und was wir dabei wie beeinflussen können. Eine solche gezielte Einflussnahme wird von der Werbung schon lange versucht, doch sollten wir ihr nicht das Feld überlassen.

Bereits in den Fünfzigerjahren landete der US-amerikanische Journalist Vance Packard einen Bestseller, *Die geheimen Verführer*, in dem er über unbewusst wirksame Methoden der Werbeindustrie berichtete und damit erfolgreich die heimlichen Ängste seiner Leser bediente. Im Rahmen einer wissenschaftlichen Studie, so Packard, seien während eines Kinospielfilms kurze Werbeschaltungen eingeblendet worden wie »Esst Popcorn!« oder »Trinkt Coca-Cola!« Die Bilder seien nur für weniger als drei Millisekunden und damit unterhalb der bewussten Wahrnehmungsschwelle sichtbar gewesen. Nach dem Film aber hätten die Zuschauer signifikant mehr Popcorn und Coca-Cola gekauft als ohne die verdeckt eingeschaltete Werbung.

Der Aufschrei war groß. Allerdings stellte sich später heraus, dass die Studie nie stattgefunden hatte. Die Geschichte war nichts weiter als ein Werbegag eines Werbefachmanns, der Neukunden für seine Werbeagentur gewinnen wollte. Dennoch gibt es inzwischen Hinweise darauf, dass eine unbewusst wahrgenommene, eine subliminale Werbung durchaus wirksam sein kann. Und zwar dann, wenn sie auf aktuelle Bedürfnisse der Beworbenen trifft. Wer Durst hat, wird sich nach einer Getränkewerbung eher für das beworbene Getränk entscheiden als für ein anderes. Das ist nachgewiesen – und sicher wieder einmal nur die Spitze des Eisbergs.

Da verwundert es nicht, wenn heutzutage in Filmen und Fernsehserien überall Produkte platziert werden, die die Filmhelden völlig selbstverständlich in ihrem Alltag gebrauchen. Unwillkürlich verbinden wir die präsentierten Marken mit der Welt der Sympathieträger. Es entsteht ein Gewöhnungseffekt. Autos, Laptops, Kleidung, Nahrungsmittel, Getränke – alles wird uns präsentiert und prägt sich in unserem Unbewussten ein. Und taucht dann der Wunsch nach einem entsprechenden Produkt in uns auf, verspüren wir den Drang, dort zuzugreifen, wo es uns vertraut erscheint.

Unbewusste Verwandlung der Persönlichkeit

Selbst unbewusst in uns ausgelöste Stimmungen beeinflussen unser Verhalten. Man nennt das Priming. Das funktioniert in unterschiedlichsten Bereichen. Jugendliche, die eine Liste von Wörtern zu lesen bekamen, die irgendwie mit dem fortgeschrittenen Lebensalter zu tun hatten, wie »schwerhörig«, »Schmerzen«, »geschwächt«, »behindert«, »Hautfalten« oder »Bridge«, legten den Weg zu einem Gedächtnistest im Nebengebäude deutlich langsamer zurück als ihre Vergleichspersonen. Außerdem schnitten sie anschließend im Gedächtnistest selbst auffallend schlechter ab.

Diesen Effekt habe ich an mir selbst beobachten können, als ich während meiner Ausbildung zum Facharzt Patienten mit Demenz begutachten musste. Während ich ihnen gegenüber saß, vergaß ich oft einen Teil der Gedächtnisfragen, die ich ihnen zu stellen hatte. Nur indem ich mich bewusst konzentrierte oder einen Spickzettel zu Hilfe nahm, entkam ich dem Sog des Vergessens. Natürlich ging es dabei nicht nur um einen Priming-Effekt. Denn einen wesentlichen Teil meiner plötzlichen Vergesslichkeit verdankte ich sicher auch der Macht der Spiegelzellen. Unwillkürlich stimmten sich meine eigenen Spiegelzellen auf die meines Gegenübers ein.

Aber Priming kann auch vollkommen andere Auslöser haben. Wer eine warme Tasse Kaffee in Händen hält und kein kaltes Getränk, schätzt Menschen nachweislich als warmherziger ein. Wer auf einem Chefsessel sitzt, lässt andere Meinungen weniger gelten. Und wer ein weiches Sitzkissen hat, ist kompromissbereiter in Verhandlungen. Sogar unsere Hormone lassen sich durch Priming beeinflussen. So führt etwa eine bewusst eingenommene, betont dominante Körperhaltung zum Anstieg des Testosteronwerts im Blut.

Priming wirkt also keineswegs nur auf unsere Konsumvorlieben ein. Unser gesamtes Verhalten lässt sich dadurch beeinflussen, selbst unser soziales Miteinander und sogar unser Selbstwertgefühl. Verstärkt durch das Spiegelzellsystem kann auf diese Weise ein Wandel in der Persönlichkeit angestoßen werden. Gezielt und gewollt in der Psychotherapie. Aber genauso auch mit fatalen Folgen in jeder anderen engen Beziehung. Ein Partner, der uns andauernd unterstellt, wir seien vergesslich, treibt uns auf Dauer geradezu hinein in den geistigen Abbau. Vom Zuschieben aggressiver Stimmungen, das ja in Sekundenbruchteilen erfolgreich gelingen kann, ganz zu schweigen.

Sogar gesellschaftliche Klischees entfalten ihre wundersame Wirkung über Priming und führen auf diese Weise zur Selbstbestätigung. Frauen, die vor einem Mathematiktest ihr Geschlecht ankreuzen mussten, zeigten eine um 30 Prozent schlechtere Leistung als ihre Mitstreiterinnen, die zuvor nicht an ihr Geschlecht erinnert worden waren. Ähnlich erging es schwarzen US-Amerikanern, die einen Intelligenztest absolvieren sollten. War ihnen gar nicht bewusst, worum es in dem Test ging, schnitten sie markant besser ab, als wenn ihnen gesagt wurde, dass ihre Intelligenz auf dem Prüfstein stand. Ob sich das seit der Präsidentschaft Barack Obamas geändert hat?

All diese Beispiele lassen erahnen, wie sehr neurowissenschaftliche Erkenntnisse zu selbsterfüllenden Prophezeiungen werden können, wenn nicht sorgsam mit ihnen umgegangen wird. Die Werbemaschinerie für Psychopharmaka macht uns das immer wieder erfolgreich vor, weil unser Gesundheitssystem die Pharmakonzerne dafür belohnt, dass sie so viele Tabletten wie möglich verkaufen. Aber auch in ganz anderen Bereichen zeigen wissenschaftliche Erkenntnisse ihre Wirkung selbst dann, wenn sie falsch sind. Wie die zeitweilig in Mode gekommene Behauptung mancher Hirnforscher, wir Menschen hätten keinen freien Willen. Richter verhängten nachweislich mildere Strafen, wenn sie davon überzeugt waren. Zum Glück hat sich das nie in kriminellen Kreisen herumgesprochen.

Pessimisten leben länger

Ein alter Bekannter aus der ärztlichen Tätigkeit wirkt wie das Priming tief im Unbewussten: der berühmte Placeboeffekt. Allein schon der Glauben an die Wirksamkeit eines Medikaments führt zu einer eindeutig nachweisbaren körperlichen Reaktion. Damit belegt der Placeboeffekt eindrucksvoll, wie wesentlich die Psyche den Körper beeinflusst. Er ist ein Paradebeispiel für die Steuerung von Gefühlen durch den Verstand, für eine Kontrolle des limbischen Systems durch das Großhirn. Die bewusste Überzeugung wirkt tief im Unbewussten, unabhängig davon, ob sie berechtigt ist oder nicht. Oft ist es gar nicht einfach, herauszufiltern, welcher Effekt von einer Substanz selbst ausgeht und welchen Anteil daran der Überzeugung und der Beziehung mit dem Arzt zu verdanken sind. Ganz besonders gilt das bei psychischen Krankheiten.

Nirgendwo ist das Prinzip Hoffnung so wirksam wie bei der Behandlung von Hoffnungslosigkeit. Deshalb ist in der Behandlung von Depressiven der Placeboeffekt besonders wichtig. Schätzungen gehen davon aus, dass mindestens die Hälfte der Wirksamkeit von Antidepressiva einzig ihm zu verdanken ist.

Doch wie lässt sich so etwas beweisen? Die Hirnforschung macht auch das inzwischen möglich. So konnte gezeigt werden, dass bei Patienten, die der Wirksamkeit eines Antidepressivums vertrauten, selbst wenn sie ein Placebo bekamen, eine deutliche Aktivierung in ihrem Stirnhirn festzustellen war, wodurch zugleich die Stressachse im limbischen System gehemmt wurde. Mit der Folge, dass sich die depressiven Symptome besserten. Wenig überraschend, denn, wir erinnern uns, Depression ist eine Stresserkrankung.

Ein geradezu skurriles Beispiel für den Placeboeffekt ist durch folgende Anekdote verbürgt, die mir Joachim Bauer bei einem Kaffee am Freiburger Münsterplatz enthüllte: Der Teilnehmer an einer Studie zur Wirksamkeit von Antidepressiva beging mit einer Überdosis Tabletten einen Selbstmordversuch. Er landete mit einem Kreislaufzusammenbruch in der Notaufnahme eines Krankenhauses, wo man ihn stabilisieren konnte. Was er nicht gewusst hatte: Er gehörte zur Kontrollgruppe der Studie. Er hatte ausschließlich Placebos bekommen. Trotzdem wäre er fast gestorben.

Einen Einfluss des Bewusstseins auf das Unbewusste, also eine Steuerung des limbischen Systems durch das Großhirn, bezeichnet man, ich erwähnte es schon, als Top-down-Kontrolle. Hier setzt die Macht der Erkenntnis an. Wenn ich mich selbst in meinen Reaktionen gut auskenne, wenn ich weiß, wie ich bin und warum ich so bin, kann ich meine Impulse besser steuern. Achtsamkeitsübungen und Erkenntnisgewinn in der Psychotherapie entfalten genau auf diese Weise ihre Wirkung.

Das Großhirn kann sogar noch wesentlich mehr, es kann die körpereigene Produktion von Endorphinen und Morphium anregen. Mit gezieltem Denktraining lassen sich dadurch selbst körperliche Schmerzen lindern. Fakire in Indien, die über glühende Kohlen spazieren oder sich mit Pfeilen durchbohren, nutzen diesen Effekt seit Jahrhunderten.

Aber genauso wie das Bewusste das Unbewusste kontrollieren kann, laufen Kontrollmechanismen auch in umgekehrter Richtung. Eine solche Bottom-up-Kontrolle zeigt sich am heftigsten bei Angst und Stress. Ein Mensch mit einer Phobie, einer eng umschriebenen panischen Angst, etwa vor Spinnen, Hunden, Fahrstühlen, Tunneln oder Plätzen, lässt sich selbst durch noch so nachvollziehbare logische Argumente nicht von seiner Angst abbringen. Das Gefühl ist in diesem Fall unweigerlich mächtiger als der Verstand. Und dafür gibt es eine einfache Erklärung.

Noch einmal zu Joseph LeDoux, dem Angstforscher aus New York. Er hat Hinweise darauf gefunden, dass die Vernetzungen zwischen dem Angstzentrum im limbischen System und dem Großhirn als übergeordnetem Steuerungszentrum bei den meisten Menschen nicht in beiden Richtungen gleich stark ausgebildet sind. Meist ist die Reizleitung vom Angstzentrum zum Großhirn, also von unten nach oben, weitaus massiver ausgeprägt als die umgekehrte Kontrolle. Kein Wunder also, dass die Angst häufig mächtiger ist als der Verstand. Das war in der Evolution durchaus von Vorteil. Wer im Zweifelsfall ängstlich war, hat angesichts der überall lauernden Gefahren eher überlebt. Selbst heutzutage gilt diese Regel noch. Menschen mit einem leichten Hang zum Pessimismus leben nachweislich länger als reine Optimisten. Wahrscheinlich, weil sie eher zum Arzt gehen, wenn sie ein Zipperlein spüren.

Vielleicht ist aber gar nicht die Evolution allein für die häufige Übermacht der Angst verantwortlich. Vielleicht liegt sie einfach daran, dass vielen von uns das wirksamste Mittel gegen Angst fehlt, eine frühe stabile sichere Bindung. Erst in jüngster Zeit wird schließlich anerkannt, wie sehr Säuglinge durch Einflüsse aus ihrer Umwelt geprägt werden, wie häufig sie psychischen Traumen vor allem durch frühe Trennungen ausgesetzt sind und wie wesentlich eine stabile Bindung für ihre gesunde Entwicklung ist. Frühe Traumen können nicht bewusst erinnert werden. Was von ihnen bleibt, ist das Gefühl der Angst. Selbst wenn später andere Erklärungen für eine plötzliche Angst gesucht und gefunden werden, liegt die Wurzel für deren Heftigkeit oft in den ganz frühen Erfahrungen.

Kein Kopf ohne Bauch

Fühlen und Denken sind untrennbar miteinander verbunden. Das Gefühl ist schneller, setzt den Impuls und kann bei Bedarf vom Verstand gesteuert werden. Ab einem gewissen Alter und sofern das gelernt wurde. Kommt es zu einem Konflikt zwischen Gefühl und Verstand, setzt sich, abhängig von der zur Verfügung stehenden Zeit und von den gesammelten bewussten und unbewussten Erfahrungen, eine von beiden Seiten durch.

Zwar lernen wir in unserer Kultur, dass der Verstand dem Gefühl überlegen ist. Doch weder verhalten wir uns so, noch stimmt das pauschal. Oft ist eine aus dem Bauch heraus getroffene Entscheidung sogar die bessere. Nicht nur in der eigenen Nachbetrachtung, sondern ebenso im wissenschaftlichen Versuch. Studienteilnehmer wurden gebeten, eine von verschiedenen Immobilien als Investition auszuwählen. Um die beste Wahl zu treffen, mussten sie diverse Fakten berücksichtigen. Insgesamt erforderte das eine recht komplexe Analyse. Wer von ihnen trotzdem am Schluss die Entscheidung aus dem Bauch heraus fällte, war objektiv deutlich erfolgreicher, als wer ausschließlich den harten Fakten vertraute. Meist sind es ganz simple Mechanismen, die unser Bauch intuitiv erfasst, während unser Verstand sie überhaupt nicht bemerkt.

Ein Freund von mir hat jahrelang im Ausland die Kreditvergabe einer Bank geleitet. Tausende Kredite hat er während dieser Zeit bewilligt. Nur zweimal lag er daneben, und der Kreditnehmer konnte nicht zurückzahlen. Keine seiner Entscheidungen traf dieser Bankfachmann aufgrund langwieriger Analysen. Vielmehr verließ er sich auf sein Bauchgefühl, wenn er im direkten Gespräch die Vertrauenswürdigkeit der Antragsteller überprüfte. Nicht nur war er erfolgreich damit, sondern zugleich ersparte er sich einen Berg an Arbeit, der letztlich nichts gebracht hätte.

In gleicher Weise vertraute Gerd Gigerenzer, Professor am Max-Planck-Institut für Bildungsforschung in Berlin, bei der Aktienanlage statt komplexer Analysen einem einzigen simplen Kriterium. Er kaufte nur Aktien von Firmen, die selbst noch dem völligen Laien auf der Straße bekannt waren, und schlug damit alle anderen Strategien. Das Vertrauen in das Wissen der anderen war wertvoller als komplizierte Berechnungen. Das Gefühl war effizienter als der Verstand.

Als wüssten die Aktienhändler um diesen Zusammenhang, beherrschen die Gefühle tagtäglich das Geschehen an der Börse. Mal steigen die Kurse, mal fallen sie. Die Stimmung der Händler entscheidet darüber. Die Gründe werden im Nachhinein geliefert und finden sich immer, für jedes Szenario. Und falls nicht, reicht als Begründung aus, dass man kaufen soll, wenn alle anderen verkaufen.

Weil es in unserem Unbewussten sitzt, haben wir den Eindruck, unser Bauchgefühl sei angeboren oder sonst wie naturgegeben. Aber das ist falsch. Wie unser Bewusstsein entwickelt sich ebenfalls unsere Intuition im Laufe unseres Lebens aus den Erfahrungen, die wir machen. Intuition ist also letztlich erlernt, wird auf der Grundlage des aus frühen Bindungen aufgebauten Urvertrauens von der Lebenserfahrung geformt. Dem Bauch geht es nicht anders als dem Kopf. Beide unterliegen denselben Regeln. Beide entstehen in konstantem Wechselspiel mit der Umwelt und werden von ihren Eindrücken gestaltet. Beide streben danach, sich ihre Erfahrungen bestätigen zu wollen und neigen aus diesem Grund zur Selbstverstärkung. Und beide wirken in allem immer zusammen.

6
Was das Leben mit uns macht und wir mit ihm

Wesentliche Grundlagen für die Entwicklung unseres Gehirns sind klar geworden. Der Aufbau seiner Struktur unterliegt unzähligen Einflüssen aus der Umgebung. Erst durch die permanente Wechselwirkung mit der Umwelt entsteht unsere Psyche. Abhängig vom Alter gibt es dabei für bestimmte Bereiche im Gehirn biologisch festgelegte sensible Phasen. Zugleich machen alle Menschen obligatorische Erfahrungen zur selben Zeit in ihrem Leben. Wir alle waren einmal im Mutterbauch und tragen die unbewusste Erinnerung daran in uns. Unser ganzes Leben lang teilen wir Erlebnisse mit anderen. Dabei gilt, dass ein geteilter Erfahrungsschatz uns Menschen verbindet. Je umfangreicher und je emotional intensiver unser gemeinsames Erleben ist, desto stärker verbindet es uns. Genau deshalb sind wir eingebunden in die Kultur, in der wir aufwachsen, fühlen wir uns in ihr zu Hause.

Die Kultur in uns

Was wir erleben, schlägt sich in unserer Hirnstruktur nieder. Ihr Aufbau wird deshalb keineswegs nur von biologischen Regeln bestimmt, sondern genauso von der Kultur, in der wir zu Hause sind. Kulturelles Wissen, weitergegeben von einer Generation an die nächste, wird auf diese Weise zu einem festen Bestandteil unseres Gehirns. Teils bewusst, teils unbewusst, bleibt es von Generation zu Generation erhalten. In unserem Gehirn

wird so Kultur zu Biologie. Und genau das ist der entscheidende Punkt, der uns Menschen zu Menschen macht. Nirgends
sonst in der Natur dominiert die weitergegebene Erfahrung,
dominiert die Kultur, das erlernte Wissen so weitreichend die
Hirnstruktur wie bei uns Menschen.

Faszinierend daran ist die Beobachtung, wie jedes Kind in
seiner psychischen Entwicklung ein Stück weit von Neuem die
Schritte nachvollzieht, die die Menschheit insgesamt zurückge-
legt hat. Nicht nur der aufrechte Gang, ebenso das bewusste
Erleben, die Fähigkeit, Gefühlsimpulse zu kontrollieren, das
Erkennen von Zeit und damit vom eigenen Tod, die Einsicht,
dass die meisten Ereignisse dem Zufall zu verdanken sind – all
das sind psychische Entwicklungsschritte, die das Kind auf
seinem Weg ins Erwachsenendasein durchlebt. Und die die
Menschheit insgesamt in der Geschichte ihrer geistigen Evolution bereits durchlebt hat.

Doch so wie jedes Kind sein eigenes Entwicklungstempo
besitzt, verlaufen auch die kulturellen Entwicklungen bei uns
Menschen unterschiedlich schnell. Noch heutzutage existieren
daher Gesellschaftsentwürfe, die von einer erwachsenen Selbst-
bestimmung durch eigenverantwortliche Mitglieder einer Gemeinschaft weit entfernt sind. Das Mittelalter als kulturelle
Entwicklungsstufe mit dem absoluten Diktat des Glaubens
herrscht noch in Teilen der Welt. Und selbst die Steinzeitkultur
hat in abgeschiedenen Gebieten überlebt. Auf der winzigen zu
Indien gehörenden North Sentinel Island, mitten im Indischen
Ozean gelegen, lebt ein Stamm, der bislang noch jeden Ein-
dringling verscheucht oder umgebracht hat. Wer dort strandet
oder zu landen versucht, wird mit einem Pfeilregen empfangen. Die spärlichen Informationen zur Lebensweise der Insula-
ner stammen von Beobachtungen aus der Luft.

In der Regel gibt die Entwicklungsstufe der Kultur, in der wir aufwachsen, vor, wie weit wir uns selbst entwickeln können. Doch selbst innerhalb einer Kultur sind nicht alle Menschen gleich, bleiben manche in Teilen ihrer psychischen Entwicklung immer ein Stück weit Kind. Zugleich gibt es andere, die in speziellen Bereichen ihrer Zeit voraus sind. Denken Sie an Leonardo da Vinci und an seine vielen futuristischen Erfindungen.

Wenn jeder Einzelne von uns die psychische Entwicklung seiner Kultur noch einmal durchläuft, hat das den Vorteil, dass mit jedem Beginn bislang nie da gewesene Anpassungen erfolgen können und damit Weiterentwicklung möglich wird. Allerdings nimmt das Zeit in Anspruch. Für die Informationsspeicher der künstlichen Intelligenz gilt das nicht. Was einmal im Internet steht, bleibt dort potenziell für alle Ewigkeit erhalten. Deshalb wird die künstliche, nichtbiologische Intelligenz uns in absehbarer Zeit überholen. Europäer und Amerikaner arbeiten bereits in getrennten Forschungsprojekten daran, die Tätigkeit unseres Gehirns in vernetzten Computern nachzuahmen. Angesichts der pausenlos steigenden Speicherkapazität dieser Maschinen ist es nur eine Frage der Zeit, bis das gelingen wird. Und wenig später wird die künstliche Intelligenz die begrenzten Möglichkeiten unserer individuellen Nervensysteme weit hinter sich lassen. Nur, was machen dann wir?

Doch bleiben wir beim Einzelnen. Aus der Sicht des Gehirns gleicht die individuelle Entwicklung, die jeden von uns erwartet, sofern er alt genug wird, einem Kreis, der am Schluss wieder dort mündet, wo er begonnen hat. Ich erwähnte bereits, dass ein Alzheimer-Patient, der im Endstadium seiner Krankheit alles bewusst Erlebte vergessen hat, weitgehend reglos in Embryonalstellung verharrt. Aufgrund des Abbauprozesses ist sein Gehirn am Endpunkt wieder dort angelangt, wo es vor der Geburt begonnen hatte, sich in und an der Welt zu entfalten.

Warum wir die rosarote Brille so lieben

Die Anfangsphase des psychischen Erlebens vor der Geburt verläuft bei allen Menschen weitgehend gleich. Jeder von uns ist am Anfang im Mutterleib gewesen. Jeder hat deshalb vergleichbare Eindrücke erlebt und in seiner psychischen Struktur gespeichert. Aus diesem Grund verfügt jeder Mensch über eine unbewusste Erinnerung an diese Zeit, über eine Ahnung vom Paradies, von einer allumfassenden Geborgenheit. Während die allerersten Eindrücke Zustandsempfindungen sind, werden die Wahrnehmungen mit der fortschreitenden Entwicklung der Sinnesorgane schon im Mutterbauch immer konkreter. Selbst solche ganz frühen Sinneseindrücke prägen sich dauerhaft tief in unserem Unbewussten ein. Das erste Licht, das wir sehen, fällt durch die Bauchwand der Mutter – und ist daher wegen der Durchblutung von Bauchwand und Gebärmutter rot.

Der katalanische Maler Salvador Dalì ist wegen seiner schillernden Persönlichkeit und wegen seines unverwechselbaren Stils bekannt. Um sich für seine Kunst inspirieren zu lassen, war er allen unbewussten Eindrücken gegenüber sehr aufgeschlossen. Freizügig beschrieb er, wie er sich die Erinnerungen an seine eigenen vorgeburtlichen Sinneseindrücke wachrufen konnte: »Es war göttlich. Es war ein Paradies. Das Paradies in der Gebärmutter hat die Farben des Höllenfeuers: rot, orange, gelb und bläulich. Es ist weich, unbeweglich, warm, symmetrisch, zweigliedrig und klebrig. Meine großartige Vision war die von zwei phosphoreszierenden Spiegeleiern. Ich muss nur die charakteristische Haltung eines Fetus, mit den Fäusten vor den geschlossenen Augen, einnehmen, und alles zieht wieder an mir vorbei.«

Was zunächst einmal fantastisch klingen mag, ist, wenn wir berücksichtigen, wie sich unser Gehirn aufbaut, ganz selbstverständlich. Vielleicht abgesehen von den zwei phosphoreszierenden Spiegeleiern. Solche frühen Eindrücke dürften der Grund dafür sein, dass eigentlich jeder von uns Sonnenauf- und Sonnenuntergänge oder auch den Blick in ein anheimelndes Kaminfeuer liebt. Zusammen mit der wohligen Wärme ist das intensive Rot unbewusst verknüpft mit dem allerersten Sehen während der so angenehm geborgenen Zeit in den frühen Lebenswochen.

Doch selbst im Mutterbauch sind wir nicht alle gleich. Schon hier ist die Welt ungerecht, herrscht keineswegs komplette Gleichbehandlung. Nicht nur, was die Versorgung mit Nahrung angeht. Oder mit Umweltgiften, abhängig davon, was das Ungeborene über die Nabelschnur von seiner Mutter erhält. Sondern auch psychisch. Vor allem massiver Stress, direkt erlebt etwa bei Abtreibungsversuchen oder bei Krankheiten oder indirekt über die Hormone der Mutter, hinterlässt bereits im jungen Gehirn deutliche und dauerhafte Spuren.

Auf diese vorgeburtlichen Stressfolgen hat sich Rachel Yehuda spezialisiert, Psychiaterin und Hirnforscherin an der Mount Sinai School of Medicine in New York. Ihr Vater war Rabbiner, und so war ihre Kindheit geprägt von der jüdischen Kultur und ihrer Geschichte. Yehuda erlebte, wie sehr die psychischen Folgen des Holocausts auch in der Kinder- und Enkelgeneration der Opfer noch nachwirken. Hierdurch angeregt, begann sie nach den neurobiologischen Hintergründen für die unbewusste Weitergabe von Traumen zu suchen. Und sie wurde fündig. Als am 11. September 2001 die Attentate auf das World Trade Center die Stadt New York erschütterten, waren Zigtausende Menschen zu Zeugen des Terrors geworden, und viele von ihnen litten als Folge einer überschießenden Stressreaktion an einer posttraumatischen Belastungsstörung. Yehuda konnte beweisen, wie die Kinder von Schwangeren, die die Attentate hautnah miterlebt hatten, nach der Geburt nachweislich stressempfindlicher waren als Kinder von Müttern, die keinem solchen Trauma ausgesetzt waren. Und sie fand die neurobiologische Erklärung dafür. Der mütterliche Stress während der Schwangerschaft wurde in der Epigenetik der Kinder gespeichert. Dadurch war deren Stressempfindlichkeit erhöht. Schon bei Geburt und dann ein Leben lang.

Traumen setzen sich also nicht nur im Verhalten fest, sondern sie beeinflussen auch epigenetische Faktoren und führen so zu langfristigen Folgen selbst über mehrere Generationen hinweg. So wie wir das schon bei den Nachkommen der ängstlichen Mäuseväter von Brian Dias gesehen haben. Die eigentlich hilfreiche Anpassungsleistung der Natur wird hier zur Bürde.

Doch Yehuda begnügte sich nicht damit, die Ursachen und Auswirkungen von Traumen zu dokumentieren. Sie suchte nach Lösungen aus dem fatalen Dilemma und fand sie bei schwer traumatisierten Soldaten. Es gelang ihr, den Nachweis zu erbringen, wie die epigenetischen Veränderungen des Stresssystems gezielt wieder rückgängig gemacht werden können: mithilfe von Psychotherapie.

Vorgeburtliche Einflüsse beschränken sich jedoch keineswegs auf heftige Ereignisse wie Traumen. Selbst der ganz normale Alltag der werdenden Mutter, vor allem die Kultur, in der sie lebt, prägt sich dem Ungeborenen ein. Etwa kann ein Fetus ja hören und erkennt die Stimme seiner Mutter. Der Klang der

Muttersprache ist ihm damit längst vertraut, wenn er das erste Mal in den Armen seiner Mutter liegt. Mit ein wenig Geschick lässt sich diese frühe Lernfähigkeit nutzen. Wenn eine werdende Mutter sich in den Wochen vor der Geburt regelmäßig eine bestimmte Melodie anhört, bei der sie sich entspannt, wird ihr Kind diese Musik kennen, wenn es geboren wird. Schreit es dann später, lässt es sich oft allein durch das Vorspielen der vertrauten Melodie wieder beruhigen. Weil es gelernt hat, dass zu dieser Musik die Entspannung dazugehört.

Kultur umfasst jedoch noch weit mehr als Worte und Musik. Auch was auf den Tisch kommt, wird von jedem Kulturkreis geformt. Nicht nur in Frankreich. Unsere späteren Geschmacksvorlieben werden bereits im Mutterleib geprägt. Geschmacksstoffe von der Nahrung, die die Mutter zu sich nimmt, gelangen bis hinein ins Fruchtwasser, das der Fetus trinkt. So landen sie automatisch in seinem Gehirn – und er lernt, was er später einmal schätzen wird. Schon vor dem Genuss von Muttermilch übt sich damit in ersten Schritten, wer später ein Gourmet werden will.

Die bunte Welt der Vernetzungen

Mit dem drastischen Wandel der Umwelt durch die Geburt beginnt im Gehirn eine schier unglaubliche Vernetzungsarbeit. Allein im ersten Lebensjahr bauen sich in jeder Sekunde (!) rund 1,8 Millionen neue Verbindungen zwischen seinen Nervenzellen auf. Alles, aber auch wirklich alles, was dem jungen Gehirn an Eindrücken begegnet, wird erst einmal aufgenommen. Und doch fehlt uns die bewusste Erinnerung an diese frühen Erfahrungen. Eben weil das Großhirn zu dieser Zeit noch nicht weit genug entwickelt ist, um ein Bewusstsein im eigentlichen Sinne zu erschaffen. Lange wurde aus diesem Fehlen bewusster früher Erinnerungen abgeleitet, dass wir aus dieser Zeit gar nichts im Gehirn speichern würden. Oder dass das Gespeicherte wieder vollständig gelöscht würde. Beides ist eindeutig falsch. Und doch hält sich diese Vorstellung noch hartnäckig, was kein Wunder ist, war sie schließlich selbst in Fachkreisen lange verbreitet. Ich erwähnte, dass selbst die einflussreiche American Medical Association erst 1988 anerkannt hat, dass Säuglinge Schmerzen empfinden können.

Im ersten Lebensjahr wird also alles Neue nur so aufgesogen. Erst wenn ein ganzer Grundstock an Informationen gesammelt wurde, beginnt im Gehirn das Sortieren und Differenzieren. Ab dem zweiten Lebensjahr endet deshalb der Prozess der massenhaften Vernetzung. Ab jetzt heißt es: Qualität geht vor Quantität. Was weiter brauchbar ist, wird behalten. Was nicht wichtig erscheint, wird abgebaut.

Entscheidend für diese Bewertung sind die Häufigkeit einer Erfahrung und die Intensität des begleitenden Gefühls. Jede Anwendung eines Denkmusters führt zugleich zu seiner Verstärkung, vor allem, wenn es als emotional wichtig erachtet wird. Mit jeder Wiederholung nimmt seine Bedeutung weiter zu. Die Vernetzung der daran beteiligten Zellen wird intensiver, und zugleich werden die Zellen dichter und besser mit Versorgungszellen ausgestattet. Um noch einmal zu dem Bild des Planeten zurückzukehren: Bei jedem Einsatz vergrößert der Planet seine Masse, und dadurch steigt seine Anziehungskraft.

Die wichtige Ausnahme, bei der keine Wiederholung nötig ist für ein dauerhaftes Lernen, ist der heftige Gefühlssturm. Wenn das limbische System hochgradig aktiviert ist, kann ein einmaliges Ereignis genügen, um einen prägenden Eindruck zu hinterlassen. Jeder von uns, der etwas Furchtbares erlebt hat, erinnert sich noch daran. Besonders wenn das Ereignis unser Angstzentrum, den Mandelkern, in Alarm versetzt hat.

Durch die zunehmend gezielte Auswahl sind bereits bis zum fünften Lebensjahr allein in der Großhirnrinde von den anfänglich entstandenen Verknüpfungen ungefähr zwanzig Milliarden wieder abgebaut. Der in der Hirnstruktur zusammengetragene Erfahrungsschatz bildet in diesem konstanten Lernprozess ein Repertoire an zunehmend sich selbst verstärkenden Handlungsmustern. Was sich bewährt, bleibt erhalten. Was nicht, wird gelöscht. Handeln wird mehr und mehr zur Routine.

Ohne dich bin ich nichts

Ein Neugeborenes kann seine Körperfunktionen nur über den unmittelbaren Körperkontakt mit seiner Mutter regulieren. Oder mit einer anderen Bezugsperson, die an ihre Stelle tritt, allen voran der Vater. Die verlässliche Stabilität einer solchen frühen Bindung ist deshalb lebenswichtig. Psychisch ist sie die Grundlage für das Entstehen von Urvertrauen. Dabei handelt es sich um das tief verwurzelte Grundgefühl davon, dass wir uns in der Welt, in der wir leben, trotz aller möglichen Probleme und Gefahren sicher fühlen können. Eigentlich ist das der Normalzustand unserer Psyche, oder er sollte es zumindest sein. Und doch ist er keineswegs selbstverständlich, denn er entsteht eben nur, wenn wir verlässlich zumindest eine stabile frühe Bindung erleben konnten.

Zusätzlich zu der frühen Geborgenheit wird mit dem Hautkontakt zur Mutter auch Sinnlichkeit erfahren. Auf diese Weise wird die Basis gelegt für das spätere sinnliche Erleben im Miteinander, in Partnerschaften. Wer früh zu lieben gelernt hat, wird diese Fähigkeit nie verlieren und danach streben, dieses Gefühl neu zu erleben. Zugleich werden über die Berührungen der Haut die Grenzen des eigenen Körpers wahrgenommen. Das Empfinden für ihn und für seine Abgeschlossenheit gegenüber der Außenwelt entsteht anfangs vor allem aus dem unmittelbaren körperlichen Kontakt mit der Mutter.

Mithilfe der limbischen Resonanz bietet die Mutter zudem den psychischen Spiegel, in dem der Säugling Schritt für Schritt am Gegenüber lernt, was dieses oder jenes zu bedeuten hat. Sowohl in der Welt da draußen als auch im inneren Erleben – und damit insbesondere im eigenen Gefühlshaushalt. Erst durch dieses lebendige Spiegeln kann der Säugling die Zustände, die er in sich wahrnimmt, einordnen, mit Bedeutung versehen und anschließend, wo nötig, regelrecht verdauen lernen. Das Selbsterleben baut sich anfangs eben nur über das Erleben von anderen auf. Nicht nur körperlich, sondern auch psychisch befinden wir Menschen uns daher in den ersten Lebensmonaten in völliger Abhängigkeit.

Vom Gefühl zum Verstand

Während das limbische System und damit die Gefühle bei der Geburt in Grundzügen vorhanden sind, ist das Großhirn zu diesem Zeitpunkt noch in weiten Teilen ein unbeschriebenes Blatt. Es befindet sich regelrecht in Wartestellung, um alles Neue kennen- und verstehen zu lernen. Eben nicht nur die auf einmal völlig andere und bunte Umwelt, sondern auch den eigenen Körper in seinem ständigen Austausch mit dieser Umwelt. Damit der Verstand seiner eigentlichen Aufgabe, das

Überleben zu sichern, nachkommen kann, muss er die Bedürfnisse, die ihm von den unteren Ebenen des Nervensystems übermittelt werden, deuten lernen. Sowohl die körperlichen, wie Hunger und Durst, als auch die psychischen Grundbedürfnisse, etwa Bindungswunsch und Neugier.

Von Anfang an besitzt die menschliche Psyche ein Eigenleben mit ganz individuellen Anforderungen und Regeln. Das Großhirn muss schrittweise die Impulse, die vom limbischen System ausgehen, entschlüsseln und mit den Eindrücken, die es von der Umwelt erhält, in Gesamtkonzepte gießen. Untermalt werden diese Gesamtkonzepte von den begleitenden Gefühlen und gedanklichen Verknüpfungen, sodass Stück für Stück übergeordnete Einheiten gebildet werden, die alles miteinschließen, was zu ihnen dazugehört. Der gelegentlich laute Mitbewohner mit der feuchten Zunge und dem flauschigen Fell ist dann der Wauwau. Er frisst gerne, und ein wenig Zwicken kann er auch, wenn man ihn zu fest an den Ohren oder am Schwanz zieht. Und es gibt Vergleichbare seiner Art, die häufig auf der Straße herumlaufen und einander mit Vorliebe beschnüffeln, wenn sie sich treffen. Mal sind sie groß, mal klein, aber alle gehören sie zur selben Gruppe, alle sind sie Hunde. Immer wieder wird dieses Konzept abgerufen und baut sich so weiter auf, bündelt das Gemeinsame und erkennt es sofort wieder. Ein Hund ist ein Hund. Zugleich wird die ganze Vielfalt deutlich, die es innerhalb des Konzeptes Hund gibt, und in das Gesamtbild eingebaut. Mit jeder neuen zusätzlichen Erfahrung lässt sich das Konzept bestätigen, anpassen oder abwandeln.

Ein solches schrittweises Sammeln und Sortieren von Informationen führt ebenso zum Aufbau der Gesamtbilder von den Menschen, die uns umgeben, von Mama und Papa, und bald darauf vom Menschen an sich. Entsprechend entwickelt sich auch das eigene Selbstbild in einem aus vielen Facetten zusammengesetzten Lernprozess, der sich bis ganz zuletzt ständig weiterentwickelt. Wer von uns wird nicht gelegentlich davon überrascht, dass er eine neue Seite an sich entdeckt, die er bislang noch gar nicht kannte?

Die wesentliche Aufgabe des im Großhirn angesiedelten Verstandes besteht also darin, all das, was bei uns an Reizen ankommt und blitzschnell im limbischen System vorbewertet wird, in stabile Konzepte zu gießen. Die glühende Lava des Impulses wird hier in fest geformte Planeten gegossen. Aus unmittelbaren Eindrücken gestalten sich so stabile innere Bilder, die vor allem anhand ihrer typischen Verhaltensweisen eingeteilt, ermessen und wiedererkannt werden.

Anfangs erlebt der Säugling sich mit seiner Mutter als Einheit. Deshalb braucht er ihre Nähe nicht nur zur Stabilisierung seines körperlichen Gleichgewichts, sondern auch für den Strukturaufbau in seiner Psyche. Erst langsam, mit dem erweiterten Lebensraum, erkennt ein Kleinkind, dass andere unabhängig von ihm selbst sind, eigenständige Wesen, die spezifische Eigenschaften besitzen. »Du« und »Ich« entstehen. Erst im nächsten Schritt kristallisiert sich heraus, dass beide in ihrem Verhalten und in ihren Bedürfnissen unterschiedlich sein können. Immer stabiler bauen sich durch die permanenten Erfahrungen die Konzepte von anderen auf. Sie werden so zu stabilen inneren Objekten. Weil man sich im Umgang mit ihnen auskennt, kann man selbstverständlicher mit ihnen interagieren. Vorausschauendes Handeln wird möglich. Auch die eigenen Handlungsmuster werden vertraut, die Fähigkeiten zu gezieltem Handeln und zu Selbstkontrolle, zum Aufschieben von Bedürfnissen und zum Umgang mit den eigenen Gefühlen, entstehen.

Die Wuthürde

Die vielleicht schwierigste Hürde bei diesem Entwicklungsprozess sind die Wutanfälle im zweiten Lebensjahr. Sie sind nicht nur deshalb so heftig, weil sie überwältigend neu sind, sondern auch, weil sie die Folge einer massiven Enttäuschung sind. Denn die so enthusiastisch und neugierig eroberte bunte Welt bietet auf einmal Grenzen. Mit dem selbstständigen Laufen schien alles möglich. Die Welt lag mir zu Füßen. Doch jetzt auf einmal dämmert es mir, dass die anderen oft gar nicht nach meiner Pfeife tanzen. Und schlimmer noch, auf einmal lauern überall Verbote und Pflichten.

Die eigene Wut zu erkennen, sie anfangs mithilfe der anderen aushalten zu lernen, um sie schließlich durch den wiederholten Lernprozess gezielt selbst steuern und nutzen zu können, führt zur Königsdisziplin der Selbstkontrolle. Hierbei geht es ausdrücklich nicht um das Unterdrücken von Wut. Sondern darum, dass ich verstehe, was mich gegebenenfalls ärgert, um angemessen auf die Situation reagieren und sie, wo möglich, wunschgemäß ändern zu können. Ist das nicht möglich, muss ich mir konstruktive Wege suchen, um meine Wut abzubauen.

Andernfalls besteht die Gefahr von Dauerstress. Und der führt in die Depression. Gleichzeitig entsteht aus unterdrückter Wut Angst. Wenn ich randvoll bin mit versteckter Wut, gehe ich unwillkürlich davon aus, dass die anderen es ebenfalls sind. Immer schließen wir erst einmal von uns auf andere, sind wir unbewusst davon überzeugt, dass die anderen genauso ticken wie wir selbst. Bin ich also wütend, muss ich befürchten, dass es die anderen genauso sind. Auch sie könnten jederzeit explodieren. Und dann habe ich verständlicherweise Angst. Und die bereitet wiederum Stress. Eine Spirale aus Angst und Depression entsteht. Wenig überraschend: In so einer Situation fühle ich mich miserabel. Gelingt es mir nicht bald, ein derartiges unbewusstes Hochschaukeln meiner Gefühle zu durchbrechen, kommt ein fataler Kreislauf in Gang. Wut, Depression und Angst setzen sich in meinem Selbstbild fest und beherrschen zunehmend mein gesamtes Weltbild.

Zahlreiche Beobachtungen und Studien belegen, wie unser Denken von unseren Gefühlen beeinflusst, wenn nicht gar beherrscht wird. Jeder kennt das von sich selbst. Scheint die Sonne, ist die Welt schön und wir fühlen uns wohl. Ist es kalt und grau, fällt die Stimmung in den Keller, das Leben insgesamt erscheint trüb und sinnlos. Welche Gefühle wir letztlich auch haben, stets sind wir auf der Suche nach den passenden Gründen dafür. Und irgendwann werden wir fündig. Was allerdings nicht heißen muss, dass der gefundene Grund wirklich die Ursache für unseren gefühlten Zustand ist.

Oft liegen wir dabei sogar ganz schön daneben. Vor allem, wenn Gedankenabläufe in Gang kommen, die einander selbst weiter verstärken. Weil ich mir einrede, dass mein Partner schuld ist an meinem Stress und meinem Ärger, werfe ich ihm das andauernd vor. Bis er irgendwann entsprechend reagiert. Ich erwähnte schon, wie gut das funktioniert.

Gerade bei Kindern, die alles auf sich beziehen, mündet ein Gefühl meist direkt in eine konkrete Vorstellung. Aus »Ich fühle mich schlecht« wird »Ich bin schlecht«. Einmal im Selbstbild verankert, kann eine solche Gedankenkette die Grundlage für eine lebenslange Neigung zu Depressionen bilden. Genau deshalb ist es so wichtig, Kindern schon frühzeitig beizubringen, was für Gefühle sie haben, dass ihre Gefühle etwas völlig Normales sind, dass sie auch wieder vorübergehen, und was man am besten aus ihnen macht. Erklären ist dabei das eine, Vorleben, wie es gemacht wird, das andere und wesentlichere.

Beim Erkennen der Wandelbarkeit des eigenen Gefühlslebens und damit beim Erlernen von Selbstkontrolle spielt der Faktor Zeit eine entscheidende Rolle. Selbst das heftigste Gefühl ist irgendwann vorbei. Zu begreifen, dass Zeit vergeht und sich überbrücken lässt, verläuft über den Aufbau von Impulskontrolle. Nicht jetzt, sondern später. Der Impuls muss warten können. Kann ich mir etwas vorausschauend vorstellen und deshalb darauf warten, dann weiß ich, es existiert eine Zukunft. Damit relativiert sich die Bedeutung der aktuellen Situation. In weiterer Folge wird daraus übergeordnete Planung möglich, für die nahe und ferne Zukunft und schließlich für den gesamten eigenen Lebensentwurf.

Allen diesen Lernschritten – Aufbau einheitlicher stabiler Objekte, Aufschieben von Impulsen, übergeordnetes Verstehen der Regeln, die in der Welt gelten – ist eines gemeinsam: Sie entspringen der Fähigkeit, zunehmend abstrakt denken zu können.

Die Sache mit den Marshmallows

Die entscheidende Stufe zum abstrakten Denken im engeren Sinne, die Stufe, die uns Menschen von den Tieren unterscheidet, wird normalerweise so um das vierte Lebensjahr herum genommen. Bis zu diesem Punkt können uns unsere nächsten Verwandten, die Menschenaffen, noch in ihren intellektuellen Fähigkeiten folgen. Ab dann ist Schluss für Tiere, selbst für Affen. Dachten wir zumindest bis vor Kurzem. Erst 2016 bewiesen Wissenschaftler, dass Schimpansen uns hierin doch noch ein

Stück weit das Wasser reichen können. Sowohl, was das abstrakte Verstehen von Aufgabenstellungen angeht, als auch, was das Steuern der eigenen Impulse betrifft.

Gradmesser dafür, ob ein Kind diese Stufe schon erklommen hat, ist seine Fähigkeit, einen Impuls aufschieben zu können in der Gewissheit darüber, dass es dafür in absehbarer Zeit eine Belohnung geben wird.

Ein berühmt gewordener psychologischer Test, den der in Wien geborene Psychologe Walter Mischel Ende der Sechzigerjahre an der Stanford University erfand, zeigt, ob ein Kind diesen Entwicklungsschritt bereits geschafft hat. Dazu wird den jungen Versuchsteilnehmern ein Stück Marshmallow angeboten. Und dann haben sie die Wahl. Sie können die süße Verlockung sofort vertilgen. Oder aber sie können eine Viertelstunde lang warten und als Belohnung für ihre Geduld gleich zwei Stücke des weichen, süßen Schaums aus Zucker, Wasser und Gelatine verspeisen.

Mit welcher Strategie schaffen es die Kinder, diese Aufgabe erfolgreich zu bewältigen? Die Jüngsten starren die gesamte Viertelstunde lang auf ihren Marshmallow, fixieren ihn, wie um sicherzugehen, dass er nicht im nächsten Moment verschwinden wird. Das kommt natürlich einer psychischen Dauerbelastung gleich. Ständig steht ihnen der Verzicht vor Augen. Pfiffiger sind da schon die Fünf- bis Sechsjährigen. Sie schauen einfach weg, oder sie verstecken das Objekt ihrer Begierde, um es nach Ablauf der Zeit wieder hervorzuholen und die Belohnung gleich mit zu kassieren. Mit zunehmendem Alter wandelt sich die Strategie weiter. Bald schon beschäftigen sich die Kinder gezielt mit etwas anderem, um sich abzulenken. Mit acht Jahren übernimmt die Fantasie die Bewältigung der vorübergehend misslichen Lage des Wartens. Jetzt wird der Marshmallow symbolisch aus innerer

Distanz heraus betrachtet, so als sei er ein Gemälde, auf dem eine Pfeife eben keine echte Pfeife ist. Von dieser Abstraktionsebene aus ist der Weg nicht mehr weit zu den erwachsenen Bewältigungsstrategien für Frustrationen aller Art. Dazu gehört insbesondere, es beim Scheitern erneut zu versuchen oder gegebenenfalls seine Kräfte auf ein anderes Ziel zu lenken.

Die Aussagekraft des Marshmallow-Tests reicht weit. Erkennbar ist das, wenn man die beruflichen Karrieren der mit der süßen Verführung Getesteten analysiert. Wer früh warten kann, ist später im Beruf erfolgreicher, als wer sofort zulangt. Verlässlich. Das ist nicht weiter verwunderlich, da das Warten-Können auf eine erhoffte Belohnung eine wesentliche Voraussetzung für alle längerfristig angelegten Projekte ist. Und dazu gehört selbstverständlich eine Berufskarriere. Doch der Marshmallow-Test erlaubt noch weitere Voraussagen. Wer ihn nicht besteht, weil er nicht gelernt hat, seine Bedürfnisse aufzuschieben, leidet als Erwachsener häufiger an psychischen Störungen, greift leichter zu Drogen und neigt eher zu Übergewicht.

Alle diese Zusammenhänge sind bewiesen – und doch sagen sie erst einmal nichts über Ursache und Wirkung aus. Ist wirklich die fehlende Impulskontrolle die Ursache für den ausbleibenden Erfolg im Beruf, für Drogenkonsum und Übergewicht, oder ist sie vielleicht nur die Folge eines instabilen Umfelds, etwa bei schwierigen sozialen Verhältnissen? Wie lässt sich das herausfinden?

Inseln haben es in sich. Die abgeschiedene Lage ihrer Bewohner gibt ihnen ein anderes Zeitgefühl. Vielleicht liegt es daran, dass einige der am längsten dauernden psychologischen Studien auf Inseln durchgeführt wurden. Bereits ein Klassiker ist die Kauai-Studie von der gleichnamigen Insel des Hawaii-Archipels. Dort wurden Kinder eines Geburtsjahrgangs, die in einem desolaten Umfeld zur Welt kamen, über vierzig Jahre lang in ihrem Werdegang begleitet. Ein Drittel von ihnen schaffte es, sich aus den Fängen seiner tristen Herkunft zu befreien. Ihnen war eines gemeinsam. Sie hatten in ihrer frühen Kindheit zumindest eine stabile gute Beziehung erlebt. Aus genau diesem Grund waren sie nicht nur psychisch gesünder, sondern zudem intelligenter und sozial kompetenter geworden.

Auf der Südinsel Neuseelands begann im April 1972 in der Stadt Dunedin eine ähnliche Studie, die allerdings nicht auf eine spezielle Gruppe begrenzt war. Stattdessen wurden sämtliche Neugeborene eines Jahrgangs untersucht. Im Laufe ihrer Kindheit und Jugend und dann noch einmal mit zweiunddreißig Jahren wurden sie eingehend psychologisch getestet, unter anderem auch in ihrer Selbstkontrolle. Es zeigte sich, dass die Fähigkeit, sich auf eine Aufgabe zu konzentrieren und die eigenen Impulse zu kontrollieren, am besten ausgeprägt war bei reichen Mädchen. Die Einflüsse von Geschlecht und sozialem Hintergrund waren signifikant. Wieder war eine geringe Selbstkontrolle ein eindeutiger Indikator für spätere Probleme. Wer als Kind nicht gelernt hatte, seine Bedürfnisse aufzuschieben, war mit achtzehn Jahren häufiger schwanger, Raucher und Schulabbrecher. Mit zweiunddreißig waren die Folgen noch gravierender: häufigere Gesundheitsprobleme, Drogenmissbrauch, Straffälligkeit sowie eine schlechtere soziale Stellung.

Selbstkontrolle ist also erstrebenswert und sollte gelernt werden. Allerdings zur rechten Zeit. Erst wenn das Gehirn weit genug dafür entwickelt ist, wenn eine sichere Basis aufgebaut, die Existenz von Grenzen verdaut und eine erste Abstraktionsstufe erreicht wurde, kann Selbstkontrolle gelingen. Vor dem vierten Lebensjahr ist das Gehirn einfach noch nicht reif genug dafür.

Ein spannendes Detail förderte jüngst eine Weiterentwicklung des Marshmallow-Tests zutage. Die US-amerikanische Hirnforscherin Celeste Kidd wiederholte den Test bei Vierjährigen, allerdings mit einem entscheidenden Vorspiel. Die Kinder wurden gebeten, vor dem Test etwas zu zeichnen. Dazu wurden ihnen bunte Malstifte und Aufkleber versprochen. Während die Kinder der einen Gruppe das Zeichenmaterial wie versprochen bekamen, gingen die der zweiten Gruppe leer aus. Sie wurden mit einem geheuchelten Bedauern der Versuchsleiterin abgespeist, mussten auf das Zeichnen verzichten und waren entsprechend frustriert. Die Folge? Die Fähigkeit, anschließend auf einen zweiten Marshmallow zu warten, sank bei den frustrierten Kindern drastisch. Durchschnittlich auf nur noch ein Viertel der Wartezeit der anderen. Ohne Vertrauen klappt es also nicht mit der Impulskontrolle.

Abstraktion – oder gleichzeitig essen und reden

Selbstkontrolle verlangt einen Belohnungsaufschub, der nur über Vertrauen hergestellt werden kann. Der Drang zur direkten Belohnung durch den unmittelbaren Genuss muss in der Fantasie vorweggenommen werden, im Vertrauen darauf, dass es auch dazu kommen wird. Hierdurch entsteht Vorfreude in der Fantasie und damit eine neue, zusätzliche Belohnungsebene. Beide, die direkte und die aufgeschobene Belohnung, lassen sich neurobiologisch unterscheiden. Die schnelle Belohnung läuft über das limbische System, aus diesem Grund besitzen wir sie schon sehr früh. Die Fähigkeit zur Abstraktion und damit zum Vorstellen und Verschieben einer Belohnung ist dagegen vor allem in der Großhirnrinde angesiedelt. Sie aufzubauen dauert. Aber, einmal ausgebildet, bleibt sie verlässlich erhalten. Und doch ist sie oft schwach und kann daher, abhängig von der Intensität des limbischen Impulses, der das Gehirn massiv mit Dopamin flutet, bei entsprechender Gelegenheit einfach überrollt werden.

Während im limbischen System die Vernetzung zwischen den Nervenzellen für das Lernen sorgt, laufen die Lernprozesse in der Großhirnrinde weniger über die Nervenzellen selbst ab. Denn die sind ja recht bald nach der Geburt in Überzahl vorhanden. In der Großhirnrinde sind es vor allem die für die Ernährung der Nervenzellen zuständigen Versorgungszellen, die die Vernetzung und damit das Lernen steuern. Wird eine Nervenbahn benutzt, braucht sie Energie, und die wird ihr großzügig bereitgestellt. Zugleich ist mit der besseren Versorgung fürs nächste Mal vorgesorgt. Diese spezielle Nervenzelle kann dann besonders leicht wiederverwendet werden, woraufhin sie noch besser versorgt wird. Auf diese Weise verstärkt sich einmal gelerntes Verhalten im Gehirn tendenziell von selbst immer weiter.

Und das gilt ebenso für die Fähigkeit zu abstraktem Denken. Auch Abstraktion mündet, einmal angestoßen, in einen sich selbst verstärkenden Prozess. Abstraktion hebt uns Menschen auf eine zusätzliche Ebene von Möglichkeiten. Denn ein weiterer wesentlicher Faktor, der unser menschliches Gehirn von allen anderen unterscheidet, besteht darin, dass wir auf mehreren Ebenen gleichzeitig denken können. Wir können uns auf eine Aufgabe konzentrieren und zugleich noch etwas ganz anderes im Kopf haben. Gerade aus diesem Zusammenweben von unterschiedlichen Denkebenen gewinnen wir unsere Fähigkeit zu abstrakter Symbolisierung und damit unsere enorme Kreativität. Zum »Was ist?« gesellen sich »Was wird sein?« und

»Was wäre wenn?«. Und zugleich können wir oder können zumindest manche von uns gleichzeitig Auto fahren und telefonieren. Oder sie können gleichzeitig essen und reden, sofern sie sich nicht verschlucken.

Veronika, der Lenz ist da

Die Entwicklung von parallelen Denkwelten lässt sich am besten in der Pubertät studieren. Kindergarten und erste Schuljahre sind die Zeiten, in denen das Gehirn die Grundlagen für das Zurechtkommen als Erwachsener lernt, die Regeln, die das Zusammenleben in der Gesellschaft beherrschen. Dann, mitten im schönsten Lernprozess, steht auf einmal alles kopf. Die Hormone schießen ein, und nichts geht mehr. Die Chemie der Lust entfacht neue Impulse im limbischen System, und die so mühsam erlernte Top-down-Kontrolle wird Bottom-up aus den Angeln gehoben. Mit der erwachenden Sexualität wird vieles in einem anderen Licht betrachtet. Es gibt neue Belohnungsalternativen, neue soziale Kontakte und Peergruppen – und natürlich Sex in all seinen zu entdeckenden Spielarten. Die Neugier lockt und verlockt zu riskantem Verhalten. Deshalb sind in dieser Lebensphase Unfälle die häufigste Todesursache.

Zugleich hat die Suche nach der eigenen Identität als angehender Erwachsener eine Lockerung von den bisherigen Bindungen zur Folge. Was bislang als sicher galt, wird infrage gestellt. Das schafft Raum für weitere Entwicklungsschritte. Doch es bedeutet zugleich eine Schwächung unerschütterlich geglaubter Gewissheiten. Was immer wir an früheren Unsicherheiten mit uns herumtragen, wird daher leicht an die Oberfläche gespült und aufs Neue Thema. Alte, unterdrückte Ängste aus unserer Kindheit können sich auf einmal wieder zeigen. Das ist einerseits anstrengend. Doch eröffnet es uns andererseits die Möglichkeit, alte Verhaltensmuster hinter uns zu lassen und einstige Verletzungen zu überwinden. Nach und nach formt sich so unsere eigene, unverwechselbare Persönlichkeit.

Die zeitweilige Flut an neuen Impulsen führt anfänglich zu einem Ungleichgewicht zwischen Gefühl und Verstand. Doch im Ergebnis kommt es zu einer immer differenzierteren neurobiologischen Anpassung im Großhirn. Die Leitungsgeschwindigkeit der häufig angewandten Nervenbahnen nimmt weiter zu. Zugleich werden überflüssige alte Verbindungen abgebaut. Erkennbarer Ausdruck dieser zunehmenden Leitung und damit Leistungsfähigkeit der Großhirnrinde ist das wachsende Vermögen zu bewusster Impulskontrolle. Sie wird im Normalfall erst Anfang zwanzig stabil aufgebaut. Genau deshalb wird in unserem Rechtssystem die volle Strafmündigkeit erst mit dem einundzwanzigsten Lebensjahr erreicht.

Auf den Punkt gebracht: In der Pubertät bleibt die Lernfähigkeit zwar erhalten, aber die Selbstkontrolle nimmt vorübergehend ab, weil das limbische System – hormonell bedingt – stärker aktiv ist als die Kontrolle durch das Großhirn. Denn das Motivationssystem entfacht die Neugier zur Suche nach Lust, weil das dem biologischen Drang zur Vermehrung hilft. Übrigens konnte festgestellt werden, dass bei männlichen Jugendlichen in der Pubertät die Durchblutung des für die Impulskontrolle zuständigen Stirnhirns regelrecht vermindert ist. Die Ursache dafür ist bislang ungeklärt. Wo das Blut in dieser Zeit wohl hin ist?

Wer wird wie erwachsen, wenn überhaupt

Legt sich langsam der pubertäre Sturm, ist nach anfänglichem Suchen die erste stabile Partnerschaft gefunden, und konkretisieren sich die Berufspläne, beginnt der sogenannte Ernst des Lebens. Was so wenig erquicklich klingt, bringt in Wirklichkeit eine enorme Befreiung mit sich. Denn endlich können wir jetzt alte Abhängigkeiten hinter uns lassen und unser Leben selbst in die Hand nehmen. Als Erwachsener sind wir Herr im eigenen Haus und können unser Sein eigenverantwortlich, gezielt und bewusst gestalten. Wir kennen unsere Bedürfnisse, können entsprechend unsere Zukunft planen, dennoch dabei flexibel bleiben und, wo erforderlich, angemessen auf Einflüsse von außen reagieren, uns anpassen. Wir sind beziehungs- und liebesfähig, finden eine Arbeit, die uns motiviert, weder über- noch unterfordert, und entfalten uns so Schritt für Schritt. Gelegentlich, wenn wir uns an unsere eigenen Grenzen vorwagen, machen wir dabei die beglückende Erfahrung, dass diese Grenzen sich durchaus weiter ausdehnen lassen, als wir das je gedacht hätten. Mut bringt uns voran. Wiederholte Erfahrungen verfeinern unser Gespür, unsere Intuition, sodass wir viele Entscheidungen aus dem Bauch heraus richtig treffen. Immer besser gewinnen wir den Überblick über die Dinge, die uns wichtig sind, und sorgen wir für uns selbst ebenso wie für die Menschen, die uns nahestehen.

Wir umgeben uns mit Beziehungen, in denen wir bewusst unterscheiden lernen, welche Gefühlsaspekte darin alt und welche der aktuellen Situation angemessen sind. Das erleichtert unser Zurechtkommen in Gefühlsangelegenheiten enorm. Nicht nur das. Weil unser Gehirn ein Leben lang flexibel bleibt, kann das Zulassen von intensiver Nähe bei gleichzeitigem Erkennen der dennoch bestehenden erwachsenen Eigenständigkeit uns sogar dabei helfen, ein fehlendes Urvertrauen nachreifen zu lassen. Selbst im Erwachsenenalter. Durch das Erleben von Geborgenheit ohne Selbstverlust. Gelingt diese Erfahrung, wird dadurch nicht nur das eigene Leben freier und erfüllter. Selbst frühe psychische Traumen können auf diese Weise aufgelöst werden.

Wirkliches Erwachsensein bedeutet jedoch nicht nur die Freiheit zu einer erfüllten Beziehungsfähigkeit. Es erlaubt zugleich, zielstrebig und mit Ausdauer auf Ziele hinarbeiten zu können. Berufsausbildung und Berufsausübung verlangen oftmals viel Geduld und einen langen Atem. Der entscheidende Kniff für das notwendige Durchhaltevermögen dürfte darin bestehen, im eigenen Denken immer wieder Kohärenz herzustellen. Wenn wir auf ein langfristiges Ziel zusteuern, sollten wir den Weg dorthin in einzelne kleine Schritte zerlegen. Dadurch vergönnt uns jeder erfolgreich geschaffte Einzelschritt einen kleinen Erfolg. Das Etappenziel ist erreicht, und damit sind Zielvorgabe und Erreichen in diesem Moment identisch. Unser Gehirn erfreut sich an der daraus resultierenden parallelen elektrischen Erregung, an der Kohärenz.

Allerdings stößt selbst die stabilste Psyche an ihre Grenzen, wenn das gesellschaftliche Umfeld eine freie Entfaltung verhindert, egal wie ein Zwang begründet wird, ob ideologisch, religiös oder sonst wie. Genauso behindern andauernde Existenzängste das psychische Wachsen und Gedeihen massiv. Letztlich gilt das ja für alles, was uns einem übermäßigen Stress aussetzt.

Vorausgesetzt also, das gesellschaftliche Umfeld sorgt dafür, dass wir in Sicherheit leben und genügend Spielraum für unsere eigene Lebensplanung haben, vorausgesetzt, wir selbst können stabile Beziehungen aufbauen und unser Stresshaushalt ist ausgewogen, dann versetzt uns das in die Lage, unser Grundbedürfnis nach aktivem eigenen Bewirken zu entfalten. Das aktive Gestalten stimuliert unser Belohnungssystem und fördert damit ein Grundgefühl von Zufriedenheit. Während im jungen Erwachsenenalter die Belohnung durch Dopamin vorherrscht, wir also neugierig nach neuen Erfahrungen suchen, wird für uns mit zunehmender Reife die Belohnung durch Morphium immer wichtiger im Genießen der erreichten Ziele und Erfolge.

Wer nicht alt werden will, muss jung sterben oder jung bleiben

Und nun eine wirklich gute Nachricht: Noch im hohen Alter bleiben die Leistungsfähigkeit unseres Gehirns und die unseres Körpers flexibel. Geahnt habe ich das schon lange. Ich lebe in Wien, in einer jener Städte, die regelmäßig von Touristengruppen aus aller Herren Länder besucht werden. Dabei gibt es auffallende Unterschiede, je nachdem, woher sie kommen. Da heutzutage vor allem Rentner gern in Gruppen reisen, erhält man auf diese Weise eine ganz gute Vorstellung davon, wer von welcher Herkunft sich im Alter wie zu fühlen scheint. Zwei Extreme stechen mir dabei regelmäßig ins Auge. Die einen schleppen sich im Schneckentempo durch die Gassen, in weiten Weichsohlenschuhen, oft gebeugt, am Rande der Rollstuhlpflicht. Bei diesem Anblick beschleicht mich jedes Mal unweigerlich der Gedanke, nur ja nie so alt werden zu wollen. Und dann tauchen da lustig-laute Südländer auf, ein wilder Haufen fröhlich Junggebliebener. Braun gebrannt, agil und rüstig. Unversehens frage ich mich dann: Liegt es an der mediterranen Ernährung? Ist es der regelmäßige Alkohol?

Noch einmal zu Ellen Langer. Sie fragte in den Siebzigerjahren die damals führenden Altersforscher nach objektiven Messkriterien für das Alter eines Menschen. Diese bekannten freimütig, es gebe keine. Der einzige Weg, das Alter eines Menschen verlässlich einzuschätzen, bestehe darin, ihn selbst danach zu fragen. Daraus schloss Langer, dass das biologische Alter keine absolute Größe sein könne. Anders als es die Sprache der nackten Zahlen vermuten lasse, sei der Alterungsprozess individuell verschieden und zudem beeinflussbar. Um das zu beweisen, erfand sie eine clevere Versuchsanordnung.

Sie sammelte zwei Gruppen an älteren Herrschaften für einen jeweils einwöchigen Kuraufenthalt. Die Teilnehmer der ersten Gruppe lebten weiter so wie zuletzt. Alles blieb sozusagen beim Alten. Sie wurden lediglich aufgefordert, möglichst viel in Erinnerungen zu schwelgen. Am Ende der Woche waren sie dieselben wie am Anfang. Anders hingegen die Mitglieder der zweiten Gruppe. Für sie wurde ein Umfeld geschaffen, das weitgehend ihr Leben von vor zwanzig Jahren nachahmte, mit den damals üblichen Radiosendungen und selbst mit den einstigen politischen Diskussionen. Zugleich wurden sie dazu angehalten, über sich selbst, über ihre Berufskarriere und über ihre Familienmitglieder so zu reden, als lebten sie wieder in der damaligen Zeit. Ja, es wurde ihnen sogar strikt untersagt, Themen aus den letzten zwanzig Jahren überhaupt zur Sprache zu bringen.

Die Ergebnisse waren mehr als verblüffend. Die Zeitreise war ein voller Erfolg. Wer um zwanzig Jahre zurückversetzt worden war, fühlte sich am Ende der Woche subjektiv jünger. Aber nicht nur das. Auch objektiv besserten sich geistige und selbst körperliche Fähigkeiten – und zwar deutlich. Hör- und Sehfähigkeit, Gedächtnis, Geschicklichkeit und Appetit nahmen nachweislich zu. Es konnte kein Zweifel bestehen. Die geistige Haltung beflügelte den Körperzustand. Das ging so weit, dass einige Teilnehmer, die bei ihrer Ankunft auf eine Unterstützung beim Gehen angewiesen waren, am Ende der Woche eigenständig mit dem Koffer in der Hand nach Hause spazieren konnten. Das Bild von dem Mann, der seine Krücken wegwirft und wieder gehen kann, war Wirklichkeit geworden.

Für Langer sind diese Studienergebnisse ein Beleg dafür, dass alle Krankheiten im wörtlichen Sinn psychosomatisch sind und folglich durch die Macht der Gedanken weitgehend beeinflusst werden können. Wer sich für jung hält, bleibt dadurch jünger und wird eher von den Zipperlein des Alters verschont als jemand, der sich von vornherein mit Zahnverlust, Gehschwäche, Gedächtniseinbußen und Dauerschmerzen abfindet. Beim Priming war zu sehen, wie eine vorgefasste Meinung reale Zustände beeinflussen kann. Langer ist sich angesichts ihrer Arbeit jedenfalls sicher, »dass unsere Gedanken eine nahezu komplette Kontrolle über unsere Krankheiten haben«.

Das mag ein wenig hoch gegriffen sein. Dennoch ist es vielleicht an der Zeit, dass wir in unserer Gesellschaft insgesamt, besonders aber in unserem Gesundheitssystem radikal umdenken. Damit wir etwas vom Leben haben, solange es geht, am besten bis zum allerletzten Augenblick.

II
Von der Theorie
in die Alltagspraxis

7
Die vier Säulen für ein gelingendes Leben

Die wissenschaftlichen Grundlagen zur Funktionsweise unseres Gehirns, die wir kennengelernt haben, werden wir nun in die Praxis übertragen. Was brauchen wir, um einen Zustand stabilen Wohlbefindens in unserem Leben zu erreichen? Und das auch noch möglichst lange?

Gelingendes Leben ruht auf vier Säulen: auf guten Beziehungen, aktivem Handeln, ausreichender Stressregulation und auf dem subjektiven Gefühl von Kohärenz. Wenn es uns gelingt, erfüllte Beziehungen zu gestalten, Belohnungen und Stress in einem gesunden Verhältnis zueinander zu halten und das mit einem Gefühl von Stimmigkeit des eigenen Lebensentwurfs zu untermauern, dann fühlen wir uns wohl. Da sich ein solches Gleichgewicht selten von allein einstellt, sollten wir unsere Bedürfnisse kennen. Denn so können wir bewusst dafür sorgen, dass sie erfüllt werden.

Wie wir mit diesen vier Bereichen umgehen, wird vor allem davon bestimmt, was wir von unseren Mitmenschen, allen voran von unseren Eltern, vorgelebt bekommen haben. Haben die ein glückliches Miteinander, gelingt auch unser Lebensentwurf in der Regel ganz von selbst. Ist das aber nicht der Fall, sollten wir uns die Mühe machen und durchschauen, wo sie nicht als Vorbild taugen, um es anders machen zu können.

Wichtigster Störenfried für ein gelingendes Leben ist übermäßiger Stress, sei es durch das Umfeld, durch Traumen oder durch ungelöste Konflikte. Auch hier stehen Einsicht und bewusstes Gegensteuern am Beginn eines Weges hinaus. Wenn wir bewusst für einen ausgeglichenen Stresshaushalt sorgen, werden wir gleich mehrfach dafür belohnt. Nicht nur leben wir dadurch besser, sondern darüber hinaus deutlich länger. Genetische Untersuchungen haben es an den Tag gebracht. Wer ausgeglichen und zufrieden ist, bei dem werden Gene aktiviert, die die Gesundheit fördern. Umgekehrt wird bei Menschen, die im Dauerstress leben, etwa weil sie in andauernder Hektik ihrem Glück hinterherjagen, die Genaktivierung so geschaltet, dass sie zwar pausenlos auf Achse bleiben können, aber als Folge davon häufiger an Virusinfekten, an Herzerkrankungen, an Krebs und an Demenz leiden. Denn bei ihnen ist zugunsten der Daueraktivität die Abwehr geschwächt.

Aber wie kommen wir heraus aus der Stressfalle? Wie finden wir Zufriedenheit?

Neurobiologisch gesehen entsteht Zufriedenheit, wenn die Gefühle im limbischen System und der Verstand im Großhirn miteinander im Einklang stehen, wenn also zwischen beiden Kohärenz herrscht. Kohärenz ist das Ziel, das unser Gehirn mit seiner Arbeit anstrebt. Aber gerade deswegen, weil unser Gehirn permanent nach Kohärenz strebt, können auch Probleme auftauchen. Denn unser Gehirn neigt dazu, sich im Zweifelsfall die Welt so zurechtzubasteln, dass es davon überzeugt ist, dass es recht hat. Um sich dann mit Kohärenz zu belohnen. Und dabei kann es ganz schön auf Abwege geraten.

Weil das limbische System nicht von sich aus unterscheiden kann, ob die bei ihm eintreffenden Reize aus der Umwelt oder aus dem Großhirn stammen, reagiert es in beiden Fällen gleich. Eine echte und eine halluzinierte Wahrnehmung – beide werden erst einmal gleich behandelt. Eine echte und eine fantasierte Gefahr – beide können Angst auslösen. Denken Sie an einen

Hypochonder, der sich andauernd Krankheiten einbildet. Meist ist bei ihm die Angst sogar stärker als bei einem echten Kranken.

Unser Gehirn neigt zu Denkspiralen der Selbstverstärkung. Einmal gedacht, ist ein Denkmuster aufgebaut und damit verfügbar, wieder gedacht zu werden. Auf diese Weise haben wir die Tendenz, uns unsere eigenen Annahmen immer aufs Neue zu bestätigen. Außer wir haben die Gelegenheit zu einer möglichst intensiven gegenteiligen Erfahrung.

Überall in unserem Alltag finden wir Hinweise darauf. »Die Geschichte mit dem Hammer« des aus Kärnten stammenden, mittlerweile verstorbenen Psychologen Paul Watzlawick aus seinem Weltbestseller *Anleitung zum Unglücklichsein*, der in den USA wegen seines Titels zum Flop wurde, beschreibt diese Eigendynamik unserer Denkspiralen erfrischend anschaulich: »Ein Mann will ein Bild aufhängen. Den Nagel hat er, nicht aber den Hammer. Der Nachbar hat einen. Also beschließt unser Mann, hinüberzugehen und ihn auszuborgen. Doch da kommt ihm ein Zweifel: Was, wenn der Nachbar mir den Hammer nicht leihen will? Gestern schon grüßte er mich nur so flüchtig. Vielleicht war er in Eile. Aber vielleicht war die Eile nur vorgeschützt, und er hat etwas gegen mich. Und was? Ich habe ihm nichts angetan; der bildet sich da etwas ein. Wenn jemand von mir ein Werkzeug borgen wollte, *ich* gäbe es ihm sofort. Und warum er nicht?

Wie kann man einem Mitmenschen einen so einfachen Gefallen abschlagen? Leute wie dieser Kerl vergiften einem das Leben.

Und da bildet er sich noch ein, ich sei auf ihn angewiesen. Bloß weil er einen Hammer hat. Jetzt reicht's mir wirklich. – Und so stürmt er hinüber, läutet, der Nachbar öffnet, doch bevor er ›Guten Tag‹ sagen kann, schreit ihn unser Mann an: ›Behalten Sie sich Ihren Hammer, Sie Rüpel!‹«

Wir steigern uns in die eigene Sichtweise der Dinge hinein, wenn wir keine realen Gegenerfahrungen machen. Und genau diese Selbstverstärkungstendenz unseres Denkens erklärt, wieso Fremdenfeindlichkeit dort am weitesten verbreitet ist, wo die wenigsten Ausländer leben.

Aufhalten lassen sich solche Denkspiralen nur, wenn wir bewusst gegensteuern. Und das kann nur unser Verstand, unser Großhirn. Es muss im Laufe unseres Lebens lernen, die Denkanstöße, die vom limbischen System ausgehen, zu steuern. Dazu muss es sie erkennen und einordnen, um sie möglichst gezielt für eine gute Lebensgestaltung nutzen zu können. Dieser Lernprozess gelingt vor allem in den ersten Lebensjahren nur im ständigen Austausch mit anderen. Oft nur durch sie können wir neue Denkebenen hinzugewinnen, um so zu begreifen, dass unsere Wahrnehmung keineswegs die einzig mögliche, geschweige denn die zutreffendste ist.

Säule I: Beziehungen

Wir Menschen sind soziale Wesen. Von Natur aus leben wir in komplexen Familienverbänden, in Horden, wie unsere nächsten Verwandten, die Menschenaffen. Weil wir die Erfahrungen mit allen Mitgliedern unserer Gemeinschaft in unserem Gehirn speichern, werden sie Teil unserer Hirnstruktur. Und auch hier gilt die Tendenz zur Selbstverstärkung. Die Qualität unserer Beziehungen bestimmt auf diese Weise unser gesamtes Lebensgefühl. An erster Stelle gilt das für unsere Partnerschaft. Gerade sie beeinflusst massiv unser psychisches Wohlbefinden und wirkt damit unmittelbar auf den biologischen Zustand unseres Gehirns und darüber auch auf den unseres gesamten Körpers ein.

Wie gute Beziehung wirkt

Gute Beziehungen geben uns nicht nur Raum für unseren eigenen Lebensentwurf und für die Befriedigung unserer Bedürfnisse, sondern sie sind eben vor allem wesentlicher Ort für das Teilen von Gefühlen, für limbische Resonanz. Damit sind sie das wirksamste Mittel zur Verringerung von Stress. Überall dort, wo wir gute Gefühle gespiegelt bekommen und Nähe spüren, in unserer Partnerschaft, mit Freunden, im Vorbeigehen auf der Straße oder mit unserem vierbeinigen Freund, senkt das wirksam unser Stressniveau. Vor allem wegen dieser Stressreduktion haben unsere Beziehungen einen direkten Einfluss auf unser Immunsystem und damit auf unsere Gesundheit. Und mit unserer Gesundheit hängt auch unsere Lebensdauer wesentlich von der Qualität unserer Beziehungen ab. Und das noch deutlich stärker, als wir uns das in der Regel vorstellen. Zahlreiche wissenschaftliche Studien belegen mittlerweile, wie sehr eine liebevolle Partnerschaft gegen Krankheit schützen kann.

Die häufigste Todesursache bei Männern sind Herz-Kreislauf-Erkrankungen. Entscheidende Risikofaktoren dafür sind Stress, Bluthochdruck und ein zu hoher Cholesterinspiegel. Unser Gesundheitssystem fordert deshalb von uns als Vorbeugung gesunde Ernährung und Bewegung, um diese Risikofaktoren möglichst gering zu halten, was durchaus gut ist. Zahllose Kampagnen beschwören die Wichtigkeit dieser prophylaktischen Maßnahmen. Außerdem bekommen wir Medikamente verschrieben. Beinahe jeder ältere Mensch nimmt heutzutage täglich Pillen ein zur Blutdrucksenkung, zur Blutverdünnung, zur Reduzierung des Cholesterinspiegels. Dabei bewies bereits 1976 eine groß angelegte Studie an 10 000 Männern in den USA, dass alle diese Risikofaktoren ihre krank machende Wirkung verlieren, wenn ein Mann eine liebevolle Frau an seiner Seite hat. Wie man es auch dreht und wendet, schützt Liebe unsere Gesundheit wirksamer als jede andere Maßnahme sonst. Und doch spricht darüber in unserem Gesundheitssystem niemand. Liegt das wirklich nur daran, dass sich eine Partnerschaft nicht so einfach planen und durchführen lässt wie die tägliche Einnahme von Tabletten?

Sogar ein Haustier verlängert nachweislich das Leben. Wer nach einem Herzinfarkt mit einem tierischen Freund zusammenlebt, hat ein sechsmal geringeres Risiko, im darauffolgenden Jahr an den Folgen des Infarkts zu sterben. Selbstverständlich trifft das nicht gleichermaßen auf sämtliche Haustiere zu. Schildkröten und Goldfische sind weniger förderlich für die Gesundheit als Hunde und Katzen oder auch Papageien. Denn der wesentliche Grund für die lebensverlängernde Wirkung von Haustieren besteht in ihrer Fähigkeit, unsere Gefühle mit uns zu teilen. Und limbische Resonanz ist ja Säugetieren und Vögeln vorbehalten.

Mit jedem Blick in das Gesicht eines anderen nehmen wir unweigerlich über unsere Spiegelzellen den Gefühlszustand unseres Gegenübers wahr. Indem wir unbewusst seine Mimik nachahmen, kopiert unser eigenes limbisches System beinahe im selben Moment das dazugehörige Gefühl.

Unser Einblick in die aktuelle Befindlichkeit unseres Gegenübers ist damit unmittelbar, aber doch indirekt. Immer handelt es sich dabei um eine Deutung des von uns Wahrgenommenen.

Je besser wir daher gelernt haben, Gefühle anderer richtig zu deuten und unsere eigenen Gefühle zu verstehen, desto eher liegen wir richtig damit.

Dieser Lernprozess beginnt bereits kurz nach der Geburt. Schon Neugeborene kopieren einen mimischen Ausdruck, der ihnen vorgemacht wird. Auf diese Weise beginnen sie, aus den gesammelten Eindrücken ihr eigenes Repertoire an Gefühlsäußerungen aufzubauen. Sie werden so, wie es ihnen vorgelebt wird. Nicht von ungefähr heißt es deshalb, dass ein psychisch gesunder Norweger in mediterranen Gefilden als schwer depressiv eingeschätzt werden würde. Gefühlsäußerungen sind, weil sie von klein auf vorgelebt werden, kulturell geprägt. Und sie passen sich ein Leben lang an. Da überrascht es nicht, wenn sich der Gesichtsausdruck von Lebensgefährten im Laufe der Zeit mehr und mehr angleicht. Unmittelbar sind und bleiben wir ein Teil unserer Umgebung. Wir werden so wie die anderen um uns herum, ganz von selbst. Seien Sie also achtsam bei der Wahl Ihres Haustieres.

Beziehungsfallen

Zwei Menschen lernen einander kennen. Ihre frühen Bindungen passen wunderbar zusammen, eine gute Basis, um sich zu verlieben. Denn bei aller Neugier suchen wir Menschen in unseren Beziehungen unweigerlich nach dem Vertrauten. Schließlich strebt unser Gehirn ja nach Kohärenz. Das vertraute Gefühl, dass wir uns auskennen, ist angenehm. Unwillkürlich zieht es uns daher hin zu Partnern, die uns unbewusst an das erinnern, was wir schon früh selbst erlebt und vorgelebt bekommen haben. Und so geht es uns in der Liebe oft wie Lieutenant Frank Drebin aus dem US-amerikanischen Film *Die nackte Kanone 2 1/2*: »Ich konnte nicht glauben, dass sie es war. Es war wie ein Traum. Aber da war sie, genauso wie ich sie in Erinnerung hatte. Dieses zarte, wunderschöne Gesicht, und ein Körper, der auf eine kilometerweite Entfernung ein Käsesandwich zum Schmelzen bringen könnte. Und Brüste, die zu sagen schienen: ›Hey, sieh dir die an.‹ Sie war eine dieser Frauen, bei denen du auf die Knie fallen möchtest, um Gott zu danken, dass du ein Mann bist. Ja, sie erinnerte mich an meine Mutter. Genau. Ja, da konnte kein Zweifel bestehen.«

Aber die unbewusste Suche nach dem Vertrauten ist nur die eine Hälfte unseres Beziehungslebens. Für die andere Hälfte sorgen wir selbst. In unserem unweigerlichen Bestreben, uns selbst zu bestätigen, um dadurch Kohärenz zu erlangen, neigen wir dazu, uns eben nicht nur einen Partner zu suchen, der uns vertraut vorkommt, sondern wir stülpen ihm nur allzu bereitwillig die Schablonen über, die wir in unserem Leben gesammelt haben. Drängen ihn ganz von selbst in die Rollen, die wir aufgrund unseres bisherigen Lebens gewohnt sind. Meist gelingt das wunderbar.

Unser limbisches System kann ja nicht unterscheiden, ob eine Wahrnehmung real von außen kommt, oder ob sie in Wirklichkeit unserer Fantasie entspringt. Das kann nur unser Großhirn. Allerdings muss es dazu befragt werden. Rein auf der Gefühlsebene sind Wahrnehmung und Projektion erst einmal gleich. Und so gelingt das Zuschieben gewohnter Rollen kinderleicht. Oft wird unsere Erwartung allein schon deshalb bestätigt, weil unser eigenes Verhalten die von uns erwartete Gegenreaktion irgendwann aus dem anderen herauslockt. Wenn wir es richtig anstellen, ist es nur eine Frage der Zeit, bis wir den anderen zum Beispiel auf die Palme gebracht haben.

Sind wir uns unserer eigenen Wiederholungsneigungen nicht bewusst und tappen deshalb immer wieder in die Fallen unserer eigenen Vergangenheit, kann eine anfänglich heftige Verliebtheit schon sehr bald in ihr Gegenteil umschlagen. Aus »Ich dich auch« wird schnell »Du mich auch«. Und das bei jeder neuen Beziehung von Neuem und doch immer gleich.

Die Zauberformel für ewige Liebe

In jedem Zusammenleben besteht irgendwann Klärungsbedarf. Treffen unterschiedliche Bedürfnisse aufeinander, führt das unweigerlich zu Interessenkonflikten. Doch lassen sich die eigentlich fast immer durch Kompromisse lösen. Andernfalls münden sie in Dauerkonflikte, leise schwelend oder laut krachend. Zweifellos gibt es Menschen, die sogar das mögen. Doch für die meisten von uns bedeutet das Dauerstress, und der ist unangenehm und ungesund. Wo für den Einzelnen die Grenze liegt zwischen erträglich und zu viel, ist vor allem kulturabhängig und in Nordfriesland ganz anders als in Andalusien.

Um zu verhindern, dass Konflikte in eine Sackgasse münden und die Beziehung daran scheitert, ist es wichtig, sie möglichst frühzeitig zu erkennen. Offen angesprochen lassen sie sich entweder eben lösen oder zumindest entscheidend begrenzen. Und dabei ist es sogar weitgehend egal, ob die Konflikte reale, bewusste oder eher unbewusste Wurzeln haben.

John Mordechai Gottman, ein US-amerikanischer Psychologe aus Seattle, hat herausgefunden, woran glückliche Paare zu erkennen sind. Hauptkriterium ist seiner Erfahrung nach, dass sich die Partner in der Welt des anderen bestens auskennen.

Und um genau das überprüfen zu können, gibt Gottman recht umfangreiche Fragelisten heraus. Wenn Sie sich einmal einen so richtig miesen Abend gönnen wollen, stellen Sie doch Ihren Partner auf die Probe. Drucken Sie sich so eine Liste aus und legen Sie sie ihm vor. Am besten, wenn er abends von einem anstrengenden Arbeitstag nach Hause kommt. Zur Anregung ein paar Beispiele: »Was hatte ich an, als wir uns das erste Mal getroffen haben?«, »Was für Belastungen habe ich gerade?«, »Beschreibe im Detail meinen heutigen oder gestrigen Tag«, »Was ist mein größter unerfüllter Traum?« Das Minimum sind achtzehn solcher Fragen. Wenn Ihr Partner die Antworten weiß, kennt er sich aus in Ihrer Lovemap. Das ist die Landkarte von allem, was Sie zu einem unverwechselbaren Menschen macht, von allem, was Ihr Partner so sehr an Ihnen liebt. Aber aufgepasst: Irgendwo auf der langen Liste wird er sich sicher verhaspeln. Und dann haben Sie den Beweis, dass er sich in Wirklichkeit gar nicht richtig für Sie interessiert.

Ich selbst bin kein Freund von Prüfungen und Fragenkatalogen. Ich kann mir einfach nicht vorstellen, dass sie als Basis für eine gute Beziehung taugen. Stattdessen finde ich »Bedienungsanleitungen« für den Umgang miteinander hilfreicher. Dazu sollten wir uns und unsere Bedürfnisse kennen und sie bei passender Gelegenheit, mit allen Künsten der Diplomatie und keineswegs frei von Selbstironie unserem Partner beschreiben. Und bitte dabei keine falschen Hemmungen. Wo, wenn nicht bei ihm, sollen wir schließlich wir selbst sein? Nur wenn wir uns bei unserem Partner wirklich zu Hause fühlen können, möglichst mit all unseren Stärken und Schwächen, wird die Partnerschaft das, was sie sein kann: die wichtigste Beziehung in unserem Leben. Dann können wir beide einander dabei helfen, die eigenen Stärken zu entfalten, und einander dort stützen, wo wir Hilfe brauchen. Doch wie, wenn wir es ihm nicht sagen, soll er sich auskennen in uns?

Die Erwartung, dass der andere unsere Bedürfnisse intuitiv spüren muss, ist sicher romantisch, doch hat sie mit der Wirklichkeit wenig zu tun. Vielmehr entspricht sie der Erwartungshaltung eines Kleinkinds, das davon ausgeht, dass seine Mutter ganz von selbst erfasst, was es braucht. Angesichts des begrenzten Bedürfnisspektrums in jungen Jahren funktioniert das anfangs ganz gut. Anders als Erwachsener. Da ist die Forderung nach intuitivem Verstehen fast immer zum Scheitern verurteilt. Erst nach jahrelangem Miteinander kann sich so viel an Vertrautheit aufbauen, dass auch dieses wortlose Verstehen gelingen kann. Davor ist der Wunsch danach eine der häufigsten Fallen für Beziehungen: Wenn der andere uns wirklich liebt, muss er doch wissen, was wir brauchen. Und wir werden ärgerlich und frustriert, wenn wir es nicht bekommen. Aber noch einmal: Woher soll er das wissen? Besonders trickreich ist das Ganze natürlich, wenn wir selbst nicht wissen, was wir wollen.

Es führt kein Weg daran vorbei. Ehrlichkeit, erst einmal uns selbst und dann auch unserem Partner gegenüber, ist die Grundlage für eine gelingende Partnerschaft auf Dauer, für echte Nähe und Vertrautheit. Keine Angst. Unser Partner wird uns schon nicht zurückweisen, wenn wir ihm zeigen, wer wir wirklich sind. Und wenn doch, ist er sicher nicht der Richtige für uns. Besser, wir wissen das früher als später.

Worauf es ankommt? Gegenseitig dafür zu sorgen, dass es dem Partner gut geht. Denn wenn wir dafür sorgen, ist das auch gut für uns selbst. Allein schon deshalb, weil unser Stresshaushalt davon profitiert und so unser Leben deutlich verbessert und verlängert wird. Und das gilt für beide. »Ich will, dass es dir gut geht«, das ist die Zauberformel für eine gelingende Beziehung.

Mit dir und nur mit dir

Der Alltag von Paaren, die auf Dauer glücklich zusammenleben, ist geprägt von der Hinwendung zum anderen, von echtem Interesse und von zärtlichem Miteinander. Gottman hat das im Detail untersucht. Dazu hat er mit seiner Forschungsgruppe eine »wunderschöne Wohnung mit Aussicht« in Seattle gemietet und sie mit diversen Kameras und mit einem Einwegspiegel ausgestattet, von dessen Rückseite aus das Leben in der Wohnung beobachtet werden kann. Dort verbringen – als Studienobjekte – Paare ein Wochenende miteinander, und dabei wird ihre Beziehung auf Herz und Nieren getestet. Täglich von neun bis einundzwanzig Uhr, damit auch Zeit bleibt für unbeobachtete zärtliche Momente. Schließlich geht es um Wissenschaft und nicht um Big Brother. »Das Apartment ist mit einem ausziehbaren Sofa, einer Küchenzeile, Telefon, Fernsehen, Video und CD-Spieler ausgestattet. Die Paare werden gebeten, ihre Lebensmittel, Zeitungen, ihr Strickzeug, ihre Hanteln oder sogar ihre Haustiere mitzubringen – kurz alles, was sie für ein typisches Wochenende brauchen.«

Dem erfahrenen Gottman genügen inzwischen fünf Minuten Beobachtung, damit er mit einer Treffsicherheit von über 90 Prozent voraussagen kann, ob das Paar zusammenbleiben wird. Ihre Feinheiten im Umgang miteinander, ihre Blicke und Berührungen, ihre Art, miteinander zu sprechen, all das sind hinreichende Hinweise für ihn, um zu erkennen, wie der Beziehungshase läuft. Im Laufe der Jahre hat er aus seinen Beobachtungen konkrete

Handlungsempfehlungen abgeleitet, um Paaren gegebenenfalls dabei zu helfen, zu retten, was vielleicht noch zu retten ist.

Er und seine Kollegen stießen dabei auf durchaus Überraschendes. Auch wenn es gepredigt wird, es erwies sich als grundfalsch, die Erwartungen an die Partnerschaft herunterzuschrauben und sich mit dem abzufinden, was irgendwie schon passt oder zu passen scheint. Wohlgemerkt, es geht um die Erwartung an die Partnerschaft, also an das gemeinsame Gestalten des Zusammenlebens, und nicht um die Erwartungen an den Partner. Schon gar nicht darum, dass er zum Retter aus eigenen psychischen Verstrickungen werden soll. Denn weiße Ritter und Übermütter sind in der Realität eher selten anzutreffen. Eine solche Rolle vom Partner einzufordern überfordert ihn irgendwann. Garantiert. Hohe Erwartungen an das Miteinander jedoch sind stimulierend und halten die Sinne für den gemeinsamen Umgang miteinander geschärft. Sie verhindern, dass die Routinen des Alltags zur Abstumpfung führen und über kurz oder lang die Beziehung zerrütten.

Gottman hat Verhaltenstipps erarbeitet, mit deren Hilfe das traute Miteinander auf Dauer zu erhalten ist. Unter Zuhilfenahme einer Stoppuhr lassen sich seine Empfehlungen leicht in der Praxis umsetzen: »Zuneigung: Küssen, halten, umarmen und berühren Sie einander ... Zeit: 5 Minuten täglich, 7 Tage lang. Insgesamt: 35 Minuten.« Dazu pro Tag fünf Minuten Bewunderung und Anerkennung, zwei Minuten Interesse beim morgendlichen Weggehen und zwanzig Minuten verbaler Austausch nach der Arbeit sowie last, but not least, wöchentliche Verabredungen mit dem Partner. Die Begeisterung der Paare, die so ihr Zusammenleben gestalten, ist leicht nachvollziehbar.

So sehr solche einfach zu erlernenden Verhaltensmaßnahmen auch hilfreich sein mögen für diejenigen, denen das liegt, scheint mir eine derartige Vorgehensweise aus neurobiologischer Sicht an der falschen Stelle in unserem Gehirn anzusetzen. Denn nicht das Großhirn und damit der Verstand halten eine Partnerschaft zusammen, sondern die Liebe. Und die ist ein Gefühl und hat damit – wie alle Gefühle – ihren Sitz im limbischen System.

Das erklärt, warum oft zusammenpasst, was so gar nicht zusammenzupassen scheint. Sicher kennen Sie auch so ein Paar, das objektiv betrachtet, so gar nichts gemeinsam hat. Und trotzdem sind die beiden total glücklich miteinander. Da stellt sich die Frage: Wie machen die das nur?

Die Antwort darauf findet sich beim Blick in den Chemiebaukasten unseres Gehirns. Wieder ist es die Macht des Oxytocins, dem diese Paare ihr Glück verdanken. Denn das Liebeshormon Oxytocin ist der entscheidende Klebstoff für erfüllte Beziehungen. Und eben nicht ein Katalog an objektiv nachvollziehbaren Kriterien. Wir haben auch schon kennengelernt, wie wir an diesen wunderbaren Stoff herankommen. Als Nasenspray in Apotheken nur mit fraglicher Wirksamkeit, daher besser in voller Wucht durch körperliche Nähe und Sex. Denn immer dann wird unser Gehirn so richtig schön mit Oxytocin geflutet. Gerade wenn das mehr Zeit in Anspruch nimmt als täglich fünf Minuten.

Dogge oder Hirschkalb?
Warum gerade du?

Wen wir auserwählen, hängt von unseren Bindungserfahrungen ab, die wir vom Beginn unseres Lebens an aufbauen. In unseren Partnerschaften wiederholen wir, was wir an Liebesfähigkeit in den ersten Wochen, Monaten und Jahren unseres Daseins gelernt haben. So entstehen die Rahmenbedingungen für unsere Liebe. Wem sie dann letztlich in den Schoß fällt oder wem wir verfallen, das entscheidet oft der Zufall. Ihm verdanken wir Paarungen, die völlig unmöglich erscheinen. Solange jedoch die Bedürfnisse unseres limbischen Systems befriedigt werden, also die der Gefühle abseits unseres Verstandes, passt es. Nicht nur bei uns Menschen, sondern ebenfalls bei Tieren, sofern sie ein limbisches System besitzen und daher die Liebe kennen. Da gibt es an Paarungen etwa: Dogge und Hirschkalb. Aber längst nicht nur das. Durchforstet man die entsprechende Literatur, scheinen gerade Hunde besonders flexibel in ihrer Partnerwahl zu sein. Solange dadurch nur ihr Bedürfnis nach limbischer Resonanz gestillt wird: Gänse, Enten, Hühner, Schweine, Füchse, Katzen, Leoparden, Schafe, Ziegen und natürlich auch Menschen nehmen sie als Partner an.

Apropos Gänse. Ihre Bindungswahl entscheidet sich bekanntlich durch Prägung in dem Moment, in dem sie aus dem Ei schlüpfen. Ich selbst habe einmal eine Gans beobachtet, die offenbar in einem Schweinestall geschlüpft war. Dank ihrer Prägung war sie von diesem schicksalhaften Schritt ins Leben an auf Schweine fixiert und lebte über ein Jahr lang Seite an Seite mit ihren grunzenden Verwandten in einem Freigehege. Bis ein Ganter sie des Besseren belehrte. Durch den Sex wurde sie von ihrer Ursprungsfamilie gelöst. Auch das ein uns Menschen durchaus vertrautes Phänomen.

In all diesen Beobachtungen aus der Feldforschung – hier auch im wörtlichen Sinn – spiegelt sich die häufig unterschätzte, aber ganz entscheidende Tatsache wider, die ich vorhin schon erwähnte: Die wichtigste Beziehung in unserem Leben ist nicht die zu unserem Bankberater, zu unserem Arzt, zu unserem Therapeuten oder zu unserem Friseur, und eben auch nicht die zu Mutter und Vater oder zu den eigenen Kindern. Die wichtigste Beziehung in unserem Leben ist die zu unserem Lebenspartner. Nur in ihr können wir uns zu dem Menschen entwickeln, der wir sein wollen.

Erst langsam entdeckt die Wissenschaft, wie weitgehend unsere Verbundenheit mit dem Menschen an unserer Seite geht. Denn wie schon unser Körper als Säugling von der unmittelbaren Nähe zur Mutter reguliert wurde, bleibt er auch im Erwachsenenleben in enger körperlicher Feinabstimmung mit dem Körper unseres Partners. Hinweise darauf zeigen sich beispielsweise bei der Steuerung der Hormone. Bei Frauen, die miteinander leben, gleichen sich die Monatszyklen einander an. Und auch Stress überträgt sich spielend zwischen Partnern. Unweigerlich sind und bleiben wir Menschen immer Teil unseres sozialen Umfelds, geistig wie körperlich. Unser Körper und unser Geist sind untrennbar miteinander verwoben, beide stehen in ständigem Austausch mit unserer Umwelt und dabei über das lebendige Spiegeln besonders intensiv mit den Menschen um uns herum.

Diese enge Verflochtenheit mit unserem sozialen Umfeld ist entscheidend dafür, dass die gewählte Partnerschaft der wichtigste Baustein für ein gelingendes Leben ist. Genau das betont auch zu Recht der US-amerikanische Psychiater, Psychoanalytiker und Schriftsteller Irvin Yalom in der über ihn gedrehten autobiografischen Schweizer Dokumentation *Yaloms Anleitung zum Glücklichsein*. Darin beschreibt er, was er in seinen Theorien entwickelt hat, und er lebt vor, wie er daraus in der Praxis für sich und seine Frau zu einem geglückten Lebensentwurf gefunden hat. Aus den existenziellen Fragen in seiner Arbeit hat er Antworten für sein eigenes Leben geschöpft. Quintessenz:

Das Wichtigste im Leben ist die Qualität der gewählten Partnerschaft.

Du in mir, ich in dir

Die Macht dieser so entscheidenden Beziehung entsteht vor allem aus dem gemeinsamen Erlebten, da geteiltes Erleben die Bindung stärkt. Mit jeder Erfahrung, die wir mit unserem Partner teilen, wird seine Gegenwart gleichsam eingebaut in unsere Hirnstruktur, in einen der vielen Planeten, die unseren Erfahrungsschatz und damit unsere Persönlichkeit ausmachen. Wesentliche Lebensbereiche werden so zum geteilten Miteinander. Die Planeten in den Universen von uns beiden gleichen sich mit jeder weiteren geteilten Erfahrung ein Stück weit stärker einander an. In beiden Gehirnen entstehen identische Strukturen und damit parallele Welten. Je mehr Bereiche das betrifft, desto mehr ist unser eigenes Leben auch das des anderen und umgekehrt. Wechselseitig werden wir so zu einem Teil voneinander.

Übereinstimmende Reize von außen wecken dann übereinstimmende Erinnerungen und Assoziationen in uns. Das wiederholte gemeinsame Empfinden verschafft uns stets neue Momente der Kohärenz. Immer öfter und deshalb immer intensiver verbinden uns so die Gefühle mit unserem Partner, indem wir erfahren, dass er auf der Grundlage derselben Erlebnisse genauso empfindet wie wir. Aus der Kohärenz der gemeinsamen Erfahrung entsteht limbische Resonanz. Wir streben nicht nur in unserem Verständnis von der Welt nach Kohärenz, nach Stimmigkeit zwischen äußeren und inneren Reizen, nach dem Zusammenpassen von Verstand und Gefühl. Auch im Miteinander haben wir das Bedürfnis, uns einzustimmen, in gemeinsamer

Resonanz mit den Menschen in unserer Umgebung im Gleichklang zu schwingen, das Erleben von Kohärenz in limbischer Resonanz zu teilen. Weil sich das gut anfühlt, bindet uns das aneinander.

Vor allem, wenn die Gefühle stark sind, entsteht Bindung. Eine Partnerschaft, die intensiv gebunden bleiben soll, braucht also das gemeinsam erlebte Gefühl, die gleichzeitige und gleichförmige Aktivierung des limbischen Systems. Die lässt sich auf vielfältige Weise erreichen. Lebendig und erfüllend in den vielfältigen Spielarten von Liebe und Lust mit gemeinsamen Orgasmen als Höhepunkt.

Doch ebenso andere intensive Gefühle binden uns aneinander allen voran die Angst. Kriegsfreundschaften belegen das, und wir haben das ja schon in extremer Form beim Stockholm-Syndrom gesehen (siehe S. 80 f.). Wir können also der Liebe auch dadurch auf die Sprünge helfen, dass wir gemeinsame Angsterlebnisse suchen. Manche Paare machen das so. Sie bringen Farbe in ihre Freizeit durch zusammen unternommene Abenteuer, geteilte Freuden beim Genuss von Horrorfilmen, Reisen in völlig fremde Umgebungen, womöglich in ein akutes Krisengebiet, oder durch Gewalt beim Sex. All das hat durchaus das Potenzial, Bindung zu stärken. Allerdings liegt das nicht jedem, und so bleiben zum Glück auch die klassischen Varianten der Bindungsintensivierung durch Liebe und Lust.

Wie Liebe heilen kann

Liebe ist Gefühl pur, und wie. Sie drängt den Verstand in den Hintergrund oder setzt ihn gleich gänzlich außer Kraft. In der Liebe regiert das limbische System, benehmen wir uns ein Stück weit wie unsere Verwandten im Tierreich, denen nicht so ein luxuriöses Großhirn vergönnt ist wie uns Menschen. In der Liebe werden wir zum Tier, fallen quasi auf eine frühere Stufe der Evolution zurück. Zugleich knüpfen wir dabei unbewusst an die tief in uns verwurzelten Bindungserfahrungen aus den ersten Monaten und Jahren unseres Lebens an. Was wir an Geborgenheit und Nähe früh erlebt haben, wiederholen wir in der Liebe. Heftige Verliebtheit kann deshalb die Sehnsucht nach einer vollkommenen Verschmelzung in uns wecken. Wir wollen eins sein mit der oder dem Geliebten, so wie wir eins waren mit unserer Mutter an ihrer Brust oder – mehr noch – in der Zeit vor unserer Geburt.

Unbewusst wählen wir uns in der Liebe einen Partner aus, der uns vertraut erscheint, der uns erinnert an das, was wir selbst erlebt haben, oder an das, was uns vorgelebt wurde. Und ebenso unbewusst suchen wir dabei nach dem Gefühlszustand, der uns aus der Zeit unserer frühen, völligen Abhängigkeit bekannt ist. Unsere Spiegelzellen haben die Handlungsmuster, die mit diesen Gefühlen einhergehen, verlässlich gespeichert. Waren wir als Säugling geborgen und sicher, werden wir auch nach einem Partner suchen, mit dem wir wieder Geborgenheit und Sicherheit teilen können. Haben wir Zärtlichkeit erfahren, werden wir sie im lustvollen Miteinander beim Sex in vollen Zügen auskosten.

Problematisch wird es, wenn wir vor allem in unseren frühen Bindungen psychische Traumen erlebt haben. Denn auch dann suchen wir unbewusst nach einem Partner, der uns wieder in die aus kindlichen Tagen vertraute Gefühlswelt zurückführt. Schließlich streben wir nach Kohärenz, wollen wir uns auskennen. Dieser Drang ist oft stärker als der Wunsch, den Schmerz zu vermeiden, der dadurch von früher wieder an die Oberfläche tritt. Zugleich hegen wir wegen dieses Schmerzes die Sehnsucht, dass der neue Partner die alten Wunden heilen, die früheren Verletzungen ungeschehen machen soll. Das kann in der Tat gelingen. Wenn sich unser Partner deutlich anders verhält, als wir es von unseren traumatischen Erfahrungen her gewohnt sind, wenn er uns Verständnis, Sicherheit und Geborgenheit bietet. Dann wird die neue Erfahrung mit ihm an das alte Gefühl geknüpft und die alte Erfahrung dadurch zunehmend in den Hintergrund gedrängt.

Zweierlei steht dem allerdings entgegen. Ich erwähnte es bereits. Zum einen, dass wir uns mit unglaublich viel Geschick in der Regel einen Partner suchen, bei dem wir uns auskennen, der also wirklich so ist, wie wir das in unseren schlimmsten Träumen befürchtet haben. Und zum zweiten: Selbst wenn der Partner nicht so ist, drängen wir ihn mit unserer Erwartungshaltung, dass er sich irgendwann entsprechend verhalten wird, in die uns vertraute Rolle hinein. So lange, bis selbst der Gutmütigste gereizt und aggressiv wird und bald schon auf und davon ist. Dieses Muster wiederholen wir bei jedem neuen Partner, bis irgendwann niemand mehr da ist, der sich auf unser Spiel einlassen will.

Reife, erwachsene Liebesfähigkeit funktioniert anders. Sie entwickelt sich aus einem unvoreingenommenen Interesse am anderen und führt durch das Teilen von Erfahrungen und Lebenszielen zum Aufbau einer gemeinsamen Identität. Dazu müssen jedoch beide Partner als eigenständige Erwachsene in der Gewissheit leben, notfalls auch im Großen und Ganzen alleine zurechtkommen zu können. Basis dafür ist das im limbischen System verankerte Urvertrauen in die Welt. Was immer geschehen wird, wir werden einen Weg finden, damit umzugehen. Haben wir diese Gewissheit, können wir uns ohne Vorbehalte, voller Interesse und Neugier auf einen anderen Menschen einlassen, grenzenlos, hemmungslos, können wir uns ihm ganz hingeben und bleiben dabei doch wir selbst. Mit einer solchen Basis brauchen wir unserem Partner nichts vormachen und können offenen Auges erleben, dass er uns so liebt, wie wir sind.

Kein Grund aber, die Flinte gleich ins Korn zu werfen, wenn uns dieses Urvertrauen fehlen sollte oder wir einen anderen Ballast von früher mit uns herumtragen. Das geht vielen von uns so, und, wenn uns das klar ist, können wir lernen, damit achtsam umzugehen. Wir alle können uns gezielt weiterentwickeln und so die alten Verletzungen hinter uns lassen. Erklären wir unserem Partner, warum wir uns vielleicht schwertun damit, Nähe zuzulassen oder Vertrauen zu fassen. Schaffen wir bewusst die Möglichkeit, unsere früheren durch andere Erfahrungen zu ersetzen. Holen wir uns zum Beispiel Nähe, wenn wir das Bedürfnis danach verspüren. Teilen wir unserem Partner diesen Wunsch offen mit. Er kann uns die Nähe geben, sich anders verhalten, als wir es bislang kennen und damit unbewusst immer wieder erwarten. Auf diese Weise können wir in der Partnerschaft nacherleben, was uns früher fehlte. Im Laufe der Zeit können wir dadurch selbst dort Sicherheit und Vertrauen aufbauen, wo wir uns bislang schwer damit getan haben, und so alte Wunden heilen.

Offenheit und Ehrlichkeit uns selbst und dem Partner gegenüber werden so zur Grundlage, um durch gemeinsames Erleben limbische Resonanz herzustellen. Das stärkt unser Miteinander. Liebe wird auf diese Weise mehr, wenn wir sie teilen. Die gemeinsam gemachten Erfahrungen und gesetzten Ziele intensivieren unsere Bindung. Je stärker sie aufgebaut wird, desto selbstverständlicher wächst die Gewissheit, dass unsere

Beziehung auch unvermeidlich auftretende Konflikte überlebt. Statt von früherer Verlustangst wird nun unser Lebensentwurf beherrscht vom sicheren Gefühl, dass wir beide einander brauchen, um erfüllt zu leben. Das intensive Erleben der eigenen Liebesfähigkeit im Miteinander gehört zu den wichtigsten Erfahrungen im Leben. Es gilt für die Liebe, was Loriot über Möpse gesagt hat: »Ein Leben ohne Liebe ist möglich, aber sinnlos.«

Von der Selbsterkenntnis zu erfülltem Sex

In der Realität gibt es die durch und durch erwachsene Beziehung nur äußerst selten. Üblicherweise befinden wir alle uns in Partnerschaften, in denen wir unsere erwachsene Liebe mit unseren verbliebenen kindlichen Anteilen mischen. Das kann bestens funktionieren, wenn das unbewusste Gemisch aus Erwachsenem und Kindlichem von beiden gut zusammenpasst. Glück gehabt.

Oder weil uns – und das ist weniger abhängig vom Glück – die eigenen unbewussten kindlichen Anteile bekannt sind. Wir können dann in unserer Partnerschaft offen mit ihnen umgehen und uns gegenseitig unterstützen. Auf diese Weise können sogar alte Wunden in der Geborgenheit unserer Liebesbeziehung langsam ausheilen. Werden wir liebevoll aufgefangen, wenn die Gefühle alter Verletzungen an die Oberfläche kommen, wird auch in unserem Gefühl zu Vergangenheit, was in Wirklichkeit längst vergangen ist.

Indem ich meine eigenen Schwächen kenne, kann ich verhindern, dass ich meinen Partner für meine Stimmungen verantwortlich mache. Ich kann ihm erläutern, warum ich so bin, wie ich bin. Offenheit verhindert, dass mein Partner sich nicht auskennt und ich ihn dann dafür anfeinde, dass er keine Rücksicht auf meine Schwächen nimmt. Normalerweise wird er bestrebt sein, dafür zu sorgen, dass ich mich bei ihm gut aufgehoben fühle. Denn das ist ja auch gut für ihn selbst, wie wir gesehen haben. Ist er imstande, sich einzufühlen in die Welt meiner kindlichen Verletzungen, entsteht limbische Resonanz. Sie wird zur Grundlage von echtem Vertrauen in der Beziehung und damit von der Erfahrung, dass das erwachsene Leben anders sein kann als das der Kindheit. Selbstbestimmt und liebevoll. Für beide.

Und dann ist da noch die Macht, die uns wirklich bindet, lustvoll, rein limbisch, irrational und überwältigend. Und das gilt, selbst wenn es immer noch ein Tabuthema ist, bis ins hohe Alter hinein. Eine Schweizer Webseite – und nicht nur sie – bietet Aufklärung: »Mit zwanzig ist man der Meinung, dass Menschen mit vierzig - die schließlich schon zum alten Eisen gehören - kaum noch ein aufregendes Sexleben haben können. Mit vierzig dann ist man davon überzeugt, sextechnisch nie besser drauf gewesen zu sein als jetzt. Gleichzeitig ist man sich sicher, dass bei Menschen mit sechzig im Bett allerhöchstens noch das Minimum abläuft. Kaum ist man sechzig, zwickt es zwar hie und da, doch die Lust auf Sex bleibt ungebrochen. Wahrscheinlich - so mutmaßt man - sind es die Achtzigjährigen, die das Los eines Lebens ohne Sex gezogen haben. Mit achtzig taucht dann die Frage auf, wie man je glauben konnte, dass ein Leben ohne den Gedanken an Sex überhaupt möglich ist.« Ich lasse das hier einfach einmal so stehen, ganz ohne Kommentar. Für eine gelingende Partnerschaft jedenfalls ist erfüllter Sex der Stoff, aus dem die Liebe ist.

Wie sich wo die Lust regt

Wen wir uns auswählen, hängt von unseren frühen Erfahrungen ab. Nach welchen Regeln wir unsere Liebe leben, unterliegt den Werten der Gesellschaft, zu der wir gehören. Doch wie so oft gilt das meist nur vordergründig. In Wahrheit, hinter verschlossenen Türen, stellen wir unsere ganz eigenen Regeln auf. Selbst in einer moralischen Instanz wie der katholischen Kirche werden ja gelegentlich private Freiheiten ausgelebt, die nicht unbedingt im Einklang mit den offiziell vertretenen Weisungen stehen. Weil wir Menschen sind und als solche menschliche Bedürfnisse haben. Je mehr es in unseren Partnerschaften um Bindung und um Stärkung der Bindung durch körperliche Nähe und Sex geht, desto limbisch intensiver und befriedigender erleben wir sie und damit auch uns selbst.

Landläufig wird behauptet und von der Ratgeberliteratur immer wieder bekräftigt, dass auf Dauer Freundschaft wichtiger sei als körperliche Liebe. Doch das stimmt nicht. Die Bedeutung von Sex nimmt im Laufe der Beziehungsjahre nicht ab, sondern sie bleibt für die dauerhafte Stabilisierung einer glücklichen Beziehung entscheidend. Weil das Oxytocin wesentlich ist für unser Erleben von Bindung, sind die im Sex lustvoll gemeinsam erklommenen Höhepunkte in ihrer Intensität durch nichts zu ersetzen. Das bestätigt auch der aus Wien stammende und in den USA lebende Psychiater und Psychoanalytiker Otto Kernberg aus seiner Arbeit mit Paaren im fortgeschrittenen Alter. Zwar, so Kernberg, sei es immer noch ein wohlbehütetes Geheimnis, doch ist Sex im Alter verbreitet und entscheidend für das glückliche Miteinander eines Paares. Angesichts seiner eigenen Lebenserfahrung – er geht auf die neunzig zu – ist Kernberg sicher eine verlässliche Autorität für eine solche Erkenntnis. Nicht von ungefähr war aus gut unterrichteter Quelle zu erfahren, dass er zusammen mit seiner 2006 verstorbenen Frau Paulina eine große Sammlung von Erotikfilmen besaß, die er allerdings bedauerlicherweise bei einem Brand verlor.

Für Kernberg ist das Abflauen der Lust immer eine Folge ungelöster Kindheitskonflikte. Zahlreiche Lustkiller gibt es da, etwa den so exotisch klingenden Madonnen/Huren-Komplex. Er findet sich bei Männern, die sich als Partnerin eine Frau suchen, die mütterlicher ist, als die eigene Mutter es für sie war. Sie genießen es, umsorgt zu werden und sich die Wärme zu holen, die sie als Kind vermissen mussten. Allerdings erlischt bei ihnen bald schon die sexuelle Lust. Denn mit der eigenen Mama darf man ja in den meisten Kulturkreisen nicht in die Kiste steigen. Weil Sex aber so schön und unverzichtbar ist, zieht es solche Männer andauernd hin zu anderen Frauen, vorzugsweise zu Anbieterinnen von unverbindlichem, weil käuflichem Sex. Das Begehren wird von der Partnerschaft getrennt und anderweitig ausgelebt.

Bei Frauen gibt es ein ähnliches Phänomen. Spätestens mit der Geburt eines Kindes wird der Ehemann zum Vaterersatz. Er soll Versorger sein und die Existenz absichern. Basta. Den Kitzel holt Frau sich woanders. Wenn überhaupt. Manche Frauen üben sich ganz im Verzicht. Vor allem, wenn sie dazu neigen, sich selbst als Opfer zu sehen. Aus mir unerfindlichen Gründen gibt es für diese weibliche Variante des Madonnen/Huren-Komplexes bislang noch keinen Fachbegriff. Wie wäre es mit Papa/Gigolo-Komplex?

Die Pfade neurotischer Verstrickungen in der Sexualität sind jedoch noch weitaus vielgestaltiger und verschlungener. Gerade weil wir uns beim Sex auf dem glatten Parkett unserer Gefühle bewegen, zeigen sich hier mögliche Abgründe ungelöster Kindheitserfahrungen besonders lebendig. Da gibt es Fetischisten, Exhibitionisten, Voyeuristen, Sadomasochisten und vieles mehr. Solange es allen daran Beteiligten wahre Lust bereitet, spricht nichts dagegen, die bunten Spielarten der Lustgewinnung zum Vorteil der eigenen Beziehung zu leben. Pech allerdings, wenn man bei der Partnerwahl an einen Neider gerät, wie Kernberg ihn beschreibt: »Neid kann da (beim Sex) krasse Formen annehmen. Ich hatte einmal einen Patienten, der konnte es einfach nicht ertragen, dass seine Partnerin beim Geschlechtsverkehr mehr Lust als er selbst empfand.«

Was ich dir schon immer sagen wollte

Wahrscheinlich renne ich hier offene Türen ein. Und doch kann es nicht schaden, ein paar selbstverständliche Anregungen für den Umgang im Alltag mit dem oder mit der Allerliebsten zu empfehlen. Allerdings nicht in Form einer Liste, die Punkt für Punkt und Minute für Minute abgearbeitet gehört. Eher sollen es Anregungen sein, auf die, im Hinterkopf gespeichert, bei Bedarf zurückgegriffen werden kann. Wie immer im Gehirn gilt auch in der Beziehungsgestaltung die Tendenz zur Selbstverstärkung einer einmal eingeschlagenen Richtung. Und genau die lässt sich bewusst nutzen.

Körperliche Nähe bindet. Was auf Sex zutrifft, trifft auch auf andere Formen von Körperkontakt zu, auf zärtliche Berührungen, Kuscheln, Streicheln, Kraulen, den flüchtigen oder intensiven Kuss und alles sonst, was an körperlichem Miteinander angenehm ist.

Jeder mag gemocht werden. Einige Soziopathen vielleicht ausgenommen, aber die leben sowieso solo. Dem Partner deutlich zu machen, wie sehr wir ihn mögen, fördert das Miteinander. Kleine Aufmerksamkeiten im Umgang, Komplimente und Lob, je nach Bedarf auch kleine oder große Geschenke und Überraschungen. Lassen wir unserer Kreativität Flügel wachsen. Es kommt unserer Beziehung, damit unserem Partner und dadurch auch uns selbst zugute. Wichtig ist natürlich auch hier, dass beide sich bemühen. Ausgewogen. Ungerechtigkeit halten wir Menschen nicht gut aus. Doch dazu später mehr.

Auch die Sprache, die den Umgang miteinander bestimmt, hat einen wesentlichen Einfluss auf unser Wohlbefinden. Niemand ist perfekt, aber ein wenig die Ohren zu spitzen zu dem, was die eigene Zunge so von sich gibt, schadet keineswegs, kann vielmehr viel bewirken. Denn liebevolle Worte im Alltag wirken Wunder, sofern sie ernst gemeint sind. Was wiederum von der gefühlten Grundstimmung im Miteinander abhängt.

Im Gespräch miteinander, vor allem wenn es Klärungsbedarf gibt, ist es hilfreich, bei der Sache zu bleiben und ein paar simple goldene Regeln zu beachten, mit denen es sich manchmal vermeiden lässt, das Kind in den Brunnen fallen zu lassen, frei nach dem Motto: Was ich dir schon immer einmal sagen wollte. Hier ein kurzer Überblick:

Bevor wir etwas ansprechen, insbesondere, wenn das Thema heikel ist, sollten wir uns erst einmal vorstellen, wie wir selbst reagieren würden, wenn wir mit dem Gesagten konfrontiert würden. Versetzen wir uns in die Lage des Angesprochenen, etwa in den beiden folgenden Beispielen: »Immer denkst du nur an dich. Nie gibst du mir das Gefühl, dass ich dir etwas bedeute.« Alternativ: »Ich mag es, wenn du mir Komplimente machst. Schließlich bin ich doch eine wunderbare Frau.« Bei welcher der beiden Gelegenheiten, glauben Sie, bekommen wir von unserem Partner eher, was wir uns von ihm wünschen?

Wir sollten offen beschreiben, was wir wollen. Natürlich laufen wir dabei Gefahr, dass der andere Nein sagt. Aber dann wissen wir wenigstens, woran wir sind. Anschuldigungen, auch wenn sie unserer Gefühlslage entsprechen mögen, führen selten zum Ziel. »Ich wünsche mir …« ist immer besser als »Du bist …« Wertende Kritik, pauschal und allgemeingültig, am besten noch unbegründet, schafft selten eine brauchbare Grundlage für eine echte Klärung.

Wenn wir wirklich etwas erreichen wollen im klärenden Gespräch, ist es empfehlenswert, erst einmal die Stimmung dafür in ein positives Fahrwasser zu lenken. Wie wäre es mit einem ernst gemeinten Kompliment zu Beginn? Und natürlich ist das Timing wichtig. Denn ohne die Zuhilfenahme des Verstands lassen sich auch Gefühlsangelegenheiten nicht wirklich klären. Irvin Yalom empfiehlt, das Eisen zu schmieden, »solange es kalt ist«. Damit meint er, Diskussionen in Partnerschaften dann zu führen, wenn die Gefühle gerade nicht hochkochen. Eine ruhige Unterredung in Zimmerlautstärke bringt mehr, als zur ungefragten Freude der Nachbarn zu nächtlicher Stunde die Neuauflage antiker Dramen zu inszenieren. In der Hitze der Gefühle argumentieren wir auf dem Niveau des limbischen Systems, völlig irrational und kindisch – oder wie ein in die Enge getriebenes Tier. Weder lassen sich dann vernünftige Lösungen entwickeln, noch bleibt da Raum für Gemeinsamkeiten. Im Streit existiert nur schwarz und weiß, nur falsch und richtig. Und üblicherweise liegt der andere falsch, während man selbst recht hat. Unser Verstand arbeitet in diesen Momenten auf dem Niveau eines Zweijährigen. Deshalb eine dringende Empfehlung: Wenn es so richtig irrational wird und wilde Vorwürfe die Diskussion beherrschen, sollten wir sie abbrechen. Genug für heute. Vertagen wir die

Klärung. In diesem Augenblick wird sie uns nicht gelingen. Garantiert.

Vom kleinen Zwist zum großen Knall

Warum streiten wir Menschen überhaupt? Streit ist eine Form der Konfliktlösung. Dann, wenn Auseinandersetzungen zu heftigen Gefühlsreaktionen führen. Im Streit herrscht das limbische System. Der Verstand ist außer Kraft gesetzt. Außer man hat gelernt, seine Gefühle mithilfe des Verstands gezielt einzusetzen.

Ist Streit vermeidbar? Theoretisch schon, praktisch kaum, da die wenigsten von uns so abgeklärt sind, dass sie ihre Gefühle voll und ganz beherrschen können. Und Konflikte? Die bleiben nicht aus, wenn zwei oder mehr Menschen zusammenkommen, da irgendwann unterschiedliche Bedürfnisse und Interessen zutage treten.

Gar nicht selten genügt schon ein Einzelner, um einen Konflikt vom Zaun zu brechen. Sei es innerlich bei sich selbst: Soll ich, oder soll ich nicht? Oder zwischenmenschlich: Der andere ist schuld an meinem Gefühl. Weil unser Verstand ständig nach einem Grund für unseren aktuellen Gefühlszustand sucht, entstehen oft Pseudokonflikte. Unser Partner steht morgens mit dem falschen Fuß auf. Flugs sucht er nach einer Erklärung für seine miese Laune, und wer bietet sich da besser an als wir. Ein vermeintlicher Grund ist schnell gefunden.

Bei einer derartigen Auseinandersetzung geht es nicht um Klärung, denn es gibt nichts zu klären. Letztlich sollen nur die eigenen unangenehmen Gefühle abgeladen werden. Hier gilt erst recht die Empfehlung: Diskussion beenden. So schnell wie möglich.

Wesentliche Grundlage für eine stabile Partnerschaft ist eben auch die Beziehung zu sich selbst. Wer sich selbst nicht mag, erwartet insgeheim, dass andere ihn genauso wenig mögen – und wird ihnen das vorwerfen. Allen voran natürlich seinem Partner. So lange, bis der ihn irgendwann wirklich nicht mehr mag.

Hüten sollten wir uns auch vor Auseinandersetzungen, die aus mehr oder weniger gut gemeinten Ratschlägen anderer entstehen. Was an dem oft ungebetenen Rat wirklich dran ist, ist meist schwer zu entschlüsseln. Nicht selten regiert da versteckter Neid. Wer selbst nicht in einer guten Partnerschaft lebt, erträgt das Glück anderer häufig eher schlecht als recht. Daher gibt es nichts zu klären, wenn wir persönlich gar nichts klären wollen, nur weil jemand anderer uns das dringend rät.

Da Konflikte die Tendenz haben, Gefühle in uns zu wecken, gerät durch sie der Verstand leicht ins Hintertreffen, und es kommt zum Streit. Wieder gilt: Je heftiger die Gefühle sind, desto eher reagieren wir unter dem Einfluss der Impulse aus dem limbischen System kindlich emotional. Ist eine Gefühlslawine erst einmal so richtig losgetreten, ist sie kaum zum Stillstand zu bringen. Das Gemeine daran? Besonders lebendig sind Auseinandersetzungen gerade dort, wo wir die Entscheidung für unsere Partnerwahl aus dem Bauch heraus getroffen haben. Was ja eigentlich, wie wir gesehen haben, eine gute Idee ist. Beherrscht sowieso das limbische System die Beziehung, neigen wir dazu, auch Klärungsprozesse vorwiegend limbisch auszutragen, und die sind damit entsprechend emotional aufgeladen. Da hilft nur die Macht der Einsicht. Wissen wir, dass es gelegentlich hoch hergeht in unserer Partnerschaft, wissen wir auch aus Erfahrung, dass der Sturm sich wieder legt. Es wird nichts so heiß gegessen, wie es gekocht wird. Ich hatte einmal das

Glück, in einer lauen Sommernacht auf der Terrasse eines barocken Palazzos mitten in der Altstadt von Neapel zu sitzen. Rundherum war aus den offenen Fenstern das Familienleben der Neapolitaner live und in Farbe mit zu verfolgen, ein farbenfroher, lebendiger Einblick in die Macht hitziger Gefühle.

Problematisch werden Konfrontationen, wenn sie nicht in Klärungen münden. Verantwortlich dafür sind meist Machtkämpfe, vielfach uneingestanden, aus tiefen Ängsten oder aus unbefriedigten Geltungsbedürfnissen heraus. Ein beliebtes Feld dafür ist die Forderung, dass der andere sich ändern müsse. Aber wer von uns will das schon, zumal ohne selbst den Wunsch zu verspüren? Damit ist ein solches Ansinnen zum Scheitern verurteilt. Wird es jedoch beharrlich eingefordert und führt es womöglich zu Dauerkonflikten, offen oder unausgesprochen, können die das Zusammenleben zerrütten.

Dauerkonflikte bedeuten Dauerstress, und der macht uns bekanntlich krank. Charakteristisch für schwelenden Unfrieden ist eine Ausgrenzung durch den Partner gegenüber Dritten. Vor anderen werden wir schlechtgemacht oder einfach stehen gelassen, während die anderen mit besonderer Aufmerksamkeit und Zuwendung behandelt werden. Aber ebenso in den eigenen vier Wänden wird uns statt liebevoller Begrüßung die Zimmertür vor der Nase zugeknallt, wenn wir von der Arbeit nach Hause kommen. Soziale Ausgrenzung bedeutet nicht nur Stress, sie aktiviert sogar direkt in unserem Gehirn die Schmerzzentren. Unweigerlich gelangt daher, wer in einer Partnerschaft permanent ausgegrenzt wird, irgendwann an seine Grenzen.

Besser ein Ende mit Schrecken als ein Schrecken ohne Ende

Dann bleibt uns manchmal nur die Trennung. Auch die schmerzt. Aber das ist normal. Denn Trennung verarbeitet unser Gehirn wie einen Entzug. Allerdings nur, wenn die Liebe noch glüht und so die Belohnungszentren regelmäßig feuern dürfen. Nur in diesem Fall kommt es zum Entzug, wenn die Beziehung sich auflöst. Andernfalls ist eine Trennung unbewusst längst vollzogen. Und schmerzt auch nicht mehr. Allenfalls schmerzt die Kränkung bei demjenigen, der verlassen wird.

Doch es gibt eine Ausnahme, wo Trennung schmerzt, obwohl die Liebe längst erloschen ist. Dann nämlich, wenn schmerzhafte Verletzungen aus der eigenen Kindheit zu einer massiven Trennungsangst geführt haben. Hier wird durch eine Trennung der alte Schmerz wieder an die Oberfläche gespült. Und um ihn zu vermeiden, bleiben wir unter Umständen weiter in einer Beziehung, auch wenn sich die längst nicht mehr kitten lässt und für sich genommen keinen Trennungsschmerz mehr auslösen würde.

Doch selbst wenn Scheiden wehtut, geht dieser Schmerz vorüber. Und es gibt Möglichkeiten nachzuhelfen. Das wirksamste Mittel gegen Schmerzen können wir nämlich selbst herstellen: Morphium. Durch Belohnung, aber schneller noch durch körperliche Nähe.

Das Hirnareal mit der höchsten Empfindlichkeit für Morphium ist das limbische System, der Ort, an dem die Gefühle entstehen. Körperliche Nähe setzt nicht nur Oxytocin, sondern auch Morphium frei. Bindung wird also regelrecht belohnt in unserem Gehirn. Und Nähe kann deshalb auch körperlichen

Schmerz lindern helfen. Jedes Kind, das hinfällt, weiß das ganz von selbst.

Daher lautet die eindeutige Empfehlung, um uns aus dem Loch eines Beziehungsfinales wieder herauszuhelfen: keinesfalls ewig lang in Trauer versinken, sondern sich möglichst bald wieder neu binden.

Außerdem ist es in einer Trennungsphase hilfreich, sich die eigene Wut einzugestehen, die sich oft über Jahre angestaut hat. Andernfalls droht ein Abgleiten in eine Depression, weil eben uneingestandene, aufgestaute Wut Dauerstress bedeutet.

Häufiger noch entsteht eine Depression während einer Trennung aufgrund innerer Konflikte. Meist beruhen sie auf dem Druck eines strengen Gewissens. Das verbietet uns vielleicht, einen Partner zu verlassen, weil der sich dann verletzt fühlt und leidet, besonders, wenn er immer schon ein Opfer war. Oder wir haben die Angst, unsere Kinder würden unweigerlich durch eine Trennung Schaden nehmen. Wobei sich die Frage stellt, ob das Vorbild einer lieblosen Beziehung auf Dauer besser für sie wäre. Zudem kann ein Konflikt zwischen unserem eigenen Ideal, eine gute Beziehung aufrechterhalten zu wollen, und der Realität, dass eben genau das gescheitert ist, in eine Depression münden. Und natürlich können die äußeren Umstände einer Trennungssituation selbst ohne innere Konflikte massiven Stress bedeuten – und damit eine Depression zur Folge haben.

In jeder psychischen Krisensituation – und Trennungen gehören dazu - ist es hilfreich, wenn wir uns in unserer eigenen Gefühlswelt auskennen. Dadurch können wir unrealistischen Erwartungen vorbeugen und ersparen uns so unangenehme Überraschungen. Etwa, indem wir wissen, wie wir in Konflikten reagieren und warum sie schmerzhaft für uns sein können.

Wenn wir unsere Gefühlsreaktionen kennen, ist uns zugleich klar, dass sie vorübergehen werden. Wir können uns auf die Zeit danach einstellen, wenn wir unser Leben neu gestalten werden. Zu zweit oder, falls das gerade nicht gelingt, notfalls eben allein. Auf Dauer gilt: Lieber eine gute Partnerschaft als gar keine, und lieber gar keine als eine schlechte Partnerschaft.

Selbst für den Umgang mit Durststrecken im Beziehungsleben gibt es konkrete Empfehlungen. Auch bei ihnen haben wir diverse Möglichkeiten, unser Gehirn in den Zustand des Wohlbefindens zu versetzen: durch Aktivierung der Belohnungssysteme. Erfolge, im Großen wie im Kleinen, setzen ja erst Dopamin und danach Morphium frei. Unsere Berufskarriere, neue Projekte, die Eroberung der Welt – die Alternativen sind vielfältig.

Außerdem gibt es Beziehungen auch außerhalb der eigenen vier Wände. Und da stehen an erster Stelle unsere Freundschaften. Gerade wenn es in unserer Partnerschaft kriselt oder ein Singledasein unser Leben prägt, sind Freunde enorm wichtig. Längst hat sich die Wissenschaft damit befasst und nachgewiesen, dass soziale Interaktion uns jung hält und unser Leben verlängert. Aber nicht nur Freunde, jeglicher intensive Kontakt mit anderen Menschen steigert unser Wohlbefinden und unsere Gesundheit. Im Beruf, bei Sport und Hobby oder wo auch immer sonst. Wer von uns sich wohltätig engagiert, verlängert sein Leben deutlicher, als wenn er seinen Blutdruck und seinen Cholesterinspiegel auf die empfohlenen Werte senkt. Ja, ein erfülltes soziales Miteinander verlängert unser Leben sogar mehr, als wenn wir das Rauchen aufgeben. Paradebeispiel dafür war vielleicht der frühere Bundeskanzler Helmut Schmidt.

Von den unterschiedlichen Funktionen unseres Körpers wissen wir, dass nur erhalten bleibt, was auch genutzt wird.

Unsere Muskelkraft, unsere geistige Wendigkeit, unsere Sexualität. Diese Regel ist gültig für unsere gesamte Existenz. Wenn wir unser Leben nutzen, indem wir in vielfältige Beziehungen eingebunden sind, leben wir folglich nicht nur erfüllter, sondern auch länger.

Liebe heute

Unser soziales Miteinander ist entscheidend für unser Lebensgefühl und für unsere Gesundheit. Aber tragen wir dieser enormen Bedeutung von Beziehungen für unser Wohlbefinden in unserer heutigen Gesellschaft und damit in unserem eigenen Leben Rechnung? Kaum, und der Trend geht weiter in die falsche Richtung. Wir kommen abends nach Hause und sind viel zu erschöpft, um noch Freunde zu treffen. Für den Stressabbau nach der Arbeit oder nach Arbeit und Haushalt oder nach Arbeit, Kindern und Haushalt ist dann einzig und allein der Partner zuständig. Aber auch der ist erledigt. Der Fernseher bietet Ersatz. Passiv, nicht aktiv. Ist das gesunde Entspannung? Oder besser gefragt: Sieht so ein erfülltes Leben aus? Unweigerlich noch enger ist der Spielraum für den Stressabbau bei alleinerziehenden Eltern.

Als Folge eines solchen immer stressigeren gesellschaftlichen Umfelds geraten Kinder unweigerlich in den Sog, die Gefühle ihrer Eltern mittragen zu müssen. Hierdurch werden sie viel zu früh in erwachsene Rollen gedrängt. Sie müssen den Stress und die dadurch oft zutage tretenden kindlichen Anteile ihrer Eltern auffangen und ausgleichen. Das kann bis hin zu einem regelrechten Rollentausch gehen.

Zu wenig Bindung und zu viel Stress, beides entspricht nicht unserer menschlichen Natur. Die ist eher ausgerichtet auf ein buntes Miteinander in einer, von gelegentlichen Ausnahmen abgesehen, entspannten Umgebung. Unserer natürlichen Herkunft nach sind wir wie die mit uns verwandten Primaten geschaffen für Großfamilien oder vergleichbare Gruppen. Und die sind in ursprünglicher lebenden menschlichen Gemeinschaften außerhalb von unserer westlichen Gesellschaft auch durchaus die Regel.

Nicht nur bieten solche Gruppen von Menschen aller Altersstufen Kindern einen vielseitigen Erfahrungsschatz für das menschliche Zusammenleben. Auch für ältere Menschen bedeutet ein Miteinander von mehreren Generationen eine Verbesserung und Verlängerung ihres Lebens. Die Tatsache, dass bei uns die Lebenserwartung gestiegen ist, liegt am medizinischen Fortschritt. Doch die Lage älterer Menschen könnte besser sein. Millionenfach vereinsamen sie. Oder sie werden in Heime abgeschoben, wo sie herausgerissen sind aus ihrem gewohnten Umfeld und ihnen nicht selten zwischen demenzkranken Gleichaltrigen jegliche Anregung für einen wach bleibenden Geist fehlt.

Aber selbst wer von uns mitten im Leben steht, im Spagat zwischen Karriere und Familie, würde von einem Zuhause, wie es heute nicht mehr die Regel ist, profitieren, einem Zuhause, in dem Kinder auch bei Großeltern, Onkeln, Tanten oder Bekannten unterkommen können. Selbst wenn mehr Köpfe in einer Gemeinschaft auch mehr Potenzial für Konflikte mit sich bringen, bieten sie zugleich mehr Gelegenheiten dafür, sich eine Auszeit zu gönnen oder von jemandem in seinen Gefühlen verständnisvoll aufgefangen zu werden und dadurch Stress abzubauen.

Doch statt der Gemeinschaft nehmen wir uns selbst viel zu wichtig. Und schaden uns damit, ohne dass wir das erkennen.

Warum aber ist dieses narzisstische Ich-Idealbild so sehr zum Trend der Zeit geworden? Dieses Ideal des autonomen Menschen, der unabhängig als Übermensch durch die Welt schreitet und sich durch die Beziehungen zu anderen eher behindert als unterstützt fühlt? Wieso erheben wir die Selbstliebe zur vermeintlich wichtigsten aller Tugenden? Am vorläufigen Höhepunkt dieser Entwicklung steht der sich selbst inszenierende Single, der auf Facebook 5000 Freunde hat und trotzdem spätabends nach Vollzeitjob und After-Work-Party frustriert allein ins Bett sinkt.

Achtung! Dein PC kann nicht Spiegeln

Reale Beziehungen ersetzen wir durch virtuelle. Der Schein ersetzt das Sein. Am Fernsehbildschirm und am PC wird uns vorgegaukelt, dass wir mit anderen und mit der Welt an sich im Kontakt stehen. Oberflächlich tun wir das auch. Aber dieser Kontakt ist weitgehend einseitig. Denn eine echte, direkt gelebte Beziehung ermöglicht das Spiegeln. Das eigene Gefühl wird vom anderen aufgenommen und geteilt. Ein Bildschirm kann das nicht. Unweigerlich stellen sich zwar unsere Spiegelzellen ein auf das, was wir wahrnehmen, wenn wir davorsitzen, doch beim Gegenüber herrscht Funkstille. Ich beschrieb bereits, wie schon ein Baby auf das echte Gesicht seiner Mutter ganz anders reagiert als auf ein Video, auf dem es das Gesicht seiner Mutter vorgespielt bekommt. Die wirklich anwesende Mutter spiegelt die Mimik des Kleinen, das Video kann das nicht. Genau deshalb kann Psychotherapie auch mehr bewirken als Selbsthilfebücher. Und genau deshalb vereinsamen wir vor dem PC, selbst wenn wir 5000 Freunde haben.

Nicht nur fehlen am Bildschirm echte, spiegelnde Beziehungen. In der bunten Welt von Fernsehen und Internet werden uns zudem so hohe Lebensansprüche und Klischees serviert, dass wir da garantiert nicht mithalten können. Auch das verhagelt uns die Stimmung, ist frustrierend und bereitet Stress. Der, wenn überhaupt, nur lässig nebenbei am Laptop arbeitende, glückliche Single, der von Glamourparty zu Glamourparty und von einem Sexabenteuer zum nächsten tingelt, ist weder real noch als Vorbild erstrebenswert. Er entspricht nämlich gar nicht unserer naturgegebenen Lebensweise. Einfühlung als Voraussetzung für ein erfülltes Miteinander wird ersetzt durch narzisstische Bestätigung. Statt Bindung bleibt Shopping. *Sex and the City* trifft den Zeitgeist, doch zugleich mitten ins Herz.

Da überraschen jüngste Forschungsergebnisse nicht: Wer soziale Netzwerke nutzt, erwartet zwar, dass er sich dadurch besser fühlt, doch in Wahrheit fühlt er sich nachweislich schlechter. Sicher, wir gehören irgendwo dazu, oder zumindest sieht es so aus, aber die für das emotionale Erleben so wichtige Spiegelung findet nicht statt. Die Gefühle sind und bleiben hausgemacht.

Virtuelle Freunde sind vergleichbar mit Pornos. Auch die sind immer verfügbar und immer willig. In ständig neuen Varianten stimulieren sie und aktivieren so die Freisetzung von Dopamin. Das erklärt, warum sie süchtig machen können. Denn fast alle Süchte setzen ja an unserem Dopamin-System an. Hinzu kommt bei den Pornos noch gegebenenfalls am Höhepunkt das Morphium. Der wahre Kick durch das gegenseitige Hochschaukeln allerdings, wie wir ihn beim sexuellen Miteinander erleben, bleibt aus. Unsere Belohnungssysteme zünden zwar, was durchaus seinen Reiz haben kann, nicht aber das Oxytocin des Bindungssystems. Genau in diesem Punkt gleichen einander Pornos und soziale Netzwerke. Beide zielen vor allem ab auf die kurze

Belohnung, auf die Aufmerksamkeit durch Dopamin, die aber schnell verebbt und von Neuem angefacht werden will. Eigentlich ist das wenig überraschend, wenn wir uns klarmachen, dass es den Anbietern in beiden Fällen nur um das eine geht, um unsere Aufmerksamkeit. Damit verdienen sie schließlich ihr Geld.

Bleibt unser Beziehungsleben auf Dauer auf die spiegelungsfreien Spielarten an PC und TV beschränkt, verkümmert über kurz oder lang unser Spiegelzellsystem. Unser Gehirn sucht schließlich nur noch die schnelle Befriedigung, die im wahrsten Sinne des Wortes zur Selbstbefriedigung wird. Andere Formen der Befriedigung werden kaum noch wahrgenommen. Wir reden nur noch über uns selbst, hören nicht mehr zu, werden immer egoistischer. Unser eigenes Ego und seine Bedürfnisse sind alles. Wieder zur Freude der Konsumanbieter. Ohne andere lustvolle Reize, bleibt uns der Konsum als einziger Weg, um unserem Gehirn eine Belohnung zu verschaffen. Ganz so, wie es uns die Stars und Sternchen im Fernsehen vorleben. Allerdings stumpft unser Belohnungssystem irgendwann ab, wenn der Konsum seine einzige Aktivierungsquelle bleibt. Der Neugier sind schließlich nach dem Shoppingrausch Grenzen gesetzt. Auch das trendigste Produkt gleicht bald dem alten. Gewöhnung setzt ein, Langeweile, Frust.

Beziehungen beugen der Langeweile der Gewöhnung vor, da bei ihnen nicht nur das Belohnungssystem, sondern auch das Bindungssystem aktiviert wird. Selbst wenn die Neugier in der Beziehung irgendwann nachlässt, bleibt die Kraft der Bindung dauerhaft erhalten. Die Werbeindustrie hat das mittlerweile begriffen und versucht uns in Beziehungen zu »unseren« Produkten zu locken. Doch mit dem Spiegeln tut sie sich weiterhin schwer. Das findet eben nur im richtigen Leben statt.

Säule II: Bewirken

Eine Szene, die jedem von uns aus der Beobachtung von kleinen Kindern beim Spiel vertraut ist, fasst die enorme Bedeutung des aktiven Bewirkens für unser Wohlbefinden am besten zusammen. Das Kind sitzt auf dem Boden und baut sich aus bunten Bauklötzen einen Turm. Jeder neue Stein, der hält und den Turm noch größer werden lässt, ist ein kleiner Triumph. Er beweist dem Kind: Ich kann das! Und am Schluss, wenn der Turm bis dahin nicht von selbst eingestürzt ist, wird er lustvoll umgehauen. Krawumm! Nicht weil ein aggressiver Trieb das Kind dazu antreibt, sondern weil es sich auch dabei selbst beweist: Ich kann das! Bei jedem Entwicklungsschritt, den ein Kind macht, bei dem es erlebt, dass es eigenständig etwas Neues gelernt hat, ist die Freude groß. Am überschwänglichsten wohl in dem einmaligen Moment, in dem es das erste Mal ganz alleine läuft. In diesem Moment gehört ihm die ganze Welt.

Sein schlägt Haben – immer noch

Aktives eigenes Handeln befeuert unser Belohnungssystem weitaus stärker als passives Zuschauen. Dort, wo wir selbst aktiv sind und Erfahrungen sammeln, ist unser Belohnungssystem voll bei der Sache. Der heute in Boulder, im US-Bundesstaat Colorado, arbeitende Psychologieprofessor Leaf Van Boven machte um die Jahrtausendwende, in seiner Zeit an der Cornell University, New York, eine erhellende Befragung unter Studenten. Sie sollten angeben, wie gut ihnen auf einer Skala von eins bis zehn ihr letzter größerer Einkauf gefallen hatte. Unterschieden wurde dabei zwischen materiellen Gütern und immateriellen Ausgaben, meist Reisen. Das Ergebnis war über jeden Zweifel erhaben. Die Wertschätzung für die Erlebnisse fiel eindeutig besser aus. Das aktive Erleben am eigenen Leib hinterließ deutlich lustvollere Spuren als der Besitz von etwas Neuem. Die alte Frage nach Haben oder Sein, die der Psychoanalytiker Erich Fromm 1976 stellte, lässt sich damit heute wissenschaftlich beantworten. Und die Forschung kommt dabei zu demselben Ergebnis wie damals Fromm: Sein geht vor Haben.

Und Sein schlägt Haben nicht nur in der selbst empfundenen Lebensqualität, sondern fördert auch die Lebensdauer. Jüngste immunologische Forschungen unter der Leitung der US-amerikanischen Psychologin Barbara Fredrickson an der kalifornischen Stanford University haben gezeigt, dass bei Menschen, die dem schnellen Glück hinterherlaufen, Stress entsteht. Die Entzündungsparameter im Blut werden hochgefahren, und zugleich wird die Bildung von Antikörpern gehemmt. Als Folge davon sinkt die Lebenserwartung. Umgekehrt wird das Immunsystem gestärkt, wenn statt des schnellen Glücks längerfristige Zufriedenheit angestrebt wird. Das senkt die Anfälligkeit für Krankheiten und verlängert auf diese Weise das Leben. Eine bewusste Lebensplanung erlaubt also auch hier, nicht nur besser, sondern außerdem länger zu leben.

Die Eroberung unseres eigenen Lebens

Die Grundlage für eine bewusste Lebensführung ist eine realistische Einschätzung unserer Möglichkeiten, unserer eigenen Fähigkeiten und der äußeren Gegebenheiten. Wenn wir wissen, was wir können und was möglich ist, können wir auf dieser Basis unsere Entscheidungen treffen und entsprechend handeln.

Doch um auf diese Weise unseren freien Willen überhaupt nutzen und entfalten zu können, müssen wir erst einmal einiges lernen. Wir müssen in der Lage sein, Ziele realistisch einzuschätzen, denn sonst kommt es zur Überforderung und damit zu Stress. Wir müssen unsere Aufmerksamkeit auf ein Ziel richten können, ohne uns dabei großartig ablenken zu lassen. Denn sonst gelangen wir allenfalls zufällig dorthin. Werden die Ziele komplexer, brauchen wir zudem die Fähigkeit, uns abstrakt vorzustellen, wo wir hinwollen und wie wir im Einzelnen dorthin gelangen können, um die einzelnen Schritte zu planen.

Den Antrieb dafür, uns ein Ziel auszuwählen, liefert immer unsere Neugier. Angesiedelt ist sie in unserem Dopaminsystem, das uns zu unseren Handlungen antreibt. Was unsere Neugier anfacht, worauf wir anspringen, hängt von unseren früheren Erfahrungen ab und im weiteren Lebensverlauf auch immer stärker davon, wofür wir uns bewusst entscheiden. Beeinflusst werden wir dabei von unseren eigenen Fähigkeiten und Interessen, die wiederum abhängen von den kulturellen und persönlichen Einflüssen, unter denen wir aufgewachsen sind. Das, was uns glaubhaft vorgelebt wurde, aber genauso auch das, was wir uns selbst aktiv erobert haben, wirkt dabei am stärksten. Und so wählen wir uns schließlich aus, wie wir uns in unserem Leben entfalten möchten, können in der Familie, im Freundeskreis, im Beruf oder im Hobby nach Erfüllung suchen. Oder uns die Welt erobern, so wie schon Goethe formulierte: »Die beste Bildung findet ein gescheiter Mensch auf Reisen.«

Um konsequent auf dem Weg zu einem Ziel bleiben zu können, müssen wir außerdem gelernt haben, unsere Gefühle zu steuern. Idealerweise über Einsicht, weil wir unsere Gefühle dann bewusst nutzen können. Zumindest aber, indem wir unsere Gefühle, also uns selbst, beherrschen können, wo es angebracht ist.

Wichtig dabei: Wenn wir merken, dass uns der eingeschlagene Weg Angst macht, sollten wir uns das eingestehen. Jeder Mensch kennt Angst. Schließlich ist Angst von Natur aus eine ganz normale Reaktion auf Unsicherheit und Bedrohung. Ängstlich zu sein war in der Evolution nicht selten von Vorteil. Wer im Zweifelsfall vorsichtig war, erhöhte seine Überlebenschancen. Wie wir schon gesehen haben, leben selbst heutzutage ängstliche Menschen länger als eingefleischte Optimisten, weil sie zwar zu oft, aber damit eher rechtzeitig zum Arzt gehen.

Allerdings gibt es eben auch überzogene Ängste, die meist ihre Wurzeln in frühen psychischen Traumen haben. Am häufigsten gilt das für frühe Trennungen. Wurde der stabile Körperkontakt von uns als Säugling zu unserer Mutter unterbrochen, kann das bei uns den Aufbau eines sicheren Urvertrauens beeinträchtigt und lebenslange Ängste zur Folge haben. Außer wir sorgen dafür, sie loszuwerden. Allein schon wenn wir wissen, wie unsere Ängste entstanden sein dürften, leben wir leichter mit ihnen. Gefahr erkannt, Gefahr gebannt, der Kohärenz sei Dank.

Selbst frühe Ängste lassen sich jedoch auflösen. Vor allem, wenn wir damit beginnen, uns gezielt ausgleichende Erfahrungen zu suchen. Durch körperliche Nähe, durch Verstehen und Klärung, notfalls mit professioneller Hilfe. Solange wir unsere Ängste noch nicht besiegt haben, können wir uns zumindest mit ihnen arrangieren. Indem wir uns die Unterstützung holen, die wir brauchen, etwa nicht alleine reisen, sondern zu zweit oder in einer Gruppe. Auf Dauer sollten wir jedoch nicht unsere Lebensziele unseren Ängsten unterordnen. Sonst zieht unser wirkliches Leben an uns vorbei.

Von anderen Welten

Neben dem Erobern der Welt in der Wirklichkeit erlaubt uns unser menschliches Gehirn, uns eigene Welten in der Fantasie zu erschaffen, sie zu gestalten und uns in ihnen zu Hause zu fühlen. Gerade wenn die Wirklichkeit trostlos oder gar traumatisierend ist, kann eine Fantasiewelt für Ausgleich sorgen. Um schwere psychische Belastungen zu überstehen, greifen wir Menschen ganz automatisch auf unsere Fantasie zurück. Nicht von ungefähr finden sich in den Lebensgeschichten vieler Künstler Hinweise auf psychisch belastende Phasen. Sie wurden bei ihnen zum Motor für die Suche nach ihrem intensiven Erleben in der Fantasie.

Zwar reicht die Macht der Vorstellung nicht an die Macht der Wirklichkeit heran. Etwa befriedigt virtueller Sex nicht so wie der echte – wir verstehen inzwischen warum – und bleiben fantasierte Beziehungen letztlich immer einseitig, doch je intensiver die Fantasie Gefühle hervorruft und Wünsche bedient, desto verführerischer und mächtiger wird sie. So wie bei einem meiner ersten Patienten als junger Assistenzarzt in der Psychiatrie, einem arbeitslosen jungen Mann, der fest davon überzeugt war, dass er in zwei Wochen zum Weltherrscher ernannt werden würde. Dagegen war kein Kraut gewachsen.

Durch die zunehmende Virtualisierung unserer Welt erleben wir gerade, wie sehr sich die Fantasie in unser wirkliches Leben einzumischen beginnt. Bedauerlicherweise ohne dass wir gefragt werden, ob wir das eigentlich wollen. Es spricht einiges dafür, dass wir die Bedeutung der Wirklichkeit für unsere Zukunft mehr und mehr in den Hintergrund drängen. Im US-amerikanischen Präsidentenwahlkampf 2016 wurde erstmalig durchaus ernsthaft erwogen, Watson, einen Computer der Firma IBM, ins Rennen um das Weiße Haus zu schicken. Gleich in mehreren Punkten war es ihm ein Leichtes, seine menschlichen Mitbewerber zu übertrumpfen. Seine Entscheidungen trifft Watson nicht nur vierundzwanzig Stunden am Tag und das sieben Tage die Woche, sondern zudem rein nach dem errechneten Nutzen, wertneutral und unbestechlich. Anders die beiden menschlichen Bewerber in der Endrunde, von denen der eine, Donald Trump, ganz Bauch und die andere, Hillary Clinton, ganz Kopf zu sein schienen. Noch hat das virtuelle Denken nicht die Macht übernommen. Doch abgesehen davon, dass mancher das nach dem Ausgang der US-Wahl 2016 bedauert haben mag, ist es wohl nur noch eine Frage der Zeit.

Zurück zu der Rolle von Fantasie in unserem Alltag. Auch sie ermöglicht uns, in unserem Gehirn die Belohnungssysteme in Schwung zu bringen, unser Bewirken zu stimulieren. Je aktiver unsere Fantasie dabei gefordert ist, desto intensiver ist dieser Effekt. Ein Buch zu lesen ist deshalb lustvoller, als sich von Filmen oder Fernsehserien berieseln zu lassen.

Ja, aus der Fantasie heraus können wir völlig Neues erschaffen, unsere Kreativität entfalten etwa in Kunst, Literatur oder Musik, und so das fantasierte in ein reales aktives Bewirken verwandeln, bis das Feuerwerk der Belohnung so richtig zündet.

Wenn der große Kick ausbleibt, tut es auch der kleine

Doch nicht jeden Tag gelingt der große Wurf oder lauert der große Kick. Anders formuliert: Jeden Tag Party stumpft auf Dauer ab. Deshalb ist es so wichtig für unser Wohlbefinden, dass wir selbst im banalen Alltagsgeschehen Raum für Abwechslung, für Kreativität und für aktives Bewirken schaffen.

Das fängt damit an, dass wir unsere Alltagsstruktur so weit wie möglich selbst bestimmen, bewusst den Tag aufteilen in Arbeitsphasen und Erholung, mit Zeiten für unsere Beziehungen, für den Partner, die Familie, die Freunde. Ebenso sollten wir entdecken, was wir selbst als Genuss empfinden. Denn dann können wir gezielt unsere Sinne dafür schärfen, für Essen, für Kunst, für Sport, für das Spiel der Liebe oder für was auch immer wir uns aussuchen.

Der bewusste Umgang mit unseren psychischen Bedürfnissen steigert unser Wohlbefinden im Alltag. Zusätzlich hält die Hirnforschung noch einige kleine Kniffe bereit, die uns dabei helfen können, unsere Lebensfreude weiter zu intensivieren und den Frust, den das Leben unweigerlich für uns bereithält, zu begrenzen.

So empfiehlt es sich, Gewinne aufzuteilen in viele kleine Triumphe. Denn jedes Mal frohlockt unser Belohnungssystem. Umgekehrt ist es ratsam, Verluste zu bündeln. Ein großer Verlust ist zwar schmerzhaft, aber irgendwann ist er verdaut. Dann heißt es: Schwamm drüber, und das Spiel beginnt von Neuem. Viele kleine Verluste hingegen zermürben, nachweislich.

Vergleiche sollten wir eher meiden, denn sie machen unzufrieden. Immer finden wir jemanden, dem es mutmaßlich besser geht als uns selbst, vor allem in Hochglanzbroschüren, im Fernsehen, auf Facebook oder wo auch sonst in der um sich greifenden Selbstinszenierung. Wir sollten unser eigenes Leben leben und nicht das von jemand anderem.

Regelmäßige Bewegung ist gesund. Unser Körper wird in Schwung gehalten, und Stress wird abgebaut. Deshalb schützt regelmäßige Bewegung vor Depressionen. An der Duke University in Durham, North Carolina, wurden Patienten mit einer Depression in einer vergleichenden Studie entweder mit einem neuen antidepressiven Medikament oder mit Jogging behandelt. Das Ergebnis? Beides half in den ersten Monaten gleich gut. Schon das allein ist eindrucksvoll. Doch nach einem Jahr war die Sensation perfekt. Jeder Dritte der medikamentös behandelten Patienten hatte einen Rückfall, aber nur jeder Dreizehnte der Jogger.

Ideale Begleitmusik zu regelmäßiger Bewegung sind Flow-Erlebnisse. Das sind, wir erinnern uns, die Wohlfühlzustände schlechthin, die ausgelöst werden vom fließenden Ineinandergreifen von Motivation und Belohnung, von Dopamin und Morphium. Sie ermöglichen einen besonders intensiven Stressabbau. Auch Meditation kann das. Denn Flow und Meditation haben eine wesentliche Eigenschaft gemeinsam. Hirnstrombilder haben es an den Tag gebracht. Beide senken die Aktivität im Großhirn. Das Hirn schaltet auf Autopilot und genießt auf diese Weise das reine Gefühl. Das Großhirn kommt zu entspannter Ruhe. Es versinkt unbewusst in den Zustand, den es aus den ersten Lebenserfahrungen im Mutterbauch abgespeichert hat, in den Zustand aus der Zeit im Paradies.

Wichtig ist bei allem, was wir machen, dass wir einen gesunden Rhythmus zwischen Bewirken und Beziehung, zwischen Aktivität und Ruhephasen, zwischen Stressaufbau und Stressabbau finden, sowohl in der Gestaltung unseres Alltags als auch in der Planung unserer einzelnen Lebensphasen. Aber berücksichtigen wir das in unserer Gesellschaft, in unserem Berufsleben und in unserer Freizeitgestaltung überhaupt? Und in den Perspektiven für unseren Lebensentwurf insgesamt? Bislang kaum, und wenn, dann meist eher zufällig als bewusst.

Säule III: Stressausgleich

Stress ist die Antwort unseres Körpers auf unterschiedlichste Umweltreize. Er entsteht, wenn eine Reaktion von uns verlangt wird. Egal was der Auslöser ist, läuft die Stressreaktion im Ansatz immer gleich ab. Erst schießen akut und unmittelbar die Akutstresshormone Adrenalin und Noradrenalin ein, die ein blitzschnelles Handeln ermöglichen. Wird die auslösende Situation erfolgreich gemeistert, geht der Stress in Belohnung über. Das Verhalten, das sich bewährt hat, wird dadurch gelernt. Beim nächsten Mal wird es umgehend von selbst abgerufen, dann schon in Kombination mit einer vorfreudigen Erwartungshaltung.

Dauerstress macht krank

Lässt sich der Stress aber nicht erfolgreich überwinden, übernimmt das eigentliche Stresshormon, das Cortisol, die Führung und setzt längerfristige Anpassungen in Körper und Gehirn in Gang. Dann droht ein chronischer Stresszustand. Dauerhaft im Körper ausgeschüttete Stresshormone führen zu einem Umbau im Gehirn. Die Gene, die die Empfindlichkeit des Gehirns für Stress steuern, werden epigenetisch an die empfundene Dauerbedrohung angepasst. Von nun an können schon geringe Auslöser eine heftige Stressreaktion in Gang setzen.

Der gesamte Körper stellt sich um auf Dauerkrise und versucht unter Einsatz seiner Reserven, diese Krise zu meistern. Dadurch werden andere Körperfunktionen vernachlässigt, vor allem im Immunsystem. Reparaturen von Zelldefekten und die Abwehr von Krankheitserregern leiden darunter. Chronischer

Stress schädigt deshalb den Körper. Irgendwann sind die Reserven aufgebraucht. Krankheiten sind die Folge.

Bluthochdruck, Herzinfarkt, Migräne, Muskelverspannungen, Reizdarm, Magengeschwüre, Depressionen – die Liste der Stresskrankheiten ist lang und wahrscheinlich jedem von uns in der einen oder anderen Variante aus eigener Erfahrung bekannt. Im Zentrum stehen dabei offenbar chronische Entzündungen an allen möglichen Stellen im Körper. Selbst Depressionen dürften, wie jüngste Forschungsergebnisse nahelegen, durch solche Entzündungen im Gehirn als Folge von Stress entstehen. Schätzungen, wonach bis zu 75 Prozent aller Arztbesuche auf das Konto von Stress gehen, erscheinen vor diesem Hintergrund durchaus realistisch.

Um nicht in den Abwärtsstrudel einer chronischen Stressüberforderung zu geraten, ist es wichtig, einen bewussten Umgang mit dem eigenen Stresshaushalt zu suchen, das heißt, beherrschbare Belastungen zuzulassen und zugleich übermäßigen Stress gezielt zu begrenzen. Andernfalls können selbst die beste Beziehung und das aktivste Bewirken nicht für den notwendigen Ausgleich sorgen. Am Ende steht die totale Erschöpfung. Gerade in unserer heutigen Welt mit ihrem zunehmenden Leistungsdruck, dem andauernden Überangebot an Reizen und dem Mangel an Ausgleich erscheinen ein bewusster Umgang mit Stress und ein bewusstes Begrenzen von Belastungen notwendiger denn je.

Hierzu ist es wichtig, die drei Ursachen von Dauerstress zu identifizieren: Überlastungen, Konflikte und Traumen.

Was passiert, wenn der Stress zu viel wird

Jede Überlastung führt auf Dauer zur Erschöpfung. Irgendwann sind die Ressourcen des Körpers aufgebraucht, und er kann nicht mehr, braucht eine Pause zur Erholung.

Schon beim Säugling führt ein Übermaß an Stress zur Erstarrung. Wenn er allein gelassen wird, schreit er und versucht dadurch seine Mutter herbeizurufen. Misslingt das, verfällt er in eine regungslose Starre. Aus Sicht der Natur ist dieses »Einfrieren« ein durchaus nützliches Verhalten. Nicht nur verringert es die Gefahr, von einem herumstreunenden Fleischfresser entdeckt zu werden, sondern es spart auch überlebenswichtige Energie bis zur Rückkehr der Mutter.

Bei uns Erwachsenen ist die vergleichbare Form der psychischen Starre das Ausbrennen beim Burn-out. Ausbrennen kann nur, wer zuvor auch gebrannt, wer sich also mit Feuer und Flamme für eine Sache begeistert und engagiert hat. Trotzdem: Zu viel ist zu viel. Vor allem, wenn das Bemühen nicht zum Ziel führt. Oder wenn es nicht aus eigenem Antrieb heraus erfolgt, sondern aufgezwungen wird.

Der Chef, der andauernd mehr verlangt, dem keine Leistung genügt und der Lob nicht kennt, jagt seine Mitarbeiter in einen Burn-out.

Dauerstress kann aber genauso durch ungelöste Konflikte entstehen. Die rauben einem den Schlaf. Und dabei ist es völlig egal, um was für Konflikte es sich handelt. Besonders auf Partnerschaftskonflikte reagieren wir mit massivem Stress, gerade weil gute Beziehungen so wichtig sind für unser Wohlbefinden. Dauerspannungen sind umso zermürbender, je näher uns eine Beziehung ist.

Doch auch innerhalb unserer eigenen Psyche lauert oft Konfliktpotenzial. Vor allem zwischen Impulsen aus dem limbischen System und dem vom Großhirn kontrollierten Verstand. Sollen wir das süße Stück Sahnetorte essen, das da so verlockend in der Vitrine auf uns wartet, obwohl es ungesund ist? Oder die Zigarette rauchen, das Bier trinken? Das Spiel spielen, einkaufen, obwohl das Sparschwein leer ist? Wir alle kennen das. Die Verlockungen sind zahllos. Und immer haben sie das Potenzial, uns in einen Konflikt zu stürzen.

Vor allem, wenn neurotische Verstrickungen an den Versuchungen beteiligt sind, können die Konflikte lange, nicht selten ein Leben lang bestehen bleiben. Sollen wir uns den Werten unserer Kultur unterwerfen, auch wenn sie nicht unserer Natur entsprechen? Sollen wir den heimischen Hof übernehmen, obwohl es uns in die Welt hinauszieht? Sollen wir keine andere Frau neben unserer Mutter dulden? Wir ahnen es, die Liste ist endlos. In jedem der Fälle besteht Klärungsbedarf. Sonst bleibt der Stress.

Neben äußeren Belastungen und Dauerkonflikten sind schließlich psychische Traumen die Hauptquelle von chronischer Stressüberlastung. Angesichts der Wirkungsweise von Traumen im Gehirn ist bereits deutlich geworden, wie psychische Traumen zu Dauerstress führen. Vor allem, weil sie eine dauerhaft erhöhte Stressempfindlichkeit zur Folge haben. Der kleinste Auslöser genügt, und schon brechen alte Gefühle mit ganzer Heftigkeit hervor. Verantwortlich dafür ist ein massiv gesteigertes Alarmsystem, das, einmal aufgebaut, augenblicklich reagiert und damit die Kontrolle des Verstands mit sofortiger Wirkung aushebelt. Je früher und überwältigender sich psychische Traumen ereignet haben, desto massiver sind die Folgen. Besonders gilt das, wenn Traumen innerhalb naher Beziehungen erlebt wurden. Beispiele dafür sind Misshandlung und sexueller Missbrauch durch nahe Angehörige. Bindung, naturgegeben der beste Schutz gegen übermäßigen Stress, wird in diesem Fall zu seiner Ursache. Das Urvertrauen wird in seinen Grundfesten erschüttert.

Bei jeder der drei Ursachen von übermäßigem Stress reagieren Körper und Psyche gleich. Auf Dauer machen uns die Folgen des erhöhten Cortisols krank. Daher sollten wir Überlastungen vermeiden, Konflikte auflösen und Traumen behandeln. Und die Gegenspieler von Stress nutzen. Verständnisvolle Beziehungen suchen, vor allem in Verbindung mit körperlicher Nähe, Entspannungstechniken und Anleitungen zum bewussten Umgang mit Stress oder gegebenenfalls eine Psychotherapie. In jedem Fall notwendig ist das rechtzeitige Erkennen und Handeln. Bevor es zu spät ist und unsere Akkus leer sind.

Doch was tun, wenn es plötzlich aus heiterem Himmel einmal akut stressig wird? Dafür gibt es einen leicht zu nutzenden Trick, um in einer solchen Situation auf die Bremse zu treten. Er besteht darin, zweimal ganz tief und langsam ein- und auszuatmen. Entscheidend dabei ist das bewusste Ausatmen bis zum Schluss, gefolgt von einigen Sekunden Atempause vor dem normalen Weiteratmen. Durch diese einfache Maßnahme aktivieren wir den Teil unseres Nervensystems, der für den Ruhemodus zuständig ist. Das hilft, um bei plötzlichem Stress einen klaren Kopf zu behalten und einen Überblick über die Lage zu gewinnen.

Gefühle erkennen und nutzen

Woran merken wir, wenn der Stress zu viel wird? Die Antwort ist simpel: Unser Gefühl signalisiert uns das mit Erschöpfung und Reizbarkeit. Das A und O für einen gesunden Umgang mit

Stress besteht deshalb im aufmerksamen Erkennen und Nutzen der eigenen Gefühle.

Doch der Umgang mit Gefühlen will gelernt sein. Im Normalfall beginnt dieser Lernprozess in der frühen Kindheit und läuft von selbst. Pausenlos erleben wir ja Gefühle. Einfühlsame Eltern spiegeln und erläutern uns, was für Gefühle wir haben, und leben uns vor, wie wir am besten mit ihnen umgehen.

Gelingt das, lernen wir, Gefühle richtig zu erkennen, bei uns selbst und bei anderen. Da kann es nicht schaden, gegebenenfalls nachzufragen. Sonst unterstellen wir anderen etwas und ziehen daraus unsere Schlüsse. Missverständnisse sind dann vorprogrammiert. Wie bei dem Mann mit dem Hammer.

Wenn wir die Gefühle identifiziert haben, müssen wir klären, ob sie tatsächlich zu der aktuellen Situation passen. Wenn ja, ergeben sich die Handlungsschritte von selbst. Wenn nicht, liegt das häufig daran, dass Gefühle überschießen, weil sie mit alten, kindlichen Anteilen vermischt werden. Das zu durchschauen ist die Grundlage für eine solide Selbstkontrolle und damit für die Fähigkeit, angemessen zu reagieren.

Es ist wie beim Reiten. Stellen wir uns vor, wir sitzen hoch zu Ross und genießen einen Ausritt in idyllischer Landschaft. Auf einmal erschrickt unser Pferd. Sein limbisches System schlägt Alarm. Da Pferde Fluchttiere sind und zudem ihr Großhirn diesen Namen nur bedingt verdient, gerät das Tier in Panik und geht mit uns durch. Jetzt sind wir gefordert. Jetzt heißt es, kühlen Kopf bewahren, die Zügel straffer nehmen und das Tier beruhigen. In dieser Situation müssen wir mit unserem Großhirn das in Panik geratene limbische System des Tieres unter uns steuern. Voraussetzung dafür ist natürlich, dass wir das gelernt haben. Ganz so wie die Kontrolle über unser eigenes limbisches System. Mit einer gelungenen bewussten Selbststeuerung lassen sich selbst heftige Impulse beherrschen und bei Bedarf sogar gezielt nutzen. Wie beim Reiten ist das eine Frage der Übung.

Doch was tun, wenn wir erkennen, dass unsere Impulse unangemessen stark einschießen? Die erste Lektion besteht in der simplen, aber wesentlichen Einsicht, dass jedes Gefühl, und sei es noch so gewaltig, nach einer Weile wieder abflaut. Der Faktor Zeit ist also enorm hilfreich, wenn es gelegentlich hoch hergeht. In dem Wissen, dass Gefühle vorübergehen, können wir Wege finden, um die Zeit zu überbrücken, bis sie sich wieder gelegt haben. Und wir können nachhelfen.

Wie – das müssen wir selbst herausfinden. Eine kurze Auszeit, Bewegung, Sport, Musikhören oder Reden. Indem wir immer wieder passend mit unseren Gefühlen umgehen, lernen wir überschießende Gefühle einzudämmen und schließlich zu nutzen. Dadurch verfeinern wir unsere emotionale Intelligenz, unser intuitives Zurechtkommen in der Welt. Schritt für Schritt werden Gefühle und Verstand miteinander verwoben und Teil unserer Intuition. Selbst in ungewöhnlichen Situationen können wir dann angemessen handeln.

Dazu eine Anekdote aus eigener Erfahrung. Ich war vor einiger Zeit zu einem Kongress in Sankt Petersburg eingeladen. Für den Weg zum festlichen Dinner benutzte ich die U-Bahn. Beim Einsteigen in den Zug gab es Gedränge. Ich geriet zwischen zwei Hünen. Da der Zug nicht überfüllt war, ahnte ich sofort, was gerade geschah, und griff nach meinem Portemonnaie in meiner Hosentasche. Oder besser, ich versuchte es, denn es war nicht mehr da. Ich sah es in der Hand eines Dritten. Ohne zu überlegen, stürzte ich mich auf die Hand des liederlichen Taschendiebs und biss beherzt hinein. Der ließ erschrocken seine Beute fallen, und ich warf mich darauf. Ein kurzer

Tumult über mir, dann rannten die drei Diebe davon, noch bevor sich die Türen des Zugs zur Abfahrt geschlossen hatten. Sonst hätten sie in der Falle gesessen. All das geschah, ohne dass ich dabei irgendetwas Dramatisches empfunden hätte. Meine Intuition funktionierte ganz von selbst und bestimmte mein Handeln. Und so behielt ich mein Portemonnaie.

Doch wieso ist das Phänomen überschießender Gefühle so verbreitet? Es scheint, als wären nur wenige von uns in einem Umfeld aufgewachsen, in dem sie von psychisch geerdeten Erwachsenen den Umgang mit Gefühlen vorgelebt und beigebracht bekommen hätten. Wieso das?

In der Regel machen Eltern ihren Kindern vor, was sie selbst erlebt haben. Und die machen es dann automatisch nach. Das kann gut gehen. Allerdings ist das weder garantiert, noch ist es häufig. Denn dazu müssen Eltern selbst Herr im Haus ihrer Gefühle sein, vorleben, wie man angemessen mit ihnen umgeht. Andernfalls geben sie ihre eigenen Defizite ungefiltert an ihre Kinder weiter. Zum Überleben reicht es, und so halten die Kinder daran fest, und jede Generation wiederholt die gleichen Fehler. Damit nicht genug.

Der zunehmende Stress heutzutage erschwert, dass Eltern Zeit und Muße haben, um sich den Gefühlsstürmen ihrer Kleinsten angemessen widmen zu können. Gleichzeitig fehlen andere Bezugspersonen. Als Folge davon bleiben viele Gefühle unserer Kinder unverdaut und landen in den Klassenzimmern unserer Schulen. Kein Wunder, dass dadurch immer mehr Lehrer überfordert sind. Weder ist es ihre eigentliche Aufgabe, ihren Schützlingen den Umgang mit den Wirrungen des jugendlichen Gefühlslebens beizubringen, noch haben sie die Rahmenbedingungen dafür. Vor allem unverarbeitete Aggressionen kochen deshalb hoch und machen immer öfter das

Abhalten eines geregelten Unterrichts schwer bis unmöglich.

Wenn Wut guttut oder Traubenzucker eine Ehekrise verhindert

Das wichtigste aller Gefühle, das es zu beherrschen gilt, ist die Wut. Nicht nur, weil Wut und andere Formen von Aggression enorme Verwüstungen anrichten können. Im Großen bei Kriegen und Gewaltexzessen, im Kleinen bei häuslicher Gewalt, Missbrauch und Misshandlung, seelisch wie körperlich. Sondern auch, weil Wut uneingestanden und unterdrückt krank macht. Denn sie führt unweigerlich zu Dauerstress und damit in die Depression.

Doch Hand aufs Herz, wer von uns kennt sich schon wirklich aus in seinen eigenen Aggressionen? Und selbst wenn, wer von uns ist außerdem noch bereit, sie sich offen einzugestehen?

Wie wenig wir oft über uns selbst wissen, zeigt ein vielleicht auf den ersten Blick überraschendes, jedoch weitverbreitetes Beispiel aus dem Alltag. Wenn der Blutzucker niedrig ist, reagiert unser Gehirn darauf mit Stress. In der Natur ist das von Vorteil, schließlich motiviert der Stress uns dazu, nach Nahrung zu suchen. Doch Stress verdirbt die Laune. Erst wenn konkret ein Ziel erkennbar wird, eine saftige Beute, ein Restaurant, ein Supermarkt, ein voller Teller, schaltet sich in vorfreudiger Erwartung das Belohnungssystem ein. Ohne eine solche Aussicht fällt die Stimmung in den Keller.

Wenn wir jetzt aber nicht den Hunger als Ursache für unsere miese Laune erkennen, wird die Lage leicht brenzlig. Denn, wir erinnern uns: Immer sucht unser Verstand nach einem

Grund für unser Gefühl. Und gerade wenn das Gefühl mies ist, überlegen wir nicht lange herum, sondern greifen nach der nächstliegenden Erklärung. Und die ist in der Regel unser Partner. Gründe für einen Wutanfall finden wir schließlich immer. Denn wer ist schon perfekt? Es ist kaum zu glauben, wie viele Beziehungskonflikte allein aus dem so banalen Grund eines zu niedrigen Blutzuckerspiegels entstehen. Erst wenn wir uns auskennen, wissen wir: Ein Stück Traubenzucker hat das Potenzial, eine handfeste Ehekrise zu verhindern.

Nicht selten ist mangelnder Blutzucker auch verantwortlich für den heftigen Wutausbruch des schon erwähnten Zweijährigen im Kaufhaus, der den gewünschten Dauerlutscher nicht bekommt, und dessen Mutter verzweifelt im Boden versinken möchte. Er befindet sich genau im richtigen Alter, um seine Wut verdauen zu lernen. Mit Mama und Papa als Vorbild. Wenn ihm das gelingt, ist er für vieles im Leben gewappnet. Wenn nicht, sollte er diesen Lernprozess irgendwann später nachholen. Andernfalls macht er sich selbst oft das Leben schwer. Oder anderen. Etwa im alltäglichen Straßenverkehr, wo jeder von uns jederzeit miterleben kann, wie eine beachtliche Zahl Erwachsener ihre Wut ungetrübt auf dem Niveau längst vergangener Kindheitstage konserviert hat.

Doch es geht anders. Wie alle Gefühle können wir auch unsere Wut erkennen und beherrschen lernen. Bis wir sie sogar selbstverständlich und gewollt zum Einsatz bringen können, dort, wo sie angebracht ist. Und das erleichtert das Zurechtkommen im Leben.

Dazu eine weitere Anekdote. Vor einiger Zeit war ich mit einem Mietwagen in Kenia unterwegs. Auf den größeren Landstraßen befinden sich dort regelmäßig Polizeistützpunkte, sie sollen die Sicherheit im Land garantieren. Dabei kommt es gar nicht selten vor, dass einzelne Polizisten die Macht ihrer Autorität ausnutzen, um an ein leicht verdientes Zubrot zu gelangen. Es war kurz vor Sonnenuntergang, als mich ein solcher Polizist anhielt. Er kontrollierte meinen Führerschein und meinen Ausweis und befand dann, dass der Versicherungsaufkleber auf der Frontscheibe meines Wagens nicht den notwendigen Anforderungen entspräche. Deshalb müsse ich eine Strafe zahlen. Ich konnte kein Fehlverhalten meinerseits erkennen und entgegnete ihm freundlich, dass ich offenkundig nichts dafür könne, da es in der Pflicht des Vermieters liege, sich um diesen Aufkleber zu kümmern. Gerne könne er diesen anrufen, um die Angelegenheit zu klären. Doch darum ging es dem Polizisten ja nicht. Er blieb dabei, ich als Fahrer des Wagens hätte eine Strafe zu zahlen. Allenfalls sei es ihm möglich, mir im Preis entgegenzukommen – bei sofortiger Zahlung in bar, versteht sich. Beharrlich blieb er bei seiner Forderung, und ich blieb beharrlich bei meiner Weigerung. Doch so kamen wir nicht weiter. Also entschloss ich mich, meine Strategie zu ändern. Unvermittelt brüllte ich den Mann an: »Geben Sie mir sofort Ihren Namen und Ihre Dienstnummer. Ich werde mich in Nairobi an offizieller Stelle über Sie beschweren!« Das half. Ohne ein weiteres Wort winkte er mir weiterzufahren.

Mit Liebe und Motivationsbonbons

Unsere Psyche pendelt unser ganzes Leben lang zwischen zwei Polen. An dem einen Ende ist die Neugier, also unser Streben nach einer Aktivierung des Belohnungssystems durch Dopamin. Und am anderen Ende ist die Bindung, das Zurücksinken in die Geborgenheit, vermittelt durch das Oxytocin. Sollten

221

wir Glück haben und in einem Umfeld aufwachsen, das uns von Anfang an gute Bindungen bietet und zugleich Raum für das eigene Bewirken lässt, ergibt sich für uns ein gesunder Stresshaushalt ganz von selbst. Aber oft ist es anders, und dann setzen wir gerade in unserer heutigen Gesellschaft alles auf die Karte der schnellen und kurzlebigen Belohnung nach dem Motto: Dopamin statt Oxytocin. Das Problem dabei: Dadurch machen wir uns künstlich Stress. Kein Wunder, dass sämtliche mit Stress einhergehenden Erkrankungen ständig zunehmen.

Dagegen hilft nur bewusstes Gegensteuern. Die Gesellschaft insgesamt scheint dazu bislang nicht bereit. Wir haben uns in einer Spirale der Selbstverstärkung verfangen. Wir brauchen unbegrenztes Wachstum, immer mehr von allem und immer rascher, immer öfter den lustvollen Kick. Aus Sicht des Gehirns sind wir regelrechte Dopamin-Junkies geworden. So wie alle Suchtkranken hängen wir am Tropf der schnellen Belohnung. Die Entscheidung für den Weg hinaus müssen wir bewusst wollen. Denn im Unbewussten ist die Lust, die das Dopamin verspricht, mächtiger als der Verzicht.

Haben wir für uns selbst diesen Zusammenhang einmal durchschaut, können wir damit beginnen, in unserem eigenen Leben gegenzusteuern und gezielt unseren eigenen Stresshaushalt zu regeln. Dazu sollten wir als Erstes sortieren, was an Stressbelastung unumgänglich ist und was nicht. Was wirklich wichtig ist und was weniger. Unserem eigenen Wohlergehen sollten wir dabei eine wesentliche Stelle einräumen, weit vorne in der Rangordnung. Oft verlieren wir das im Strudel der alltäglichen Anforderungen aus den Augen. Aber das ist falsch.

Bleiben uns trotz sorgfältigen Aussortierens zu viele Pflichten übrig, müssen wir einige davon loswerden. Das ist leichter gesagt als getan. Doch nur, wenn wir bewusst Prioritäten setzen, verhindern wir, dass wir irgendwann ausbrennen. Häufig stehen wir uns selbst im Weg, wenn wir meinen, wir könnten die Kontrolle über bestimmte Aufgaben nicht aus der Hand geben. Doch sind wirklich nur wir selbst so qualifiziert, oder wünschen wir uns das nur? Vielleicht fehlt uns schlicht das Vertrauen in die Fähigkeit der anderen? Was passiert, wenn die Aufgaben später oder gar nicht erledigt werden? Sind sie allen Ernstes so wichtig, dass wir unsere Gesundheit dafür opfern sollten?

Da besteht offensichtlich Klärungsbedarf, sei es mit den Kollegen, mit dem Chef, mit dem Lebensgefährten oder in der Gesellschaft insgesamt. Der Stress gehört begrenzt, und er muss fair verteilt werden. Andernfalls ärgern wir uns, und das verstärkt den Stress nur weiter.

Zur Fairness gehört auch, dass wir angemessen belohnt werden. Denn dann verwöhnt uns unser Gehirn mit der ruhigen Entspannung durch unser hauseigenes Morphium. Regelmäßige Belohnung und Erfolgserlebnisse helfen auf diese Weise beim Stressabbau.

Leider lässt sich Erfolg nicht verlässlich planen. Deshalb ist es wichtig, dass wir uns überschaubare Ziele setzen. Es muss nicht gleich der ganz große Wurf sein, weil alles andere nicht zählt. Wir erinnern uns: Viele kleine Erfolge bringen aus Sicht des Belohnungssystems mehr als ein großer. Also sind kurzfristige und realistische, selbstbestimmte Ziele enorm wichtig.

Was steht heute an, was wollen wir erledigen, wie planen wir unseren Tag? Welche Ziele setzen wir uns und wie belohnen wir uns anschließend dafür, wenn wir sie erreicht haben? Auf diese Weise nutzen wir unsere Motivation. Und die brauchen wir, um etwas leisten zu können. Mit einer konkreten Belohnung vor Augen gelingt die Arbeit deutlich schneller und besser als ohne in Aussicht gestellten Anreiz. Und ehe wir uns versehen, gewinnen wir mithilfe einer solchen Struktur noch Zeit für einen besseren Stressabbau.

Was für den einzelnen Tag gilt, trifft selbstverständlich genauso für längerfristige Planungen und Ziele zu. Stets sollten wir einzelne, überschaubare Schritte ins Auge fassen, garniert mit passenden Motivationsbonbons. Müssen wir uns zwischen noch mehr Leistung und Wohlergehen entscheiden, sollte im Zweifelsfall Vorrang haben, dass es uns und den Menschen, die uns wichtig sind, gut geht. Diese einfachen, aber für die Lebensqualität entscheidenden Prioritäten müssen wir selbst setzen. Wir können nicht erwarten, dass sie uns jemand abnimmt. Als Kind war unser Leben fremdbestimmt, als Erwachsener müssen und können wir es selbst in die Hand nehmen.

Mach mal Pause

Eine geordnete Planung kann zwar vorübergehend zusätzlichen Stress bereiten, doch sie lohnt sich. Denn jetzt liegen unsere Ziele klar vor uns. Sie sind in überschaubare Einheiten aufgeteilt und erlauben dennoch Anpassungen, wo sie nötig werden könnten.

Bleibt das Einbauen von Pausen. Auch das erfordert eine gezielte Planung. Denn sonst finden wir immer irgendeine Ausrede, doch weiterzuarbeiten oder noch dies und jenes zu erledigen. Und sei es nur, ein neues Projekt zu starten. Klare Regeln beugen dem vor, allen voran: keine pausenlose Erreichbarkeit. Also, Tür zu. Handy aus. E-Mail offline.

Und wie gestalten wir die Pausen? Ruhe oder Action? Das liegt ganz an uns und hängt davon ab, wie unser Alltag normalerweise aussieht. Wenn wir Dauerstress haben, brauchen wir vielleicht Sport, um ihn abzubauen, oder einfach Ruhe. Wenn wir in unserer Arbeit eher die Zeit totschlagen, steht uns womöglich der Sinn nach Anregung pur. Generell benötigen wir einen Ausgleich zu dem, was wir den ganzen Tag über machen. Nichts tun und orientierungslos vor dem PC oder vor dem Fernseher die Zeit vorüberziehen zu lassen entspannt erfahrungsgemäß die wenigsten. Damit unser Gehirn im wahrsten Sinne des Wortes auf andere Gedanken kommt, sind neue Eindrücke notwendig. Hierzu müssen wir die eigenen Vorlieben kennen. Das kann dann auch ein guter Film sein, bewusst ausgesucht. Aber meist eignen sich sportliche, kulturelle oder gesellige Aktivitäten besser zum Stressausgleich, weil aktives Bewirken und Beziehungen daran beteiligt sind.

Besonders zahlt es sich aus, wenn wir gezielt Zeit für unsere Partnerschaft reservieren, ebenso für Familie und Freunde. Weil eben unsere Beziehungen so wesentlich sind für unseren Stressabbau. Damit das nicht im alltäglichen Chaos untergeht, hilft eine vorab geplante Regelmäßigkeit. Der Abend in der Woche, an dem wir mit dem Partner essen gehen, das Theater-, Opern- oder Konzertabonnement, das Treffen mit Freunden zum Sport, zum Spiel oder einfach nur zum Plaudern.

Was für die alltägliche Freizeit gilt, ist auch für die Urlaubsplanung relevant. Welche Form von Urlaub ist für uns wirklich erholsam? Für den einen ist es Faulenzen, für den anderen die neue Erfahrung, das Eintauchen in fremde Kulturen oder in die Vielfalt der Natur. Wieder andere lieben es, ihre körperlichen Grenzen auszutesten, um sich dadurch selbst mehr zu spüren.

Was für uns persönlich passt, müssen wir herausfinden. Idealerweise sollten wir unsere Urlaube mit Vorlaufzeit planen. Denn auch Vorfreude ist eine echte Freude und beflügelt das

Belohnungssystem. Sie ist sogar besonders gut dafür geeignet. Schließlich ist unser Belohnungssystem ja darauf ausgerichtet, uns gerade durch vorfreudige Erwartung zu Handlungen zu motivieren. Daher sollten wir uns die Vorfreude auf keinen Fall entgehen lassen. Außerdem hilft es zu wissen, bis dahin dauert die Arbeit noch und dann ist Pause. So lassen sich stressige Phasen leichter überstehen.

Und nach dem Urlaub? Da sollten wir die Atmosphäre aus den Urlaubstagen nachwirken lassen. Denn die Erinnerungen sind im Gehirn mit der dort erlebten Entspannung eng verknüpft. Der lieb gewonnene Cappuccino ist auch im Alltag herzlich willkommen.

Abschalten darf sich aber nicht nur auf Freizeit und Urlaub beschränken. Für kleine Pausen muss ebenso während der Arbeitszeit Raum sein. Ein kurzer Austausch mit den Kollegen beim Kaffee, ein wenig Luft schnappen, ein bisschen Musik, ein paar Dehnungsübungen, eine Entspannungsübung. Gerade da ist das Angebot inzwischen ausgesprochen vielseitig, reicht von Achtsamkeitstraining bis hin zu Yoga und Meditation oder zu neurophysiologischen Anwendungen wie Biofeedback. Wir müssen ausprobieren, was für uns das Richtige ist. Wichtig dabei ist nur, es zu tun. Der gute Vorsatz allein reicht nicht. Die Handlung selbst ist das Entscheidende.

Säule IV: Stimmigkeit

Kohärenz, das Schwingen der Hirnströme im Gleichtakt, ist angenehm, denn es aktiviert unser Belohnungssystem. Wir empfinden dann Stimmigkeit. Die Wege, dorthin zu gelangen, sind vielfältig. Schon ein Säugling erlebt Kohärenz, wenn sein Körper über die Resonanz von den Körperrhythmen seiner Mutter gesteuert wird. Ein Stück weit bleibt uns ein solches wechselseitiges Einstimmen unserer Körperfunktionen ein Leben lang erhalten. Eine gewisse Abhängigkeit von der Nähe anderer ist damit unweigerlich Teil unseres Daseins als Mensch. Auch körperlich sind wir soziale Wesen. Haben Sie einmal bewusst einem verliebten Pärchen zugesehen, das Hand in Hand flaniert? Ganz von selbst passen sich die Schritte der beiden einander an.

Das Phänomen des automatischen Miteinanders

Dieses Phänomen des automatischen Miteinanders ist in der Natur weitverbreitet. Besonders offenkundig lässt es sich bei Schwarmtieren beobachten, also bei Tieren, die zum Schutz des Einzelnen in großen Gruppen leben. Beobachten Sie einmal im Spätsommer einen Starenschwarm. Wie eine einzige geschlossene Wolke folgen die Vögel der eingeschlagenen Flugbahn. Blitzschnell reagieren sie, weil sie sich intuitiv in Resonanz befinden. Sie werden zu einer Einheit, die nach einem stimmigen Miteinander strebt, nach Kohärenz.

Wesentlich daran beteiligt ist bei ihnen genauso wie bei uns das Spiegelzellsystem. Auch wir Menschen stimmen uns unwillkürlich aufeinander ein. Unbewusst ahmen wir nach, was wir in den anderen um uns herum wahrnehmen. Unweigerlich üben andere einen Einfluss auf unsere Psyche und auf die Steuerung unserer Körperfunktionen aus. Selbst als Erwachsene sind wir abhängig von den uns umgebenden Beziehungen. Sogar wenn wir alleine leben, stehen wir mit anderen in Verbindung. Weil wir gemeinsame Erfahrungen mit ihnen in unserer

Erinnerung tragen, die uns dadurch weiter beeinflussen. Oder weil wir sie uns notfalls in unserer Fantasie erschaffen.

Resonanz bindet uns ein in das Zusammenleben mit anderen. Wir erleben diesen Gleichklang als passend, als stimmig, als kohärent. Limbische Resonanz tut gut. Harmonie in Beziehungen reduziert Stress.

Doch nach Kohärenz streben wir keineswegs nur im Miteinander der Resonanz. Vielmehr ist all unser Denken darauf ausgerichtet, Kohärenz zu erreichen. Wir wollen uns auskennen. Bei Erfolg, wenn Erwartung und Wahrnehmung übereinstimmen, signalisiert unser Verstand Stimmigkeit, und unser Gefühl belohnt uns dafür.

Unsere Psyche funktioniert da nicht anders als unser Körper. In beiden sind sämtliche Abläufe aufeinander abgestimmt. Zugleich stehen beide in ständigem Austausch miteinander. Ohne dass wir das bewusst mitbekommen, greifen unterschiedlichste Funktionen ineinander, mit dem Ziel, dass das Ergebnis passt, um unser Überleben sicherzustellen.

Eine Besonderheit von uns Menschen besteht darin, dass wir aktiv und gezielt auf die Steuerung unserer Körperfunktionen einwirken, Kohärenz zwischen Geist und Körper herstellen können. Ein bekanntes Beispiel dafür ist das Biofeedback. Hierbei misst man den eigenen Herzschlag und beobachtet dabei, wie er sich bewusst beeinflussen lässt. So lange, bis diese Beeinflussung ohne die begleitende Messung funktioniert. Mit dieser einfachen Technik können wir lernen, Stressspitzen zu durchbrechen. Die stressbedingte Kreislaufaktivierung wird durch bewusstes Gegensteuern heruntergefahren. Ein klassischer Fall von Top-down-Kontrolle.

Ohne bewusste Steuerung verläuft die Kontrolle in unserem Gehirn in der umgekehrten Richtung, von unten nach oben, vom Gefühl zum Verstand. Zu den körperlichen Wahrnehmungen und zu den Impulsen aus dem limbischen System bastelt sich der Verstand seine Erklärungen hinzu. Und lernt dabei aus der Erfahrung. Wenn der Magen knurrt, haben wir Hunger.

Immer unterliegen diese Erklärungen dem Streben unseres Gehirns nach Kohärenz. Aufgrund seiner Struktur will es sich andauernd selbst bestätigen, dass seine Annahme stimmt. Kohärenz bedeutet für das Gehirn: »Ich kenne mich aus.« Unser Gehirn belohnt uns oder vielleicht besser sich selbst, wenn ihm eine solche Verknüpfung gelingt und wir etwas als stimmig erleben. Ob diese Verknüpfung auch der Wirklichkeit entspricht, ist dem Gehirn dabei völlig egal. Ihm geht es ausschließlich um das subjektive Erleben von Stimmigkeit. Solange das Überleben dadurch nicht ernstlich behindert wird, bleibt es dabei.

Als junger Assistenzarzt in der Psychiatrie hatte ich eine sympathische schizophrene Patientin, die alle paar Monate in die Klinik kam und dann jedes Mal für einige Wochen blieb. Ohne dass sie je genauer beschrieben hätte, warum, wusste sie, wann für sie der Zeitpunkt da war, sich wieder ins Krankenhaus zu begeben. Auf diesbezügliches Nachfragen antwortete sie nur ausweichend, indem sie mit schelmischem Blick meinte: »Ich weiß Bescheid.« Mithilfe eines von ihr vor uns versteckten Wahnsystems entwickelte ihr Verstand die Erklärungen, die sie brauchte, um ihre heftigen Ängste auszuhalten. Zugleich spürte sie auf der Gefühlsebene, dass sie sich im Krankenhaus sicher fühlen konnte, und sie holte sich die Hilfe, die sie benötigte und von uns bekam. Sowohl ihr Verstand als auch ihr Gefühl gelangten so in Kohärenz.

Von Sinn und Unsinn

Weil wir uns sicherer fühlen, wenn wir uns auskennen, sehen wir überall Zusammenhänge. Stets belohnt sich unser Gehirn selbst dafür, wenn ihm das gelingt. Und so stellen wir unvermeidlich vermeintlich logische Verknüpfungen her. Wir basteln uns unsere Erklärungen zusammen, verstehen, welche Regeln in der Welt gelten. Oder glauben es zumindest. Und sind davon überzeugt, weil sich das gut anfühlt. Keineswegs nur während der politischen Diskussion am Stammtisch, sondern auch, wenn die Sterne unser Schicksal bestimmen oder wir die Wohnung auspendeln müssen. Das Ziel all unserer Versuche, die in der Welt gültigen Regeln zu durchschauen, besteht letztlich darin, die Macht des Zufalls durch andere Regeln zu ersetzen. Zufall verabscheuen wir. Wir ertragen ihn nicht gut, weil er sich nicht mit Kohärenz vereinbaren lässt. Zufall ist das Gegenteil von verlässlichem Wissen. Beim Zufall kann man sich nie sicher sein, was einen erwartet. Und doch, wie es der Teufel will, ist Zufall im Bauplan der Natur nicht die Ausnahme, sondern eher die Regel.

Unser Verstand neigt also dazu, sich den Wünschen unseres Gefühls zu unterwerfen, und stellt deshalb auch gerne dort vermeintliche Gewissheiten her, wo sicher keine sind. Zugleich kann nur er uns davor bewahren, dass wir verlockend simplen Lösungen auf den Leim gehen. Doch dazu ist Übung gefragt und Selbstkontrolle.

Das Gegenmodell zu der Suche nach dem einfachen Zusammenhang ist die Wissenschaft. Nicht von ungefähr haben wir ihr strenge Grundsätze gegeben, die dafür sorgen sollen, dass ihre Erkenntnisse auch wirklich den Regeln entsprechen, nach denen die Welt funktioniert. Dazu gehört die Wiederholbarkeit. Nur wenn ein Versuch bei jedem Durchgang verlässlich zu demselben Ergebnis führt, ist davon auszugehen, dass dieses Ergebnis allgemeingültig ist. Fraglos ist das ausgesprochen mühsam. Ganz so, wie zu lernen, den Verstand zu nutzen.

Genau aus demselben emotionalen Bedürfnis nach Stimmigkeit heraus, das uns in die Falle simpler Erklärungen lockt, neigen wir dazu, unserem Handeln, ja, unserem Leben insgesamt einen Sinn geben zu wollen. Vielfach wird sogar die Sinnsuche zur zentralen Lebensaufgabe überhaupt erklärt, egal ob mit oder ohne Religion. Aber noch nie wurde ein objektiver, allgemeingültiger Sinn gefunden. Weil Sinn eben immer ein subjektiver, selbst geschaffener Versuch ist, sich ein stimmiges Bild zu basteln. Das kann durchaus hilfreich sein. Krisenzeiten können mithilfe eines Sinns als stimmig erlebt werden und lassen sich so besser durchstehen. Selbst wenn das, was geschieht, objektiv betrachtet sinnlos ist, findet das Gehirn sich dann damit ab, weil ein Sinn das Gefühl von Kohärenz herstellt. Nicht von ungefähr wurde ja die Sinnsuche als Therapie an einem Ort der absoluten Sinnlosigkeit erdacht, in der Hölle der Konzentrationslager. Eben weil ein Sinn Kohärenz herstellt, schafft er eine Perspektive dafür, durchzuhalten und weiterzumachen, gibt er Hoffnung.

Doch hat eine solche Sinnschöpfung auch ihre Kehrseite. Für einen höheren Sinn sind Menschen bereit, fast alles zu tun. Für einen höheren Sinn ziehen Menschen in Kriege. Solange ihr Gehirn signalisiert, dass das stimmig ist, sind Menschen sogar bereit, für einen höheren Sinn ihr Leben zu opfern. Das Gehirn signalisiert Stimmigkeit, und der wird gefolgt.

Verstärkt wird die Macht von Sinnsuche durch Gleichgesinnte. Wenn andere sich demselben Sinn unterwerfen, wird die empfundene Kohärenz durch die Resonanz mit ihnen verstärkt.

Alle empfinden dasselbe. Beides, das empathische Miteinander der Spiegelzellen und das Gefühl der Stimmigkeit, ziehen an einem Strang.

Der absolute Höhepunkt dieses Zusammenspiels lässt sich im Rausch der Masse erleben. Auf engem Raum mit Gleichgesinnten ist unsere Wahrnehmung unweigerlich überfordert. Schließlich erlaubt sie uns ja nur, etwa sieben Informationen gleichzeitig zu verarbeiten. Deshalb geben wir uns in der Masse ganz automatisch dem von unseren Spiegelzellen aufgenommenen vorherrschenden Gefühl hin. Einzelwahrnehmungen würden uns überfordern. Unweigerlich schwingen wir mit, sind wir angesteckt von der Resonanz, werden wir so zum Teil der Masse.

Ein geschickter Anführer schweißt die Masse noch enger zusammen, indem er die Gemeinsamkeiten aller Mitglieder beschwört und damit die Kohärenz zusätzlich intensiviert. Wir gegen die anderen. Der Feind, der ist draußen. Dadurch kommt es zur Spaltung. Das gilt umso mehr, wenn die Gefühle hochkochen. Noch weiter angeheizt wird die Spaltungstendenz durch ein gemeinsames Ziel. Denn das verstärkt die Resonanz mit den anderen durch zusätzliche Kohärenz und durch einen kräftigen Schub Motivation. Wir gegen den Rest der Welt, und das ganz zu Recht und mit voller Kraft. Wie machtvoll der Sog in einer Masse werden kann, zeigen die Massenveranstaltungen der Nazis. Zu Tausenden unterlagen die Teilnehmer dem Drang dazuzugehören, gemeinsam mit den anderen Teil einer höheren Mission zu sein.

Auch in unserem Alltag ergeben sich laufend Gelegenheiten, bei denen wir nur allzu gerne schlichte Erklärungen für sämtliche Probleme dieser Welt annehmen, weil das rasche Kohärenz verspricht. Vor allem, wenn wir dabei noch Gleichgesinnte finden. Kohärenz und Resonanz gemeinsam sind für unser Belohnungssystem nur allzu verführerisch, und genau das macht uns empfänglich für simple, selbst für unsinnige Erklärungen. Besonders wenn sie von anderen vorgebetet werden. Solange unser Gehirn nur das Gefühl hat, eine Sache zu verstehen, ist es damit zufrieden, auch wenn es objektiv betrachtet nicht die geringste Ahnung von der Sache hat. Der zweite Blick ist oft mühsam, und deshalb kann, wie es treffend der Kabarettist Vince Ebert formuliert hat, »ein Esoteriker in fünf Minuten … mehr Unsinn behaupten, als ein Wissenschaftler in seinem ganzen Leben widerlegen kann«. Und er findet damit auch noch begeisterte Anhänger, möchte man hinzufügen.

Gemeinsam schwingen wir uns auf das Sahnehäubchen

Vor allem in einer Welt, die komplexer und hektischer wird, steigt der Bedarf nach einfachen Lösungen. Aber diesem Sog müssen wir nicht erliegen. Schließlich lassen sich die meisten Probleme ohne Sinnerfindungen und andere Pauschalierungen lösen. Und das angenehme Gefühl von Stimmigkeit kann auch ganz klassisch erlebt werden, so, wie es ursprünglich in der Evolution entstanden ist, durch Beziehung und durch Bewirken.

Beziehungen verschaffen uns Gelegenheiten für Kohärenz. Wenn wir gemeinsam mit einem anderen Erlebnisse teilen, besitzen wir dadurch vergleichbare Strukturen im Gehirn. Unweigerlich kennen wir uns daher ein Stück weit aus in der Psyche des anderen. Wir wissen, was er weiß, und erleben das als stimmig. Je mehr Gemeinsames wir erlebt haben, desto intensiver. Zugleich sind wir dabei mit dem anderen in Resonanz verbunden, weil wir mit der Erinnerung auch die Gefühle teilen, und erleben im geteilten Gefühl zusätzliche Kohärenz.

Wir neigen ja dazu, Stimmungen anderer in uns aufzunehmen. Es sei denn, wir sträuben uns bewusst dagegen. Etwa weil die Laune unseres Gegenübers unangenehm ist und so gar nicht zu unserer aktuellen Gemütslage passt. Wenn wir uns so der Resonanz widersetzen, ist das allerdings anstrengend. Denn dazu müssen wir einen inneren Konflikt aushalten zwischen dem Drang, uns auf den anderen einzustellen, und dem Wunsch, die eigene Stimmung aufrechtzuerhalten. Das bedeutet Stress. Vor allem, wenn solche Konflikte häufig auftreten.

Unbedingt sollten wir daher bei der Wahl unseres Partners darauf achten, dass wir beide ähnlich ticken. Denn dann ist die über die geteilte Resonanz gemeinsam erlebte Kohärenz das bestimmende Grundgefühl in unserer Beziehung. Und die tut gut.

Aber nicht nur über die Resonanz in Beziehungen, auch über das Bewirken lässt sich ja in unserem Gehirn Kohärenz herstellen. Wenn wir uns ein Ziel setzen und dieses schließlich erreichen, erkennt unser Gehirn die Übereinstimmung und belohnt uns für die Kohärenz.

Aus diesem Grund sollten wir selbst die vielen banalen Verrichtungen unseres Alltags an Ziele knüpfen und uns anschließend kleine Belohnungen in Aussicht stellen. Egal wie alltäglich die Aufgaben sind, bieten sie Gelegenheit dazu: Aufräumen, Putzen, Einkaufen, Kochen, den Schreibtisch abarbeiten, die Steuererklärung.

Bei größeren Projekten ist es ratsam, sich den Weg zum Ziel in viele einzelne Schritte zu zerlegen, um öfter in den Genuss der Kohärenz zu kommen. Jeder Teilschritt führt so zu einem als kohärent erlebten Erfolg. Voraussetzung dafür ist allerdings, dass wir uns die einzelnen Etappen auf der Strecke zum Ziel bewusstmachen. Sonst fällt das erreichte Teilstück ja nicht auf eine Zielvorgabe, und die Kohärenz bleibt aus. Es liegt auf der Hand, dass wir uns dabei realistische Ziele setzen sollten, am besten so, dass wir ohne allzu große Anstrengung auch mehr schaffen können. Denn gelingt uns das, ist das Ergebnis sogar besser als erwartet. Und das liebt unser Belohnungssystem ganz besonders.

Diesen Effekt der positiven Überraschung hat der in Cambridge tätige deutsche Hirnforscher Wolfram Schultz durch Zufall im Gehirn von Affen gefunden. Als er einmal seine Laboraffen zur Belohnung für ihren Einsatz statt mit den üblichen Apfelstücken mit Rosinen fütterte, feuerten ihre Belohnungszellen in nie da gewesener Intensität. Es zeigte sich, dass der kurze Moment, in dem eine an sich schon erwartungsvolle Vorfreude auf den kommenden Genuss unerwartet von einer positiven Überraschung verstärkt wird, zu den absoluten Höhepunkten gehört. Auch für uns Menschen.

Leider liegt es in der Natur der Sache, dass sich positive Überraschungen nicht verlässlich planen lassen. Aber Gelegenheiten dazu, die können wir uns verschaffen. Und führen sie zum Erfolg, bekommen wir zu der stabilen Belohnung durch Kohärenz gelegentlich mit der einen oder anderen positiven Überraschung ein zusätzliches Sahnehäubchen auf der Torte unseres Lebens serviert.

Gerechtigkeit und der Umgang mit Drückebergern

Wie sehr wir bestrebt sind, Kohärenz zu erzeugen, zeigt sich eindrucksvoll beim Thema Gerechtigkeit. Auch dabei sind wir Kinder der Evolution, sind wir eingebunden in die Regeln der

Natur. Der niederländische Verhaltensforscher Frans de Waal hat nachgewiesen, wie sehr es Affen sauer aufstößt, wenn ein anderer mehr für die gleiche Leistung erhält. Er setzte zwei seiner Laboraffen in benachbarte gläserne Käfige und brachte ihnen bei, einen kleinen Stein durch ein Loch zu reichen. Dafür erhielten sie jedes Mal als Belohnung ein Stück Gurke. Als auf einmal der zweite Affe statt der Gurke süße Trauben erhielt, war der erste, der sich weiterhin mit Gurke zufriedengeben musste, umgehend außer sich. Nicht nur schmiss der Zukurzgekommene das Stück Gurke sofort aus seinem Käfig, er reagierte sogar mit einem regelrechten Wutanfall, forderte, soweit seine Sprache das zuließ, vehement die Gleichbehandlung ein.

Störungen der Kohärenz erzeugen Stress und führen zu einer entsprechend limbisch gesteuerten Reaktion. Bei Affen nicht anders als bei uns Menschen. Schließlich sind auch von uns Menschen wütende Proteste als Antwort auf empfundene Ungerechtigkeiten bestens bekannt. Gerechtigkeit bedeutet dabei nicht pauschale Gleichbehandlung, sondern Kohärenz: gleiche Belohnung für gleiche Leistung. Ohne Leistung gibt es keine Belohnung. Denn sonst ist die Kohärenz bei den Fleißigen empfindlich gestört.

Offensichtlich haben wir ein angeborenes Grundempfinden dafür, was wir als gerecht empfinden und was nicht. Angeboren dürfte es sein, weil wir dieses Empfinden mit unseren nächsten Verwandten teilen und weil es sich zudem in sämtlichen Kulturen findet.

Woran immer das liegen mag, scheint das Gerechtigkeitsthema Forscher im deutschsprachigen Raum besonders zu reizen. Einer von ihnen ist der Wirtschaftswissenschaftler Werner Güth vom Max-Planck-Institut für Ökonomik in Jena. Er erfand das Ultimatumspiel.

Dabei muss ein Spieler zehn Euro nach freiem Gutdünken zwischen sich und einem zweiten Mitspieler aufteilen. Akzeptiert der zweite die Aufteilung, bekommen beide ihren entsprechenden Anteil. Lehnt der zweite aber ab, erhalten beide nichts. Der erste Spieler muss also dafür sorgen, dass der zweite nicht zu sehr mit seinem Wunsch nach Stimmigkeit in Konflikt gerät. Denn sonst wird er den ersten für seine Ungerechtigkeit bestrafen wollen und die Aufteilung verweigern. Meist bietet der erste Spieler daher vier oder fünf Euro an, und der zweite willigt ein. Bei fünf Euro herrscht offensichtlich für beide Spieler Kohärenz. Bei vier kommt für den Bieter das Sahnehäubchen hinzu. Aber es ist ein kleines Häubchen, und daher ist seine Größe für den anderen offenbar zu verschmerzen. Werden dem Mitspieler dagegen nur ein oder zwei Euro offeriert, schlägt er das Angebot meist aus. Auch wenn er dadurch selbst auf sein Geld verzichten muss.

Um Ungerechtigkeiten solcher Art und die durch sie verursachte schlechte Stimmung wirksam zu verhindern, haben wir Menschen einen Trick erfunden: das Strafen. Strafe wirkt dabei in zwei Richtungen. Sie bewegt den Bestraften zur Änderung seines Verhaltens. Und beim Strafenden stabilisiert sie die Kohärenz. Nach der Devise: Das geschieht ihm ganz recht, das hat er nun davon.

Ein weiterer Gerechtigkeitsforscher ist der Züricher Volkswirt Ernst Fehr. Er hat sich mit den objektiven Vorteilen von Strafe für eine Gemeinschaft befasst. Was passiert, wenn Mitglieder eines Vereins zusammen in einen Topf einzahlen sollen, um ein neues Vereinsheim zu bauen? Da kommt es vor, dass einige sich drücken und ihr Geld lieber auf ihrem eigenen Konto behalten. Fehr hat in systematischen Experimenten gezeigt, wie das Vereinsheim trotz der Drückeberger mit der Beteiligung aller realisiert werden kann: indem die Vereinsmitglieder sich für ihre Drückeberger eine Strafe ausdenken. Interessant dabei ist wieder die Beobachtung, dass die Strafenden durchaus bereit sind, eigene Nachteile in Kauf zu nehmen, damit die Strafe durchgesetzt wird. Ganz so wie der Benachteiligte beim Ultimatumspiel, der auf sein Geld verzichtet. Der Druck der Kohärenz ist in beiden Fällen stärker als der eigene Vorteil.

Verhaltensökonomen haben weitere Hinweise darauf gefunden, wie sehr das Streben nach Kohärenz unsere Entscheidungen beeinflusst. Und siehe da, man kann uns ziemlich leicht und gezielt in die Falle locken. Leider hat sich das schon in den Marketingabteilungen von Kauf- und Versandhäusern herumgesprochen.

Ein Verkäufer hat zwei Fernseher im Angebot und will seine Kunden zum Kauf des teuren animieren. Kein Problem. Er muss nur einen dritten Fernseher auftreiben, der etwas schlechter ist als der teure. Dann bietet er auch diesen Fernseher zu dem teuren Preis an. Sogleich konzentrieren sich die Kunden auf den Vergleich zwischen den beiden teuren Fernsehern und entscheiden sich für den besseren von den beiden, den billigen ignorieren sie.

Immer wenn es uns gelingt, Kohärenz zu erzeugen – hier durch die bessere Leistung zum gleichen Preis –, fällen wir unsere Entscheidungen entsprechend.

8
Vom Gehirn in die Gesellschaft und zurück

Weil Konfliktsituationen Stress bereiten, neigen wir dazu, uns anzupassen an unsere Umgebung. Wir unterwerfen uns den Regeln der Kultur, in der wir aufwachsen, angefangen bei der Familie, aber auch in der Schule, in Peergruppen, in der Gesellschaft, in der Religion und in anderen Wertesystemen. Immer entsteht für uns Kohärenz, wenn wir mit diesen Regeln im Einklang stehen.

Jede Gemeinschaft hat dabei ihre eigenen Traditionen entwickelt, die an die Nachfolgegenerationen weitergegeben werden und so dauerhaft erhalten bleiben. Auf diese Weise entstanden Gewissheiten und vermeintliche Wahrheiten, die von niemandem mehr auf ihre wirkliche Gültigkeit hin infrage gestellt werden. Es sei denn, jemand macht sich die Mühe, nimmt sich die Freiheit und wird dafür nicht gleich gesteinigt, verbrannt oder als verrückt gebrandmarkt und aus der Gemeinschaft ausgeschlossen.

Zeit für eine Revolution, sanft und radikal

In unserer westlichen Kultur regiert der Verstand mit dem Ziel, die Welt zu verstehen. »Ich denke, also bin ich.« Wir haben die Neugier und mit ihr das Belohnungssystem des Dopamins an die erste Stelle unseres Lebensinhalts gerückt. Erich Fromm hat das auf den Punkt gebracht: »Die Idee, dass man die Wahrheit auf dem Weg des Denkens finden könne ... führte zum Dogma und zur Wissenschaft, zur katholischen Kirche und zur Entdeckung der Atomenergie.«

Ganz anders die Tradition in den Denkschulen des Fernen Ostens. Hier steht nicht die Suche nach der absoluten Wahrheit im Vordergrund. Das Denken ist nicht das Wesentliche, denn das ist ja selbst gemacht, unterliegt daher Schwankungen und ist schlecht zu objektivieren. Ganz so, wie es die Hirnforschung bestätigt. Im Fernen Osten ist ausschließlich das Handeln entscheidend. Ob das Leben eines Menschen gelingt, wird an seinen Handlungen innerhalb der Gemeinschaft gemessen. Der Schwerpunkt des Lebensinhalts liegt also stärker beim Oxytocin als bei uns.

Beide Wege funktionieren zum Überleben ganz gut. Und beide lassen sich aus der Funktionsweise unseres Gehirns heraus erklären. Beide sind sie stimmig. Allerdings blenden beide, sowohl unsere westliche Welt, die die Macht der Gedanken als entscheidend für einen gelungenen Lebensentwurf ansieht, als auch die östliche Tradition mit ihrem Schwerpunkt auf den im Leben gesetzten Handlungen die entscheidende Instanz für ein gelungenes Leben aus: das Gefühl. Denn wie wir unser Leben erleben, entscheidet sich allein im Gefühl.

Wesentlich dabei ist die Erkenntnis, dass wir Gefühle teilen. Gemeinsam werden Freude und Lust mehr, und zugleich lassen sich im Miteinander unangenehme Gefühle lindern. Das funktioniert bestens zu zweit, aber auch zu mehreren und in der Gesellschaft insgesamt. Immer ermöglicht die Resonanz, die sich ganz von selbst über unser Spiegelzellsystem einstellt, einen lebendigen Austausch von Gefühlen.

Der massive Einfluss von Resonanz auf die Kohärenz, also des Miteinanders auf das Erleben von Stimmigkeit in der Welt, spiegelt die enorme Bedeutung unserer Beziehungen für unser psychisches Wohlbefinden wider. Das ist sowohl in der Theorie als auch in der Praxis klassisch psychoanalytischer Stoff.

Inzwischen ist der Begriff der Resonanz auch in den traditionellen Geisteswissenschaften angekommen. Und mit ihm der sperrige Begriff der Selbstwirksamkeitserfahrung. Der Soziologe Hartmut Rosa trug beide von den Bergen des Schwarzwalds in die Hörsäle der Universität Jena und von dort in die Talkshows. Er beschwört die Notwendigkeit einer Revolution in unseren Köpfen, fordert ein Umdenken bei den Werten, die unsere Gesellschaft prägen.

Angesichts der zunehmenden Beschleunigung und des damit einhergehenden Drucks, der steigenden Zahl an psychischen Erkrankungen und der allenfalls kurz zündenden Befriedigung durch Konsum und Party besteht offenkundig ein enormer Bedarf danach, die Frage nach den Grundlagen eines gelingenden Lebens neu zu stellen. Griechenland, die Wiege der abendländischen Philosophie, ist out. Die Gründe dafür sind vielfältig. Hirnforschung ist in. Und das ist gut so. Denn was anderes fordert Rosa angesichts des ausufernden Stresslevels in der Gesellschaft, als mit der Resonanz wieder den Beziehungen den ihnen gebührenden Raum zu gewähren und mit der spröde klingenden Selbstwirksamkeitserfahrung dem aktiven eigenen Bewirken?

Donald Winnicott, ein weiterer englischer Kinderarzt und Psychoanalytiker, erkannte zuerst die Bedeutung, die neben sicheren Bindungen auch das eigenständige Bewirken für die psychische Entwicklung und für das psychische Wohlbefinden hat. Er nannte es *motility*, Wirkmächtigkeit. Hintergrund dafür war sein einfühlsames Verständnis für seine kleinen Patienten am Londoner Kinderkrankenhaus Paddington. Winnicott begriff, dass die Motivation der Kinder für den Bau von Bauklotztürmen darin bestand, sich selbst zu beweisen, dass sie eben genau das konnten. So wie ich es beschrieben habe. Und mittlerweile verstehen wir, dass die Hochhäuser unserer Städte nicht an erster Stelle als übergroßer Penisersatz entstanden sind, sondern als Zeugnisse unseres naturgegebenen Bedürfnisses nach aktivem Bewirken. »Ich kann das!« Noch besser und noch größer als die anderen. Bei diesem Vergleich mag die Größe des einen oder anderen Körpermaßes durchaus eine Rolle spielen, aber an erster Stelle steht das Bewirken.

Doch Winnicott verdanken wir nicht nur, dass er die zentrale Bedeutung von Wirkmächtigkeit erfasste. Er war es auch, der die wichtige Rolle von Puppen und Stofftieren in der kindlichen Entwicklung verstand. Mit ihrer Hilfe trösteten sich Kinder, wenn sie allein im Krankenhaus bleiben mussten. Damals gab es noch kein Rooming-in, Eltern konnten noch nicht bei ihren Kindern auf den Stationen übernachten. Der Kinderarzt bemerkte, wie sehr die kleinen Trostspender aus Stoff zu Ersatzbeziehungen wurden. Er nannte sie *transitional objects*, Übergangsobjekte. Die Kinder spielten mit ihnen, als wären sie echte Freunde, schrieben ihnen Rollen aus ihrem wirklichen Leben und aus der Fantasie zu. Spielerisch übten sie dadurch ihre Fähigkeit zur Abstraktion. Fantasie ermöglicht das Erleben von Resonanz auch dort, wo sie gar nicht existiert. Durch die Projektion wurde den Puppen regelrecht Leben eingehaucht, und die so dringend für das Wohlbefinden der Kinder erforderliche Resonanz mit anderen konnte im Spiel erlebt werden.

Diese Fähigkeit, Resonanz auf die Welt und all ihre Facetten zu projizieren, begleitet uns ein Leben lang. Mit ihrer Hilfe können wir überall Resonanzerlebnisse herstellen, sie etwa in der Kunst und in der Natur empfinden. Wenn Hartmut Rosa von der Bedeutung der Resonanz spricht, geht es eigentlich um Beziehung, um Projektionen von Beziehung in der Fantasie auf unsere Gedankenwelten, auf Kunst, Musik, Natur und womöglich einen Gott. Resonanz, wie wir sie ursprünglich in Beziehung erleben, wird projiziert auf alles, was Welt und Geist zu bieten haben. So erschaffen wir uns Beziehungserlebnisse und nutzen in diesem schöpferischen Akt zugleich die Gelegenheit, selbst etwas zu bewirken. Sind wir in beiden Bereichen zufrieden, entspannt das automatisch unseren Stresshaushalt, und wir empfinden unser Leben als stimmig. Beziehung und Bewirken, Stressausgleich und Kohärenz, das sind die vier Säulen für ein gelingendes Leben. Die Hirnforschung ist also endlich in den Geisteswissenschaften angekommen.

Wider den Starrsinn

Je nach Lebensphase wandeln sich die Schwerpunkte im Gleichgewicht der Bedürfnisse unseres Gehirns. Aber immer sind die vier Säulen die Grundlage für eine gesunde Psyche und damit für ein gelingendes Leben. Für einen Säugling ist es wichtig, dass seine Bedürfnisse verlässlich gestillt werden. Je stabiler sich dadurch sein Urvertrauen entwickelt, desto selbstverständlicher wird die Neugier zur treibenden Kraft in seinem Leben. Das junge Gehirn will lernen und wird dazu vom Dopamin angetrieben. Immer benötigt es dazwischen Phasen, um in die vertraute Geborgenheit einer haltenden Beziehung zurückzukehren. Um die neuen Eindrücke zu verarbeiten und um Stress abzubauen. In der klassischen Familienstruktur gibt es hierzu eine Verteilung der Rollen. Der Schwerpunkt für die Geborgenheit liegt eher bei der Mutter. Die neugierige Erkundung der Welt geschieht tendenziell in der Obhut des Vaters. Doch das muss nicht so sein, schließlich ist unser Gehirn enorm anpassungsfähig und flexibel. Wichtig ist nur, dass beides erlebt werden kann, sichere Bindung und Neugierentfaltung.

Bald kommen andere Beziehungen hinzu. Geschwister, Großeltern, Onkel und Tanten, Freunde und Spielgefährten ergänzen die vielfältigen Varianten des Lernens. Mit der Pubertät beginnt der Abnabelungsprozess vom eigenen Elternhaus. Die neuen Lebensmöglichkeiten, allen voran die sexuellen Freiheiten und die damit einhergehenden neuen Beziehungen, stellen das bisher Gelernte infrage. Die Neugier facht das Durchspielen unterschiedlicher Lebensentwürfe an. Ohne ein Mindestmaß an Impulskontrolle, an Steuerung durch das Großhirn, an Verstand und Disziplin, regieren jetzt schnell Chaos und Perspektivlosigkeit. Daher ist es wichtig, auch Belohnungsaufschub, Durchhaltevermögen und langfristige Planung von Zielen zu lernen. Am besten, indem die Eltern verständnisvoll erklären und vor allem selbst vorleben, wie das geht. Wer in einer solch emotional gesunden Umgebung aufwächst, wird nahezu von selbst seinen Weg ins Leben finden.

Gerade was wir unbewusst wahrnehmen, was uns alltäglich vorgemacht wird, ahmen wir unwillkürlich nach. Das funktioniert bestens, wenn unsere Vorbilder taugen. Aber es wird problematisch, wenn das – aus welchen Gründen auch immer – nicht der Fall ist. Dann bleibt uns nur die Möglichkeit, wenn wir alt genug dazu sind, bewusst zu hinterfragen, was wir von unseren Eltern übernehmen wollen und was nicht. Allerdings ist das ein recht aufwendiger Prozess. Denn dazu müssen wir unsere eigenen Verhaltensmuster und die mit ihnen verknüpften Gefühle kennen. Nur so können wir bewusst entscheiden, was wir gegebenenfalls anders machen wollen in unserem

Leben. Gelingt uns das, können wir unsere Erkenntnisfortschritte auch an unsere Kinder weitergeben. Und beeinflussen damit ein klein wenig, wohin sich unsere Menschheit entwickelt.

Leider kommt bei den Versuchen, uns selbst und die Welt zu verstehen, gelegentlich Nonsens heraus. Dem Streben nach Kohärenz zuliebe empfinden wir ja alle möglichen Zusammenhänge als stimmig. Aus dem, was wir erleben, und aus dem, was uns beigebracht wird, basteln wir uns unsere eigene Logik zusammen.

Tieren geht das nicht anders. Das bewies bereits 1947 der US-amerikanische Verhaltenspsychologe Burrhus F. Skinner. Er sperrte Tauben in kleine Käfige und gab ihnen alle zwanzig Sekunden ein paar Futterkörner. Die Tiere lernten schnell. Doch was sie lernten, war blanker Unsinn. Sie gingen nämlich davon aus, dass die Tätigkeit, die sie gerade ausführten, als ihnen die ersten Körner serviert wurden, die Ursache für das unverhoffte Futter war. Von nun an wiederholten sie diese Handlung, um wieder Körner zu bekommen, was angesichts der Versuchsanleitung auch blendend funktionierte. Egal ob sie mit dem Kopf nickten, mit den Flügeln schlugen oder mit dem Fuß scharrten. Beharrlich blieben sie ihrer eigenen Logik treu. Und wie es schien, mit Erfolg.

Wir Menschen machen das genauso. Solange unser Überleben nicht ernstlich von unseren Überzeugungen gefährdet wird, bleiben wir dabei. Vor allem wenn das Leben voranschreitet. Denn dann hat der eigene Lebensentwurf weitgehend Gestalt angenommen, und die Bedeutung des zweiten Belohnungssystems tritt in den Vordergrund, die des Morphiums.

So sehr das Entspannung bieten kann, so sehr befördert es auch eine Neigung zur Beharrlichkeit, da das Morphium uns, anders als das Dopamin, nicht zu neuen Taten drängt. Nur wenn wir bewusst offen bleiben für Neues, bewahren wir uns auch im Alter die hohe Flexibilität, die unser menschliches Gehirn bietet. Gerade weil seine Möglichkeiten so vielfältig sind, bleibt seine Anpassungsfähigkeit an die Umwelt zeitlebens intakt.

Mit dir ist mein Leben lebenswert

Das erkennen wir nicht nur daran, wie wir Menschen unterschiedlichste Anforderungen bewältigen und unterschiedlichste Rollen in unterschiedlichsten Lebensräumen einnehmen können. Am vielleicht extremsten zeigt es sich gerade bei denjenigen von uns, die fast gar nichts mehr können, die krankheitsbedingt komplett bewegungsunfähig sind, deren Gehirn aber vollkommen funktionstüchtig bleibt. Bei der schweren Nervenerkrankung Amyotrophe Lateralsklerose (ALS) ist im Endstadium kein einziger Muskel im Körper mehr aktiv beweglich. Es kommt zu einer vollständigen Lähmung. Denn die für die Muskelversorgung zuständigen Nerven werden von der Krankheit komplett zerstört. Ist ein Leben in diesem Zustand überhaupt noch lebenswert?

Wer auch immer versucht, sich vorzustellen, wie ihm in einer solchen Lage zumute wäre, wird verständlicherweise zu der Einschätzung gelangen: nein, nicht mehr. Aber offenbar stimmt das nicht. Der österreichische Psychologe und Neurobiologe Niels Birbaumer hat seine ALS-Patienten im Universitätsklinikum Tübingen befragt. Die erste Hürde dabei? Wie antwortet ein Mensch auf die Fragen, die man ihm stellt, wenn er keinen einzigen Muskel mehr bewegen kann? Eine trickreiche Versuchsanordnung und der Einsatz von Technik machten es möglich. Antworten entstehen schließlich im Gehirn. Dabei zeigen Zustimmung und Ablehnung unterschiedliche Muster in der Erregung und damit zugleich in der Durchblutung von Hirnbereichen. Genau diesen Umstand nutzten Birbaumer und seine Kollegen. Sie stellten ihren Patienten eine Reihe banaler Fragen. Solche, bei denen jeder die Antwort kennt. Etwa: Ist Paris die Hauptstadt von Frankreich? War Jesus eine Frau? Auf diese Weise konnten sie nach einigen Durchgängen die Muster für Ja und Nein im Gehirn ihrer Patienten verlässlich identifizieren.

Die Grundlage dafür war geschaffen, mit den Patienten wieder in Kontakt zu treten. Auf einmal konnten sie auf Fragen antworten. Und nicht nur das. Durch geduldiges Heraussuchen von Buchstaben mithilfe von Ja und Nein können Birbaumers Patienten inzwischen sogar regelrechte Briefe verfassen. Eindrucksvoll dabei ist die Nachricht, die der Psychologe von einem seiner Langzeitpatienten erhielt, von einem Richter, der juristisch verfügt hatte, dass er beim Erreichen der völligen Lähmung nicht durch künstliche Beatmung am Leben gehalten werden wollte. Auf die Frage, wie er jetzt, Jahre später, zu seiner früheren Entscheidung stehe, entgegnete der Richter selbstironisch: »Auch Richter dürfen mal irren.«

Offenkundig fühlt er sich trotz seiner massiv eingeschränkten Lage wohl. Und mit ihm viele andere Patienten. Die Fähigkeit, dass unsere Psyche sich selbst an diesen vielleicht extremsten aller Lebenszustände anpassen kann, veranschaulicht, wie flexibel unser Gehirn ist. Wie Birbaumers Befragungen ergeben haben, scheint es bei seinen Patienten mit fortschreitender Dauer der Erkrankung zu einer regelrechten Gewöhnung zu kommen. Die Patienten finden sich ab mit ihrer Lage, werden genügsam und erlangen damit bei guter Pflege eine überraschend hohe Lebensqualität. Die ihnen krankheitsbedingt aufgezwungene Ruhe scheint bei ihnen wie eine unfreiwillige Dauermeditation zu wirken mit dem dazugehörigen Gefühl von vorgeburtlicher, bedürfnisloser Geborgenheit.

Gerade bei solchen vollständig gelähmten Patienten ist überdeutlich zu sehen, wie sehr auch in ihrem Leben trotz aller Einschränkungen das Wichtigste liebevolle Beziehungen sind. Mit ihrer Hilfe ist eine zufriedene Existenz selbst in einer so ausweglosen Lage möglich. Und für jeden von uns gilt, dass gute Beziehungen nicht nur unsere Gesundheit fördern, sondern uns sogar jung halten. Nachweislich verlangsamen sie unseren natürlichen Alterungsprozess.

Richtige Anreize fürs Gehirn – das beste Anti-Aging

Wissenschaftliche Untersuchungen haben zwei Umweltfaktoren entdeckt, die unsere Lebensdauer mitbestimmen. Je intensiver unser Körperstoffwechsel arbeiten muss, desto kürzer leben wir. Aus diesem Grund werden Spitzensportler meist nicht sehr alt. Diese Regel lässt sich schon bei Insekten beobachten. Hindert man Fliegen am Fliegen, leben sie dreimal so lang wie sonst. Das genaue Gegenteil trifft auf unser Gehirn zu. Hier gilt: Je größer und aktiver unser Gehirn ist, desto höher ist unsere Lebenserwartung. Wenn das kein Anreiz ist. Doch was trainiert unser Gehirn? Was macht es groß und stark und dadurch unsere Lebensdauer lang?

Ab dem Ende des ersten Lebensjahres werden ja bereits die zuvor massenhaft aufgebauten Zellverknüpfungen im Gehirn wieder abgebaut. Der Körper ist sparsam und verzichtet auf das, was nicht gebraucht wird. Er konzentriert seine Energie auf das wirklich Wesentliche. Dieser Abbau schmälert also keineswegs die Leistungsfähigkeit. Vielmehr ist er Ausdruck der Tatsache, dass mit zunehmendem Verständnis weniger Aufwand nötig ist, um in der Welt zurechtzukommen. Im Laufe der Jahre und Jahrzehnte findet eine immer leistungsfähigere Verdichtung unseres Wissens statt. Hirnforscher gehen in ihren aktuellen Schätzungen davon aus, dass sich erst um das fünfundachtzigste Lebensjahr herum der biologische Alterungsprozess im Gehirn nachteilig bemerkbar macht. Keineswegs automatisch und keineswegs ohne dass wir einen Einfluss darauf haben.

Was also rät uns die Hirnforschung, damit wir auch im Alter noch möglichst lange fit bleiben im Gehirn? Übung. Aber keineswegs nur für das Gehirn allein. Gezieltes Hirntraining und körperliche Bewegung zusammen haben nachweislich den besten Effekt auf die Hirnleistung. Sowohl im Tierversuch als auch bei uns Menschen. Für das gezielte Hirntraining sind Tätigkeiten, die aktives Bewirken beinhalten, besser als Rätselhefte. Selbst einfache Pflichten verbessern nachweislich die Leistungsfähigkeit. Erinnern wir uns nur an die Bewohner im Altersheim, die sich um die Pflanzen kümmern durften.

Am wirkungsvollsten wird das Gehirn wach gehalten durch Aufgaben, bei denen mehrere Hirnregionen gleichzeitig gefordert sind. Aktives Musizieren scheint besonders gut diesen Anforderungen zu entsprechen, denn bei Berufsmusikern, die bis zuletzt aktiv bleiben, scheint die Alzheimerkrankheit weitgehend unbekannt zu sein. Trotz des Stresses, den ihr Berufsalltag mit sich bringen kann, tritt sie bei ihnen nur selten auf. Einerseits vielleicht, weil Musiker in der Musik ihre Gefühle ausleben und dadurch wirksam Stress abbauen können. Andererseits ist das erforderliche Zusammenspiel von unterschiedlichen Hirnbereichen selbst ein entscheidender Grund dafür, dass bei ihnen das Gehirn leistungsfähig bleibt. Denn wie überall im Körper gilt auch im Gehirn: Was trainiert wird, wird erhalten. Wer ein Instrument spielt, weiß, dass dafür zeitgleich Konzentration, Bewegungskoordination und mehrere Sinne gefordert sind: Hören (des eigenen Spiels), Sehen (beim Lesen der Noten), Tasten (beim Spiel des Instruments). Bei Auftritten und bei Kammer- oder Orchestermusik verstärken außerdem die vielfältigen Begegnungen mit anderen die gesunden Anreize für das Gehirn.

Denn stärker als alles andere halten intensive soziale Kontakte unser Gehirn in Schwung. Durch sie werden wir schließlich in allen Sinnen gefordert. Mehr noch. Über unser Spiegelzellsystem nehmen wir ja die anderen ein Stück weit in uns auf, werden wir ein bisschen wie sie. Da überrascht es nicht, wenn ein wahrer Jungbrunnen entdeckt werden konnte: Das Zusammenleben mit jungen Menschen. Egal ob privat oder im Beruf, am besten ist beides. Dabei geht es nicht darum, dem nach außen hin gelebten Jugendwahn zu huldigen und von Lifting bis Jogging Anti-Aging zu betreiben, sondern darum, in einem lebendigen Miteinander die Vielfalt der Lebensmöglichkeiten zu nutzen. Denken Sie nur an Sex im Alter. »*Use it or lose it.*« Diese Regel gilt mit fortschreitender biologischer Alterung umso mehr. Also lautet die eindeutige Empfehlung: Beherzigen wir das!

Auch gelegentliches Fasten dürfte einen Verjüngungseffekt haben. Warum das so ist, darüber wird bislang gerätselt. Möglicherweise hat der Körper beim Fasten besser die Gelegenheit, überschüssige Stoffe abzubauen, weil er seine Reserven anzapft. Zugleich wird der Insulinspiegel heruntergefahren, was der

Zuckerkrankheit vorbeugt. Aber vielleicht liegt es auch daran, dass der Hunger uns in Gang bringt, etwas zu tun. Ganz so wie ursprünglich in der Natur.

Doch selbst wer lange jung bleibt, wird irgendwann an seine Grenzen stoßen. Und dann? Bleibt das Leben im hohen Alter noch lebenswert? Alles spricht dafür. Vorausgesetzt, wir leiden nicht an zermürbenden Schmerzen, und wir sind von liebevollen Beziehungen umgeben.

Und ganz zum Schluss? Da sind wir aus Sicht des Gehirns wieder dort angelangt, wo wir einmal begonnen haben, blicken wir noch einmal kurz ins vertraute Paradies. Die humoristisch gemeinte Antwort des mittlerweile verstorbenen Schriftstellers und Theatermenschen George Tabori auf die Frage, wie er denn sterben wolle, traf den Kern: »Genauso wie ich geboren bin, nur andersrum.«

Eine hirngerechte Gesellschaft ist für den Menschen da

Die Frage danach, wie Leben gelingen kann, ist nicht nur von individuellen Entscheidungen abhängig. Sie wird wesentlich beeinflusst vom gesellschaftlichen Umfeld, in dem wir leben, berührt also auch soziale Belange. Unsere westliche Gesellschaft hat es geschafft, unsere körperlichen Grundbedürfnisse recht gut abzusichern. Anders sieht es mit unseren psychischen Bedürfnissen aus. Von dem, was die Hirnforschung nahelegt, wird kaum etwas umgesetzt. Ganz im Gegenteil, die Entwicklung geht sogar in die falsche Richtung. Wir fördern Vereinsamung statt buntem Beziehungsleben, passiven Konsum statt aktivem Gestalten, Leistungsstress statt bewusster Lebensplanung. Geld ist uns wichtiger als Lebensglück, und so flüchten wir uns in virtuelle Welten und kosten nicht das wirkliche Leben aus. Die Folgen davon für unseren Gefühlshaushalt und für unsere Gesundheit sind Privatsache oder ein Fall für die Krankenkassen. Und das gilt nicht nur für uns selbst, sondern ebenso längst für unsere Kinder. Es ist Zeit für einen grundlegenden Wandel, für eine Neuausrichtung unserer Werte. Bei uns selbst, aber auch bei den Grundlagen, nach denen wir unsere Gesellschaft formen.

Allem voran sollten wir berücksichtigen, wie wichtig unsere Bindungen für unser gesamtes Lebensgefühl sind. Am stärksten von allen Einflussfaktoren entscheidet sich an ihnen, ob wir unser Leben als gelungen und erfüllend erleben. Und sie bieten uns Ausgleich für Stress. Jeder von uns sollte also im Rahmen des Möglichen dafür sorgen, dass er seinen Beziehungen die gebührende Wertschätzung entgegenbringt. Doch gerade das wird für uns im ausufernden Leistungsstress immer schwieriger. Allein die dadurch explodierenden Kosten im Gesundheitswesen sind alarmierend.

Es führt kein Weg daran vorbei: Wir sind dringend aufgerufen, den Fokus unserer gesellschaftlichen Rahmenbedingungen auf die Bedeutung unseres sozialen Miteinanders zu richten. Das heißt nicht, einen unerschöpflichen Sozialstaat zu errichten, der jeden Einzelnen bevormundet und ihn damit zeitlebens in einer künstlichen kindlichen Abhängigkeit hält. Selbst wenn das zu finanzieren wäre, was die Geschichte ja bereits widerlegt hat, ließe sich das nur schwer mit unserem Wunsch nach eigenständigem Bewirken vereinbaren. Sondern es heißt, die essenzielle Bedeutung von Bindung anzuerkennen und gezielt zu nutzen.

Der Handlungsbedarf beginnt schon in der Säuglingszeit. Säuglinge brauchen für eine gesunde psychische Entwicklung

Bezugspersonen, die verlässlich ihre Bedürfnisse erkennen und stillen. Nur dadurch wird in ihrer Psyche ein Urvertrauen aufgebaut, und das ist entscheidend für ihre spätere Lebensqualität, denn es bildet die Grundlage für eine gesunde Stresstoleranz. Frühe sichere Bindungen beugen übermäßigem Stress vor. Da Schätzungen zufolge ja 75 Prozent aller Erkrankungen in der westlichen Welt mit Stress im Zusammenhang stehen, wird deutlich, wie weitreichend die Folgen einer gezielten Förderung von Urvertrauen sein könnten.

Angesichts dieser enormen Bedeutung von früher Bindung erscheint es problematisch, wenn junge Mütter schon bald nach der Geburt voll ins Arbeitsleben zurückkehren. Allein in Deutschland sind 660 000 Kinder im Alter von unter drei Jahren in Kitas untergebracht. Das ist jedes dritte Kind dieser Altersgruppe, darunter sind auch viele Säuglinge. Selbst wenn man davon ausgeht, dass eine Mutter bereits sehr früh für einen Teil des Tages durch andere Bezugspersonen ersetzt werden kann, mangelt es diesen Einrichtungen meist an Betreuern. Jede Mutter mit Drillingen bekommt Unterstützung zu Hause – zu Recht. Betreuer in Kitas müssen dagegen im Schnitt mehr als drei Säuglinge versorgen. Wie kann da der Aufbau von Urvertrauen gelingen? Wie ist es da möglich, durch lebendiges Spiegeln eine gesunde Psyche und soziale Intelligenz zu fördern?

Schon lange ist bekannt, wie sehr eine unzureichende psychische Betreuung, etwa durch soziale Isolierung und Vernachlässigung, zu Verhaltensauffälligkeiten führt. Bowlby beschrieb das schon in den Vierzigerjahren, und in den Siebzigerjahren wurde es systematisch im Experiment an Rhesusaffen untersucht. Werden die jungen Affen zu früh allein gelassen, treten Unsicherheit, Konzentrationsschwierigkeiten und Verhaltensstörungen auf. Teilnahmslos depressiver Rückzug wechselt mit

Aggressionen, die oft kaum zu bändigen sind. Die üblichen Grenzen gegenüber anderen werden nicht respektiert. Gleichzeitig entwickeln die Tiere selbstverletzendes Verhalten und Essstörungen.

Diese Auflistung kommt uns bekannt vor. Denn vergleichbare Verhaltensauffälligkeiten finden sich immer häufiger bei unseren Kindern und Jugendlichen. Wer von uns hat noch nicht von ADHS, von gestörtem Sozialverhalten, von Jugendgewalt, Essstörungen und Selbstverletzungen gehört?

Aber anstatt das Problem bei der Wurzel zu packen, wird es verleugnet. Die Ursachen werden der Hirnchemie zugeschrieben und Tabletten verordnet, die helfen sollen. Nur hat es bislang noch kein Mittel geschafft, sichere Bindung nachzuahmen. Ausgenommen einige Rauschdrogen, die sich auch deshalb zunehmender Beliebtheit erfreuen. Die Zusammenhänge sind einfach, einleuchtend und wären leicht zu nutzen. Aber sie werden auf dem Altar anderer Präferenzen geopfert.

Keineswegs möchte ich hier das Bild von einer Mutter propagieren, die sich vierundzwanzig Stunden am Tag für ihre Kinder aufopfert. Sie gerät in so einem Fall, zumal wenn sie alleinerziehend ist, verständlicherweise schnell mit ihren Nerven an ihre Grenzen. Und das bedeutet dann Stress für alle. Wie es scheint, ist die menschliche Natur nicht unbedingt für eine alleine zu bewältigende Rundumversorgung gemacht. Sondern?

Die US-Anthropologin und Primatenforscherin Sarah Blaffer Hrdy ist anhand ihrer vergleichenden Beobachtungen zwischen Menschen und Menschenaffen zu dem Schluss gekommen, dass wir Menschen uns vor allem durch unser mannigfaltiges Sozialleben von unseren nächsten Verwandten unterscheiden. Ich erwähnte bereits, dass diese Vielfalt der Grund für das außergewöhnliche Wachstum unseres Großhirns in der Evolution gewesen sein dürfte. Andauernd werden unsere Spiegelzellen gefordert, treffen Reize in unserem Gehirn ein, die wir von anderen Menschen empfangen. Das fordert unser Gehirn und fördert es. Dadurch wächst es weiter.

Was Blaffer Hrdy besonders auffiel, war ein entscheidender Unterschied in der Kinderbetreuung zwischen Mensch und Affe. Bei Naturvölkern werden Babys viel häufiger als bei Affen auch von anderen Mitgliedern der Gruppe betreut, etwa während der Hälfte der Zeit. Die Mutter ist in erreichbarer Nähe, aber sie steht nicht andauernd in der unmittelbaren Pflicht.

Das verlässliche Abrufen der Bindung an die Mutter und nicht der andauernde direkte Kontakt scheint für uns Menschen der entscheidende Schlüssel für eine artgerechte Kindheit zu sein. Weder entsteht dann Stress durch zu frühe Trennungen noch durch permanentes Zusammenhocken mit einer deshalb unnötig gestressten Mutter.

Allerdings sind wir von einem solchen Konzept in unserer Gesellschaft meilenweit entfernt. Entweder ist die Mutter andauernd da, oder sie ist andauernd weg. Genau dieses entscheidende Modell einer Mutter auf Abruf existiert bei uns kaum. Doch welche Mutter würde nicht ins Schwärmen geraten angesichts der Möglichkeit, die Hälfte des Tages nur auf Abruf und nicht pausenlos bereitstehen zu müssen? Zeit zu haben für ihre Arbeit oder auch einfach nur für sich?

Psychische Gesundheit, die wir unseren Kindern bieten, ist keineswegs nur für ihr späteres Leben von Bedeutung. Weil unsere Kinder von ihren frühen Bindungen geprägt werden, neigen sie unwillkürlich dazu, ihre frühen Bindungsmuster eines Tages an ihre eigenen Kinder weiterzugeben. Die Zunahme von Bindungsstörungen bei unseren Kindern hat daher Auswirkungen auf die kommenden Generationen. Umso dringlicher besteht hier Handlungsbedarf.

Warum wird uns das nicht beigebracht?

Warum lernen wir in unserem Bildungssystem so wenig von dem, was wir an Erkenntnissen aus Neurobiologie, Psychologie und Psychoanalyse längst besitzen, aber nicht nutzen? Dabei wären gerade Kindergärten und Schulen die Orte, an denen wir unsere Zukunft ändern könnten. Doch wie damit beginnen?

Es gibt vielversprechende Ansätze. Weil auch Fühlen gelernt sein will und muss, hat die kanadische Pädagogin Mary Gordon schon 1996 in Ontario ein ungewöhnliches Programm ins Leben gerufen: *Roots of Empathy* (»Wurzeln von Empathie«). Eine Kindergartengruppe oder eine Grundschulklasse wird dabei ein Jahr lang einmal im Monat von einer Mutter mit ihrem Baby besucht. Die Kinder beobachten das Zusammenspiel zwischen Mutter und Kind und dürfen dabei Fragen stellen. Am »lebendigen Modell« lernen sie so wesentliche Grundlagen über psychische Bedürfnisse und Bindung. Zugleich wird ihr Blick dadurch auf ihre eigenen Gefühle und Bedürfnisse gerichtet und darauf, wie sie zu den Menschen geworden sind, die sie sind. An die 70 000 Kinder haben mittlerweile an diesem Programm teilgenommen und lernen können, wie wichtig Vertrauen, gelebtes Miteinander, Verantwortung und Selbstwahrnehmung sind.

Ein ähnliches Ziel steht hinter dem Angebot von Achtsamkeitsübungen in Schulen. Auch sie erweisen sich als überaus erfolgreich, führen bei Schülern zu messbaren Verbesserungen im Verhalten und in der Stressresistenz. Angesichts der zunehmenden Häufigkeit von Konzentrationsstörungen und Aufmerksamkeitsdefiziten ist der Bedarf dafür enorm. Jüngste Untersuchungen offenbaren, dass in Deutschland jeder fünfte Jugendliche im Alter von fünfzehn Jahren schon durch simple Aufgaben überfordert ist, es nicht schafft, sich an einem Automaten die passende Fahrkarte herauszusuchen oder in einem Katalog den günstigsten Artikel zu finden.

Zwar kann und sollte selbst die beste Schule kein Elternhaus ersetzen, doch gehört Bindung in die Schule. Theoretisch durch die Vermittlung der Wissensgrundlagen und praktisch durch lebendig gelebte Beziehung. Längst gibt es ein erfolgreiches Modell dafür, das beweist, wie Bildung durch Bindung gefördert wird: das Bildungssystem in Finnland. Was wird dort anders gemacht als bei uns?

Vereinfacht gesagt: Dort steht die Beziehung zwischen Schülern und Lehrern im Mittelpunkt der Arbeit. Hilfreich dabei: Die Lehrer dürfen recht eigenständig ihren Unterricht gestalten, dürfen ihren eigenen Stil entwickeln, und das erlaubt es ihnen, sich zu entfalten. Stichwort Bewirken. Zudem wird ihr Beruf angemessen gewürdigt, beim Prestige und bei der Bezahlung.

Und was heißt das im Schulalltag? Statt permanenter Prüfungen setzen sich Lehrer und Schüler zusammen, analysieren gemeinsam die schulischen Leistungen und erstellen einen Plan, wo und wie eine Förderung notwendig und hilfreich sein könnte. Das mindert den Stress und steigert die Zufriedenheit auf beiden Seiten. Anstelle autoritärer Hierarchie oder antiautoritärer Selbstaufgabe im Klassenzimmer entsteht Gemeinschaft. Zwischen Lehrern und Schülern und zwischen den Schülern. Nicht Konkurrenz, sondern das Erlernen von Problemlösungsstrategien ist das Ziel der Arbeit in der Klasse. Ohne Frage gelingt einiges von dem auch bei uns, allerdings wohl eher nicht wegen, sondern trotz des Schulsystems.

Das Faszinierende am finnischen Modell aber ist, dass das, was dort gemacht wird, alles andere als neu ist. Die Bindung zwischen Lehrer und Schüler war schon in der Antike Grundlage jeder Ausbildung. Und sie hat sich an führenden Ausbildungseinrichtungen in der Welt erhalten, etwa am Queen's College in Oxford. Diese Universität wurde bereits 1341 gegründet. Zu ihren erfolgreichen Absolventen zählen Persönlichkeiten wie der englische Schriftsteller Thomas Middleton, der US-amerikanische Astronom Edwin Hubble, der britische Neurologe und Schriftsteller Oliver Sacks, der bereits erwähnte Psychoanalytiker Wilfred Bion, ja selbst der unter anderem Namen deutlich bekanntere britische Komiker Rowan Atkinson: Mr. Bean. Was lernt ein Student an einer Universität in Oxford, das ihn dazu befähigt, erfolgreich so ganz unterschiedliche Berufe zu ergreifen?

Ganz einfach: Er lernt zu denken. Jede Woche muss er eine These formulieren und in einem Vortrag verteidigen. Wichtig dabei ist nur, dass er seine Argumentationslinie schlüssig vorträgt. Und sei es die, dass der Mond grün ist. Die ganze Welt steht als Thema offen. Der Neugier sind keine Grenzen gesetzt. Hauptsache, die Logik stimmt. Und dann wird in der Runde diskutiert. Man lernt sich und die anderen kennen und übt sich im Argumentieren. Nicht Auswendiglernen, sondern eigenständiges Denken fordert der Lehrplan. Das macht nicht nur Spaß, sondern es nimmt auch die Scheu, vor anderen seine Meinung zu vertreten. Wie, wenn nicht durch Eigenverantwortlichkeit im Denken, wachsen mündige Bürger heran? Wesentliche Grundlage für diese Art zu lernen ist eine unmittelbare Beziehung zwischen Student und Professor. Oxford bietet also Neugier und Bindung als Bildungsangebot. Aus Sicht des Gehirns ist das ein Hauptgewinn.

Wie zielführend sind angesichts dessen Bildungsvorgaben bei uns, die das Auswendiglernen ständig größerer Wissensmengen einfordern und anonym abprüfen? Gerade in Zeiten des Internets, wo jedwedes Wissen jederzeit verfügbar ist? Ich habe Medizin studiert und weiß, wovon ich rede. Was meinen Sie, wie sehr ich noch heute von den auswendig gelernten Fußknochen und Endarterienverläufen bei meiner Arbeit profitiere? Von eigenständigem Denken war im Medizinstudium nicht viel die Rede. Doch als Arzt und als Wissenschaftler wird nur gut, wer selbst denkt.

In altenglischer Tradition wird diese Tatsache auch in den Vereinigten Staaten in der Lehre wesentlich stärker berücksichtigt als bei uns. Ich habe eine Zeit lang an einem Lehrkrankenhaus der New York University studiert, und da war es üblich, einmal pro Woche in kollegialer Runde wissenschaftliche Artikel auf Herz und Nieren zu prüfen. Das war erhellend.

Was wird da nicht alles gefunden und erfunden in wissenschaftlichen Studien, frei nach der Devise: Glaube keiner Statistik, die du nicht selbst gefälscht hast. Das häufigste Problem? Überall werden Zusammenhänge hergestellt, die in dieser Form oft überhaupt nicht existieren. Immer wieder tappen Forscher in die Falle ihres eigenen Strebens nach Kohärenz. Von den versteckten Absichten hinter manchen Studien ganz zu schweigen.

Kehren wir noch einmal zum Kaffee zurück. Versuchen wir einmal im Internet herauszufinden, ob der Genuss von Kaffee gesund ist. Da steht: Kaffee soll vor Prostatakrebs, vor Schlaganfällen, vor Tinnitus, Alzheimer und Diabetes schützen, zudem die Leberwerte verbessern. So die Befunde, die ein Kaffeemaschinenanbieter zusammengetragen hat. Aber krank macht er ebenfalls, ruft Kaffee doch künstlichen Stress hervor, so ein

Nahrungsergänzungsmittelverkäufer, der Eiweißtabletten und Darmreinigungskapseln feilbietet. Alle stützen sich auf wissenschaftliche Studien, die tatsächlich gemacht wurden und dabei zu den genannten Ergebnissen kamen. Also: Ist Kaffee nun gesund oder nicht? Um das verlässlich beantworten zu können, müsste man zwei Gruppen von Menschen, die annähernd einen vergleichbaren Lebenswandel pflegen, über einen langen Zeitraum beobachten. Die einen mit, die anderen ohne Kaffee. Sie ahnen es, das wird sich gar nicht durchführen lassen. Somit bleibt die Frage offen, solange nicht wie bei Alkohol und Tabak Krankheiten gefunden werden, die in einem direkten Zusammenhang mit dem Konsum von Kaffee stehen.

Fazit: Wollen wir überleben und gut leben, bleibt uns wohl nichts anderes übrig, als selbst zu denken. Ganz so wie es in Oxford seit Jahrhunderten gelehrt wird. Informieren wir uns, denken wir kritisch, und vor allem, lernen wir auf unseren eigenen Körper zu hören. Denn in der Regel sagt der uns, was er braucht und was ihm guttut und was nicht. Doch dafür müssen wir unsere Sinne schärfen. Auch den Umgang mit uns selbst, mit unserem Körper und mit unseren Gefühlen, müssen wir in unserem eigenen Gehirn ja erst lernen. Am besten schon ganz früh.

Lernen funktioniert anfangs nur am vorgelebten Beispiel und in Beziehungen. Ein Schüler in der ersten Klasse lernt eben nicht fürs Leben, er lernt für die Lehrerin, für die Mama oder für den Papa. Bindung ist der Motor, um seine Neugier auf Inhalte zu richten, die für sich genommen eher langweilig sind. Eine Kette von Buchstaben lockt das Gehirn nicht so wirkungsvoll wie ein bunter Comicstrip im Fernsehen. Ohne bestärkende Bindung wird das nichts. Erst wenn eine stabile Grundlage aufgebaut ist, gelingt Lernen auch eigenständig.

Aber aus Zeitmangel unterschiedlichster Ursachen geht das vorgelebte Modell heutzutage oft verloren. Ganz besonders gilt das für Jungen. Wenn der Vater andauernd bei der Arbeit ist, wächst der Sohn bei der Mutter auf, geht in den Kindergarten oder in die Kita zur Erzieherin, dann in die Schule zu den Lehrerinnen und landet irgendwann bei einer Therapeutin auf der Couch. Doch wo und wie soll er lernen, ein Mann zu sein? Gehen zwar üblicherweise mehr Frauen in Psychotherapie, in meiner Praxis sind es mehr Männer. Und das wundert mich nicht.

Warum es »Känguru-Babys« besser haben

Zu viel Stress und zu wenig Bindung, das kennzeichnet unser heutiges Dasein. Hinzu kommen noch als Hauptursache für eine erhöhte Stressempfindlichkeit psychische Traumen. Weitaus häufiger als gedacht und als es sein müsste. Oft wären sie vermeidbar, denn meist sind sie von uns Menschen selbst gemacht. Erschreckend hoch sind die Zahlen für Vernachlässigung und Misshandlung von Kindern und Jugendlichen. Sie liegen im zweistelligen Prozentbereich. Dasselbe gilt für sexuellen Missbrauch. So kam jüngst eine Metastudie der WHO zu dem Schluss, dass es allein in Deutschland etwa eine Million Betroffene gibt. Selbst ganz vorsichtige Schätzungen gehen von 200 000 Opfern schweren sexuellen Missbrauchs in der Kindheit bei uns aus und sprechen in diesem Zusammenhang von einer regelrechten Volkskrankheit.

Doch damit nicht genug. Andere psychische Traumen sind noch häufiger. Besonders gilt das für Trennungen in den ersten Lebenswochen, am extremsten bei Frühgeborenen, die aus medizinischen Gründen allein im Brutkasten bleiben müssen. Aber selbst solche unumgänglich erscheinenden Traumen ließen sich vermeiden.

Genau für diese ganz Kleinen gibt es einen neueren Behandlungsansatz, der auf Altbewährtes setzt und stellvertretend für uns alle in der Praxis beweist, wie wichtig Bindung ist. Entwickelt wurde er in Südafrika. Elise van Rooyen ist eine auf Neu- und Frühgeborene spezialisierte Kinderärztin am Kalafong Hospital in Pretoria. Sie hat ein Programm ins Leben gerufen, dass sich «Kangaroo Mother Care» nennt. Anders als sonst üblich werden die Frühgeborenen nicht im Inkubator gepflegt, sondern sie bleiben unmittelbar am Körper ihrer Mutter. So wie kleine Kängurus. »Nicht weil es billiger ist und weniger Technik benötigt, sondern weil es viel besser ist für die Kinder und die Mütter«, betont van Rooyen.

Bei diesen Frühchen zeigt sich die Macht der Bindung in ihrer ganzen Stärke. Durch die Nähe zur Mutter schlafen die Kleinen »länger, ruhiger und besser«, sagt die Kinderärztin. »Bereits nach fünf Minuten Kontakt beginnt der Schlafzyklus, wie ihn die Frühgeborenen brauchen.« Im Inkubator kommt es dagegen zu chaotischen Schlafmustern. Und die halten sich oft lange, sind mindestens bis ins zweite Lebensjahr hinein nachweisbar. Weil gesunder Schlaf für die Gehirnentwicklung wesentlich ist, entwickeln sich die kognitiven Leistungen bei den Frühgeborenen an der Mutterbrust deutlich besser als bei Frühchen im Inkubator, ja, sogar besser als bei termingerecht geborenen Kindern.

Vor allem der Stresshaushalt dürfte dafür entscheidend sein. Denn im Speichel der Frühgeborenen, die bei ihren Müttern aufwachsen, findet sich eine deutlich geringere Konzentration an Cortisol, bis zu 60 Prozent weniger als bei den Frühchen im

Brutkasten. Verantwortlich dafür ist wieder das Oxytocin, das an der Mutterbrust in großen Mengen freigesetzt wird. Bei beiden, bei der Mutter und bei ihrem Kind.

Unter dem Einfluss des Oxytocins reagiert der Körper der Mutter sensibel auf die Bedürfnisse des Kindes, weitaus umfassender, als das bislang verstanden wurde. »Die Durchblutung der Haut der Mutter wird so fein eingestellt, dass die Wärmeabgabe sich exakt an die Bedürfnisse des Babys anpasst und dessen Körpertemperatur besser in ganz engen Grenzen hält, als jeder Brutkasten das könnte«, erläutert van Rooyen. Die Folge: Unterkühlung oder Überwärmung treten am Körper der Mutter seltener auf als im Inkubator. Und das gilt sogar für Babys mit nur 700 Gramm Körpergewicht.

Bei den Frühgeborenen wirkt das Oxytocin nicht nur direkt dem Stress entgegen, sondern es verringert auch ihre Schmerzempfindlichkeit. Gemeinsam mit dem Morphium, das ebenfalls bei körperlicher Nähe freigesetzt wird. Deshalb weinen die Kleinen am Körper der Mutter seltener, und sie zeigen eine geringere Abwehrreaktion, wenn sie eine Spritze erhalten oder eine unangenehme Untersuchung bei ihnen durchgeführt werden muss. Der geringere Stress führt zu besseren Abwehrkräften und damit zu einem rascheren Wachstum, ganz so wie bei den Frühgeborenen, die heimlich von der gutherzigen Nachtschwester gestreichelt und dadurch zu einem Rätsel für die Wissenschaft wurden.

Das wirklich Faszinierende an den »Känguru-Babys« ist aber die Tatsache, dass bei ihnen genau dieselben Kräfte im Gehirn wirksam sind, die unser gesamtes Leben prägen: Stress durch die Umwelt einerseits und Bindung als entscheidende Gegenkraft andererseits, Cortisol und Oxytocin. Darin sind die ganz Kleinen Menschen genau wie wir.

Die so simple und dennoch wichtigste Maßnahme für das Wohlergehen unserer Kinder besteht also darin, ihnen von Anfang an eine sichere Bindung zu bieten. Vor allem in den ersten beiden Lebensjahren zumindest eine verlässlich abrufbare, stabile gute Beziehung, in der sie Geborgenheit erleben können und lebendig gespiegelt werden. Damit sie ein Urvertrauen entwickeln, eine psychische Widerstandskraft gegen alle Unwägbarkeiten und Stressfaktoren, die das Leben für sie bereithalten wird.

Lasst Horst mit seinen Träumen nicht allein

Psychische Traumen sollten wir vermeiden, wo immer das geht, und falls sie geschehen, sollten wir sie baldmöglichst und wirksam behandeln. Denn so können wir vermeiden, dass sie an die nachfolgenden Generationen weitergegeben werden. Aktuell gewinnt dieses Thema an Brisanz. Weil wir Traumen zu uns importieren, aber nicht dafür sorgen, dass sie ausreichend behandelt werden. Angefangen bei den Soldaten, die von Einsätzen aus Krisenregionen zurückkehren, bis hin zu den Flüchtlingen aus Kriegsgebieten, die Furchtbares erlebt haben.

Entscheidend für Vorbeugung und Behandlung von Traumen ist die Anwesenheit von anderen Menschen in limbischer Resonanz. Das zeigte sich bei den Folgen des Tsunami 2004. Und das erlebe ich tagtäglich in meiner Arbeit.

Dort setzt sich die Behandlung von Traumen aus zwei Schritten zusammen: An erster Stelle steht das Verstehen. Es entspricht dem Herstellen von Kohärenz. Das mindert die Angst. An zweiter Stelle und entscheidender geht es um das Erleben von Sicherheit in Bindung, in dem Moment, in dem die alten Gefühle hervorbrechen. Auf diese Weise tritt eine neue, sicher gebundene Erfahrung an die Stelle des Traumas. Beides zusammen ermöglicht, die Gefühle, die bislang unverarbeitet von einem Trauma in der Psyche abgelagert wurden, durchzuarbeiten oder – eben bildhafter formuliert – zu verdauen.

Noch einmal zu Niels Birbaumer. Er hat in seinem offenkundigen Hang zu unkonventionellen Ideen eine selbst entwickelte Methode zur Behandlung von Traumen ausprobiert. Lassen wir ihn in seinen eigenen Worten beschreiben, wie er seinen durch mehrere schwere Autounfälle traumatisierten depressiven Patienten Horst seiner selbst erdachten Therapie unterzog. Horst sollte durch, wie Birbaumer es nennt, »brutale Konfrontation« lernen, dass Autofahren auch unter lebensgefährlichen Bedingungen nicht tödlich sein muss, also kein Grund zur Angst besteht. Anders gesagt: Es geht auch ohne Unfall.

»Ich packte daher den bewegungslosen Horst in meinen alten Mercedes, schnallte ihn fest – und fuhr los. Rauschte bei Rot über Kreuzungen, überholte ohne Blinker, ließ die Reifen quietschen und fabrizierte waghalsige Überholmanöver auf der Autobahn. Um es kurz zu machen: Ich fuhr wie eine gesengte Sau – und die Kur schlug an. Der Patient erwachte aus seiner Teilnahmslosigkeit und fing an zu schreien, er wimmerte und heulte. Er übergab sich und entleerte Darm und Blase in meine Polster. Bis er schließlich völlig erschöpft und unansprechbar in seinem Sitz zusammensackte. Ich wiederholte dieses Prozedere mindestens dreißigmal, genauso, wie Horsts Unfälle immer nach dem gleichen Muster erfolgt waren, nur eben diesmal *ohne* Crash: Festschnallen, Fahren wie ein Hasardeur, Kot, Urin, Erbrochenes – und schließlich Ruhe. Ekelhaft und abstoßend, aber gerade dadurch intensiv genug, um wirkungsvoll zu sein und in der Bedeutsamkeitshierarchie des Gehirns gegen die extremen Unfallerlebnisse bestehen zu können. Horst lernte, dass er zwar nach unseren Ausflügen erbärmlich stank, aber sonst passierte ihm beim Autofahren: nichts.« Für Birbaumer ist es die Erfahrung, dass trotz der offenkundigen Bedrohung nichts passiert, die seinem Patienten helfen soll. Allerdings gelingt ihm das nur bedingt, wie Birbaumer eingesteht: »Horst war danach zwar nicht vollständig geheilt, denn das durfte man bei seiner Vorgeschichte nicht erwarten. Aber man konnte wieder mit ihm kommunizieren.«

Was Birbaumer dabei übersieht, ist die eigentliche therapeutisch wirksame Macht in seinem gewagten Versuch: die Macht der Bindung. Gerade das Erleben der alten Gefühle in einer Beziehung, also ohne dabei hilflos und allein zu sein, hilft beim Überwinden von Traumen. Hier hätte der Psychologe seinem Patienten sicher noch ein Stück weiterhelfen können.

Wenig überraschend, begann Horst nach den Ausflügen zu träumen. Träume dienen ja dazu, Gelerntes einzuordnen und dauerhaft zu speichern. Erst im Traum wird das bis dahin unverarbeitete Gefühl verdaut und schrittweise aufgelöst. Was Birbaumer leider als problematisch ansieht, weil er meint, durch den Traum würden die Unfallerlebnisse im Gedächtnis von Horst festgeschrieben, ist in Wirklichkeit der Prozess der Verarbeitung. Im Gedächtnis verankert waren die Erinnerungen an die Unfälle ja sowieso. Nur waren sie bislang nicht bewusst zugänglich, weil die dazugehörigen Gefühle nicht zu ertragen waren. Ganz so wie bei Traumen üblich. Jetzt aber, durch die Macht der Bindung, wurde es Horst möglich, sich im Traum seinen Gefühlen zu stellen. Der entscheidende Schritt, um sie auf Dauer zu beherrschen.

Diese einfachen Grundlagen bestätigt die Hirnforschung. Und sie erlaubt mittlerweile, den Aufräumeffekt im Traum gezielt zur ergänzenden Behandlung von psychischen Traumen zu nutzen. Indem künstlich die Augenbewegungen aktiviert werden, die in den verarbeitenden Traumphasen im Schlaf ablaufen, gelingt offenbar eine schnellere Auflösung vor allem von einzelnen Akuttraumen. Aber es handelt sich dabei um einen ergänzenden Ansatz. Bedingung dafür, dass er gelingen kann, bleibt weiterhin eine vertrauensvolle Beziehung.

Übrigens, wenn Sie das nächste Mal auf einer Autobahn im Raum Stuttgart unterwegs sind und jemand wie ein Wahnsinniger an ihnen vorbeirauscht, handelt es sich vielleicht um einen Psychologen bei der Arbeit.

Hier und Jetzt

Aus Sicht des Gehirns läuft das Leben als Lernprozess in andauernder Wechselwirkung mit der Umwelt ab. Entscheidend für ein gelingendes Leben sind dabei die vier Säulen: gute Beziehungen, aktives Bewirken, ein gesunder Stresshaushalt und Kohärenz. Werden sie beachtet, lässt sich das Leben in vollen Zügen auskosten. Bewusst leben ist besser als einkaufen, eigene Erfahrung besser als fernsehen. Denn was ich an erlebter Erfahrung einmal gewonnen habe, kann mir keiner mehr wegnehmen. Erleben ist mehr wert als Geld und Gold. Und das Wichtigste am Erleben? Sämtliche Befragungen von Menschen kurz vor ihrem Tod, die auf ihr Leben zurückblicken, ergeben dieselbe eindeutige Antwort: unsere Beziehungen.

Ist es da nicht absurd, wie unsere Gesellschaft den Wert von Beziehung vernachlässigt? Wie stattdessen Konsum und Wachstum als Grundlage von Glück angepriesen werden? Wir sollten radikal umdenken. Von der Wiege bis zur Bahre brauchen wir mehr Oxytocin zum Dopamin. In unserem eigenen Interesse und im Interesse unserer Kinder.

Wir brauchen mehr Oxytocin zum Dopamin in unserem Lebensentwurf insgesamt, aber möglichst auch in jedem einzelnen Augenblick. Denn der zählt mehr, als wir uns das eingestehen. So absurd das aus der Sicht unseres Verstands auch sein mag. In einem Versuch wurden Menschen nach der Gesamteinschätzung ihres Lebens gefragt. Der einen Hälfte der Befragten wurde vermeintlich rein zufällig vor der Befragung ein Zehn-Cent-Stück in den Weg gelegt. Erfreut über dieses kleine Glück und damit unter dem Einfluss eines kurzen Belohnungskicks, schätzten diese Beglückten ihr gesamtes Leben deutlich besser ein als die anderen aus der Gruppe ohne den fingierten Fund.

Eine Kleinigkeit von zehn Cent genügt, und das Leben erscheint auf einmal rosiger. Die Konsequenz daraus? Das Gefühl im Augenblick ist entscheidend. Es bestimmt, wie wir das Leben erleben. Dafür zu sorgen, dass wir immer wieder Momente des guten Gefühls erleben, des kleinen Glücks, des berauschenden Erfolgs, des liebevollen Miteinanders, ist eine simple, aber wirksame Empfehlung zum Schluss. Damit das Leben gelingt. Und wenn wir andere Menschen glücklich machen wollen, lassen wir doch gelegentlich ein paar Geldstücke auf die Straße kullern, unbemerkt, aber so, dass jemand sie finden wird.

Der letzte Eindruck bleibt. Und wenn wir gerade herrlichen Sex hatten und das regelmäßig im Sinne von häufig, sehen wir unser Leben als gelungen an. Oxytocin zum Dopamin. Unser Gefühl beherrscht unser Leben. Nutzen wir das. Sorgen wir im Hier und Jetzt für mehr Zufriedenheit.

Und selbst wenn Sie das meiste von dem, was Sie gelesen haben, wieder vergessen sollten, nehmen Sie wenigstens den folgenden letzten Eindruck mit. Er stammt aus einer Sequenz in dem Woody-Allen-Film *Celebrity*: eine Filmpremiere. Die Kamera schwenkt nacheinander auf verschiedene Premierengäste. Bei einem bleibt sie stehen. Der Kommentar dazu: »Der da hinten ist ein berühmter Filmkritiker. Er hat jeden Film gehasst. Und dann hat er eine junge Frau geheiratet. Und seitdem liebt er jeden Film.« Das Jetzt prägt die Sicht auf alles. Zugleich verdeutlicht dieses Zitat, wie wichtig Sex für ein zufriedenes Leben ist. Also, legen Sie jetzt dieses Buch beiseite und leben Sie, mit dem Geist und mit dem Körper. Vergessen Sie niemals: Es gibt ein Leben vor dem Tod. Bis zum letzten Atemzug.

Literatur und Links

Literatur

Bauer, Joachim: Selbststeuerung. Die Entdeckung des freien Willens. München 2015

Birbaumer, Niels: Dein Gehirn weiß mehr, als du denkst. Neueste Erkenntnisse aus der Hirnforschung. Berlin 2015

Esch, Tobias: Die Neurobiologie des Glücks. Stuttgart 2012

Freud, Sigmund: Neue Folge der Vorlesungen zur Einführung in die Psychoanalyse (1933). Gesammelte Werke, Bd. XVI. London 1950

Fromm, Erich: Die Kunst des Liebens. Berlin 1956 (69. Auflage 2010)

Gigerenzer, Gerd: Bauchentscheidungen. Die Intelligenz des Unbewussten und Macht der Intuition. München 2008

Gottman, John M.: Die 7 Geheimnisse der glücklichen Ehe. Berlin 2014

Heller, Lawrence, und Aline Lapierre: Entwicklungstrauma heilen. München 2013

Holland, Jennifer S.: Unlikely Loves. New York 2013

Kernberg, Otto F.: Limitations to the Capacity to Love. In: PTT. Persönlichkeitsstörungen – Theorie und Therapie. Heft 1/2012

Lewis, Thomas, Armini, Fari, und Richard Lannon: A General Theory of Love. New York 2000

Monyer, Hannah, und Martin Gessmann: Das geniale Gedächtnis. München 2015

News Leben (Österreichs Gesundheitsmagazin). Heft 10/2006

Reddemann, Luise, und Ulrich Sachsse: Trauma first! In: PTT. Persönlichkeitsstörungen – Theorie und Therapie. Heft 1/1999

Servan-Schreiber, David: Die Neue Medizin der Emotionen. München 2006

Solms, Mark: The Feeling Brain. London 2015

Spiegel Wissen: Gelassenheit. Die Kunst der Seelenruhe. Heft 4/2015

Spitzer, Manfred: Nervensachen. Stuttgart 2003

Spitzer, Manfred: Vom Sinn des Lebens. Stuttgart 2007

Spitzer, Manfred, und Wulf Bertram: Hirnforschung für Neu(ro)gierige. Braintertainment 2.0. Stuttgart 2010

Stadelmaier, Gerhard: O Haupt voll Witz und Wunden. Zum Tod von George Tabori. In: *FAZ* vom 25. Juli 2007

Swaab, Dick: Wir sind unser Gehirn. Wie wir denken, leiden und lieben. München 2011

Thomashoff, Hans-Otto: Versuchung des Bösen. München 2009

Thomashoff, Hans-Otto: Ich suchte das Glück und fand die Zufriedenheit. München 2014

Watzlawick, Paul: Anleitung zum Unglücklichsein. München 1983

Whybrow, Peter C.: The Well-Tuned Brain. Neuroscience and the Life Well. New York/London 2015

Yalom, Irvin D.: Der Panama-Hut oder Was einen guten Therapeuten ausmacht. München 2010

Links

http://www.beans-and-machines.at/blog/2015/7/29/30-gruende-warum-kaffee-gesund-ist

http://www.cbsnews.com/news/new-marshmallow-test-suggests-trust-matters

http://cosleeping.nd.edu/mckenna-biography/

http://www.dailymail.co.uk/femail/article-2399238/Co-sleeping-new-parenting-fad-experts-fear-KILL-baby.htm

http://www.faz.net/aktuell/wirtschaft/wirtschaftswissen/faz-oekonomenranking-2015-verhaltensoekonom-ernst-fehr-13785800.html

http://www.faz.net/aktuell/wissen/experiment-1-der-klassische-libet-versuch-zum-freien-willen-1356690.html

http://www.faz.net/aktuell/wissen/medizin/hochrisikobabys-mit-mutterwaerme-statt-maschinen-13336925.html

http://www.flowskills.com/neurobiologie-und-flow.html

https://www.gottman.com/blog/the-sound-relationship-house-build-love-maps/

http://www.intropsych.com/ch10_development/importance_of_touch.html

http://www.ncbi.nlm.nih.gov/pubmed/23972121

http://www.pharmazeutische-zeitung.de/index.php?id=28304

http://www.planet-wissen.de/natur/reptilien_und_amphibien/krokodile/pwiewissensfrage240.html

http://www.pnas.org/content/110/33/13684.abstract

http://www.profil.at/gesellschaft/interview-otto-kernberg-psychiater-welt-5664082

http://www.spektrum.de/news/vaters-erbsuende/1258600

http://www.superconsciousness.com/topics/health/aging-reverse-counterclockwise-study

https://www.theguardian.com/science/neurophilosophy/2011/sep/09/pregnant-911-survivors-transmitted-trauma

https://www.welt.de/gesundheit/psychologie/article152551577/Kindesmissbrauch-weiter-verbreitet-als-angenommen.html

https://de.wikipedia.org/wiki/Donald_Winnicott

http://www.wissenschaft.de/archiv/-/journal_content/56/12054/1669924/Morphiumrausch-im-Gehirn/

https://www.youtube.com/watch?v=Qd6_HJQOV1I

http://www.zentrum-der-gesundheit.de/kaffee-ungesund.html

http://www.zentrum-der-gesundheit.de/sex-im-alter-ia.html